シリーズ
現代経済の展望

経済の時代の終焉

シリーズ 現代経済の展望

経済の時代の終焉

井手英策
Ide, Eisaku

岩波書店

目次

序章　さまよう「公」と「私」

経済的価値に切り取られる時代

いまから二五〇年以上も昔のことだ。経済学の父A・スミスは、『道徳感情論』のなかで次のように嘆いていた。富と地位とは、しばしば英知と徳にだけふさわしいはずの「尊厳」と「驚嘆」をもって見つめられる一方、悪徳と愚行へと向けられるあの「軽蔑」が貧困と弱さに向けられており、このことこそが、あらゆる時代の道徳学者の不満であった、と(スミス 二〇〇三：一六三)。

経済的な貧困や弱さは、社会的で、人間的な意味での貧困、弱さと同じではない。だが、私たちは、長い間両者を同じものとみなし、ときには、悪徳や愚行と同じ様に軽蔑さえしてきたというのだ。スミスはこう続ける。富裕なもの、地位あるものの高慢と虚栄が、貧乏なもの、つまらぬものの真実で確固とした値打ちよりも、はるかに多く感嘆される、と(同：一六五)。

私たちが忘れかけていること――それは、人間とはさまざまな価値から成り立つ「総合的」な存在であり、経済的な豊かさやそれにささえられた社会の評価は、人間のごく一部分しか表現していないということである。社会とは単なる人間の集まりではない。多様な価値で彩られた人間が、互いに共通の理解を育みながら、ともに何かを実現してはじめて、社会は生まれる。

スミスが見つめていたのは、市場経済の論理があちこちに浸透しはじめ、人間や社会が経済的価値で切り取られはじめた時代、経済的なゆたかさが人間を社会の一員としてつなぎ止める特効薬だと誰もが信じはじめた時代だった。

だが、スミスが見ていた光景は、深刻の度をはるかに強めて、私たちの世界を飲み込もうとしている。クズネッツの逆U字仮説と呼ばれるものがある。工業化は所得格差を拡大する。だが、議会制民主主義が低所得層の発言権を増大させ、工業化に人びとが適応することによって、所得の不平等度はいずれ改善する、この仮説はこう予測する。

だが予測は裏切られた。一九八〇年代以降、ほとんどのOECD諸国で格差の拡大が顕著になった。確かにヨーロッパでは、米英より変化は緩やかだった。だが、失業問題は深刻化し、欧州統合の一環としての歳出削減、社会保障の見直しが各国で積極的に推進された(グリン 二〇〇七：二一四―二一七、内閣府 二〇〇七)。

経済格差は教育格差を生む。そして「貧困のサイクル」と「富裕のサイクル」という、ふたつの異なる人生の道筋を作り出す。途上国では、依然として全体の半数以上の人びとが未就学の状態に置かれ、貧困のサイクルから抜け出せずにいる。だが途上国だけではない。高い就学率を誇る先進国でも、途上国とは異なるかたちをとりながら、深刻な教育格差がもたらされている。

たとえば、日本の東京大学では、親の所得が七五〇万円を超える学生が全体の七割を超えている。アメリカでは、富裕層の子どもは、六歳前の段階で、低所得層の子どもより一三〇〇時間以上多くの時間を学びに費やしている。イギリスでは、給食を無料で提供される貧しい世帯の子どもと、そうでない子どもとの間で、全国統一試験でよい成績を納める者の割合が二倍近く開いている(東京大学『学内広報』一四四七号、"Education Gap Grows Between Rich and Poor, Studies Say," *The New York Times*; UK Department for Education, "GCSE and equivalent attainment by pupil characteristics")。

このような格差の大部分を決定しているのは「運」そして「不運」である。私たちは「運が悪い」ときに「しょうがない」という。しかし、生まれたときの家庭の所得という運だけで、人生の大部分が決まるとすれば、それは「しょうがない」のではない。「理不尽」なのである。

欧州で三〇〇万部を超える売り上げを記録した『怒れ! 憤れ!』のなかで、S・エセルは「かつて貧富の差がこれほど拡がったことはなく、金を求める競争がこれほど奨励されたこともない」と慨嘆した。私たちは、人間の多様性や生存の基礎が経済的な価値尺度に掘り崩されていく時代にいる。理不尽さに対する無力感、閉塞感が、先進国の社会全体を覆い尽くそうとしている。

歴史とともに変化する「公」と「私」

貧困を放置すべきでないことは誰もが知っている。スミスの言葉をもう一度読み返してみればよい。貧しく弱い人たちをどのように救済するかという問いは、古くから投げかけられてきたのであった。

そして、いまこの瞬間も、多くの人たちが貧困のまねく悲劇に対して、反対と抵抗の声をあげている。誰もが、私たちの社会で、経済的、社会的、政治的格差が蔓延していること、生まれたときの運、不運が、取り返しのつかないほどの幸、不幸の差を生み出していることに異議を申し立てている。

だが、これから私が語るのは、救済の方法ではない。より大きな歴史の変動にかかわる問題である。

私たちの社会は、経済的な価値尺度にどのように支配されていったのだろうか。なぜ経済的な自由が人びとの心をとらえて離さないのだろうか。どのように市場経済が人間の公共性、共同性の領域を蝕んできたのだろうか。一言で言おう。なぜ私たちは経済の論理に屈服しようとしているのか。

このように問いを立てると厄介な問題がひとつ起きる。経済の論理が私たちの世界を支配しつつある、そう論じたいのなら、経済の論理が乗り越えようとしている一線、つまり、経済領域と非経済領域、すなわち私的領域と公的領域の境界線について何らかの見通しを立てておかなければならない。

多くの社会科学者がこの難題に挑んできた。だが明確な答えは見いだされていない。最大の理由は、どのように定義づけようとも、公と私の境界線は、時代とともに大きく変化するからである。

私的な、個人の、というときのプライベート(private)の対となる概念、それが、おおやけの、公共の、を意味するパブリック(public)である。こうした用法が定着するのは、一七世紀末から一八世紀にかけてのことだといわれている(セネット 一九九一:三三―三四)。

当初、プライベートという言葉が指したのは、家族あるいは友人から構成される「生活を守るための領域」だった。一方、パブリックという言葉は、家族や親しい友人とは異なる生活の領分をさし、相対的にみて多様な人びとがこの領域を作りだしていた。

ところが、一八世紀から一九世紀にかけて、労働、生産、取引が人間の生活領域に侵入し、人間と人間のかかわる領域が劇的に広がっていくことで、公と私の関係は一変してしまう。

近代以前の秩序は大きくふたつに分類できる(テイラー 二〇一一:一〇―一二)。ひとつは、ある人間集団を集団として成り立たせるような、古来より存在してきた共同体の〈法〉による秩序である。農業共同体で何世代にもわたって保たれてきた秩序などがこれに含まれる。もうひとつは宗教的な道徳秩序である。ここでは、宇宙の階層からなる秩序にすべてがしたがい、これに照らし合わせながら、一種の普遍的真理として、社会の階層や秩序が理解される。

これらふたつの秩序を貫いていたのは、職や身分、生活空間の「固定性」だ。私的領域を形づくる家族や近隣とのつながりは、同時に生産の基礎でもあった。近代以前の時期には、どこの社会でも八割以上が農業を営み、家族どうしが助け合いながら、私的領域を構成していた(富永 一九九六：一二一—一二三)。いわば、私的領域は、人間と人間の相互扶助を土台に、生存の必要と結びつきながら、社会全体の固定性を再生産してきたわけである。

だが、貨幣による商品売買が広がり、市場経済が人々の生活空間へと侵入をはじめると、状況は流動化する。まず、土地に縛られ、自給自足を基本としてきた農民が、土地から切り離され、労働者へと変わり、都市部へと押し出されていった。さらに、商人も、閉じられた領域から、よりグローバルな、開かれた領域へと取引の場を移していった。職や身分、生活の場の固定性、近代以前の秩序は、徐々に現実味を失っていったのである。

こうして私たちは、次第に、生産・交換・消費が連動する固有の領域、いわば独立した、社会を束ねる原理のひとつとして、経済を理解するようになっていった。

私的領域の基礎にあった生きるための活動は、家族や近隣との助け合いを土台とするものから、経済や交換を軸とするより広い人間関係のもとへと置きなおされた。古くから存在してきた共同体的、宗教的秩序は一気に解体していった。部内者と部外者の境界線もあいまいになった。人びとは「見知らぬ他人」に囲まれて暮らすようになり、友人の対立概念も「敵」や「よそ者」から、「同僚」や「誰か知らない人」へと変わっていった(ギデンズ 一九九三:一四八)。

新たなる秩序にさらされた人びとは、経済領域の拡大が引き起こすショックから生活を守ろうとした。彼らは、経済や交換の原理によって作り変えられた私的領域に対して、家族をプライバシーと安定のための防御壁と考えるようになった。そして、その家族を、私的領域、公的領域よりもさらに高い道徳的価値を持つものとみなすようになっていった(セネット 一九九一:三八)。

重要だったのは、経済の論理が家族や共同体に代わる私的領域の主人公となるにつれ、公的領域もその姿を変えていったことである。公的領域は、家族や友人以外のよそ者が形成していた領域ではなくなった。かつての私的領域をささえていた家族や身近な人たちとの関係を吸収しながら、共同事業の管理運営のための領域へと変貌を遂げていった。見知らぬ人びととの間で、生存や生活を確かなものとする仕組みが必要とされたからである。

こうして「他人の全体」からなる「社会」なるものが発見、認識され、この大きな変化の一部として、財政制度、議会制民主主義、官僚組織などが発達していくこととなった。

ようするに、私的領域において家族や友人の果たしてきた役割は、一方で経済領域の拡大によってその基礎を切り崩されつつも、他方で新たな公的領域が機能を代替し、これをささえていったわけだ。

「福祉国家の時代」とその退潮

「国家」という言葉が「家」から成り立っていたり、国家の経済活動である「財政」が「公共家族」

（ベル 一九七七：第六章）という原理に支えられていると考えられたりするのも、こうした公と私の関係を直接・間接に示すものであった。

だが、市場経済の膨張は放縦と呼ぶのがふさわしいほど凄まじいものだった。とりわけ重要だったのは、ベルが喝破したように、家族や共同体の「必要（need）」のためにおこなわれて来た生産が、無制限な「欲望（want）」を満たすための生産へと転換させられたことであった。

人間の価値観は変わった。宗教的な禁欲が富への欲望の歯止めとなっていた時代は終わった。人びとが経済成長と生活の改善をつねに期待し、それどころかそれらを生きる権利として主張する、そういう時代が訪れた。経済問題が政治問題へと転化させられる時代に移りかわったのである（ベル 一九七六：五八―六〇）。

私たちの経済に対する見かたも根底から変化した。そもそも、経済という言葉は、家政、つまり家族の衣食住などとかかわることがらの「管理運営」のことを指していた。経済とは「管理すべき対象」だったのであり、それが自然に調和を生み出すものとはまったく考えられていなかった。

しかし、かのスミスの「見えざる手（invisible hand）」、すなわち自己調整的に秩序がもたらされるという市場経済観がこの見かたに取ってかわった。個人が中心となる、私的で、自由な経済活動が社会全体の調和をもたらすと考えた点にこそ、近代以前の秩序イメージを払拭する、スミスの新機軸があった。と同時に、この新機軸は、まさに公と私の意味の転換が導き出した結果でもあった。

一八世紀は、現在とくらべて人間のつながりがずっと濃密だったから、この牧歌的とも思える調和論をスミスが唱えたのも当然のことであった。また、スミスは、公的領域が生存や生活を支える必要性が高まることをはっきりと予想していたから、それほど人間の未来に悲観的にならずにすんだ。

実際、現実の世界もスミスの予想を裏付けるように動いていった。

一九世紀の後半から二〇世紀にかけて社会政策のウェイトが少しずつ大きくなり、第一次世界大戦と第二次世界大戦の間の時期、いわゆる戦間期に福祉国家形成への胎動がはじまった。日本、アメリカ、ドイツ、スウェーデンなどの国々で、政府主導の有効需要創出策が開始され、これを追いかけるように一九三六年J・M・ケインズの『雇用、利子および貨幣の一般理論』が公刊された。

福祉国家への潮流が全面化するのが「黄金の六〇年代」と呼ばれた繁栄の一〇年、一九六〇年代である。歴史に残る経済成長の一方で、医療や年金の拡充、社会インフラの整備などが、次々と実施されていった。私的領域と公的領域とは、互いにささえ合いながら発展していったのであった。

だが、石油危機とともに低成長の時代へと移行すると、幸福な「共存のとき」は終わりを告げた。同時に、ケインズ政策がやり玉にあげられ、公共領域の代表である政府を小さくすることが、私的領域の健全な発展をうながすのだとまことしやかに語られるようになった。

そしていま、私たちがたどり着いたのは、経済領域がいよいよ家族や共同体の解体を決定的なものとし、生活の領分の奥深くに経済が居座りはじめた時代、租税負担が臨界点に達し、巨額の財政赤字にもがき苦しむなか、政府が生活不安を解消するにはあまりにも無力になった時代である。

経済的な負担を理由に、出生率の低下や未婚率の上昇がもたらされる。鉄道、住宅、教育、水道といった人間の生存・生活の基礎的部分が次々と民営化の対象とされる。所得格差の拡大や賃金の減少が人びとを不安に陥れ、中高所得層はその救済のための負担から逃れるための理由探しに血道をあげる。社会的病理現象ともいうべき、おぞましいできごとが先進国のいたる所で起きはじめている。

果たして、公的領域はどこまで家族の機能を代替し、経済＝政治問題を緩和すべきなのであろうか。あるいは、そもそもそのようなことは不可能なのであり、私たちの社会は、社会という名の秩序なき「人間の群れ」へと身をやつすしかないのであろうか。

経済だけでは秩序は形成できない

主流派経済学の伝統的な考え方に立てば、未来への展望はさほど暗いものではない。スミスの「見えざる手」が示唆したとおり、個人の自由な経済活動が市場経済をとおして自己調整的に社会秩序を生み出すと考えられているからである。

確かにそういう側面がないわけではない。経済活動の場である市場では、日々取引を通じて人間関係が新たに構築されたり、深められたりする。また、市場の価格調整メカニズムは、過剰な欲求を抑え、過小な欲求を刺激する。そして、対立する利害を調整し、効率的な資源配分をつうじて、生存の基礎的条件を整える。市場は私的領域ではあるが、ある種の秩序を生み出す可能性を秘めている。

しかし、いったん人びとの所得が減少しはじめたとき、人間の生存を市場、そしてそれを構成する人間が保障する必然性がどこにあるだろうか。

それだけではない。市場での交換の前提条件となる私的所有権をささえているのは、警察、司法制度といった公共的な財である。近代以降、私的領域の土台となったのは、公的領域にほかならない。私的領域が無限に拡張し、家族や共同体機能が破壊され、これを公的領域がささえ切れなくなるとすれば、私的領域は自己崩壊を遂げることとなる(須賀 二〇一〇：九二—九六、金子 一九九七：第一章)。

じつは、こうした可能性をもっともよく理解していたのが、「見えざる手」を概念化したスミスにほかならなかった。少なくとも、現在の一部の経済学者とはことなり、スミスは個人の自由な経済活動が、無前提に、自動的に、秩序をもたらすと考えてはいなかった。

『国富論』に先立って公刊された『道徳感情論』のなかで、スミスが繰り返し説いたのは、社会秩序へと人間を導く本性、他人の感情や行為の適切さを判断する人間の心の作用、すなわち「同感(sympathy)」だった。かのスミスの「見えざる手」も、ようは「同感」を基礎として、経済的な繁栄や社会秩序がもたらされる可能性を論じるための道具に過ぎなかったのである。

スミスが『国富論』のなかで「安価な政府」について議論したことは広く知られるところだろう。だが、注意深く『国富論』を読むと、スミスの主張は「安価な政府」にのみ還元できるものではないことに気づく。スミスは、防衛、司法に加え、ふたつの公共事業の必要性を訴えた。ひとつは商業を助長するものであり、もうひとつは国民の教化を促進するためのものである。

とくに重要なのは、これらの経費が「社会の時期がちがえば、ひじょうにちがった程度の費用を必要とするにちがいない」と考えられていた点である(スミス 二〇〇一：三九六)。経済の発展段階が異なれば、必要とされる道路や港湾施設等の水準も異なってくる、こうスミスは考えていた。

さらに、スミスは、社会秩序の動揺の原因、貧困についても周到な説明をくわえている(新村 二〇一二)。貧困とは、人間にとっての必需品を十分に獲得できない状態と定義できるが、この必需品にかんして、自然が最下層の人々に必要たらしめているものだけでなく、体裁を整えるために既存の生活慣習が必要たらしめているものをも含めて考えるとスミスはいう。そして、生活慣習が時代、国によって異なる事実に着目しつつ、公的領域が国民に対して保障する最低限度の生活水準、今日の言葉でいえば、ナショナル・スタンダードが、時代、国によって異なることを指摘するのである。

確かにスミスは「見えざる手」が導く社会秩序について考察をくわえた。また、こうした見かたは、自律化した経済への不用心なまでの信頼と結びついている。

しかし、同時に、その秩序がいくつかの留保にもとづくものであること、何より、人間の他者への同感、時間的、空間的相違に左右されるナショナル・スタンダードを公的領域が確保することによって、そうした秩序が可能であると考えていた点は正しく評価すべきである。

私的＝経済的領域の野放図な拡大は、社会の調和をもたらさない。だからこそ、経済の暴走という現実を見据え、公的領域の機能や役割が論じられなければならないのである。

動揺する社会　自らを切り刻む政治

公的領域と私的領域の均衡ある発展は、古くて新しい問題である。J・K・ガルブレイスはこの問題を「社会的バランス（social balance）」と表現した（ガルブレイス 二〇〇六：第一七章）。自動車の生産が道路を必要とし、テレビや映画の表現が過激になれば、健全な学校教育がますます必要となるように、経済の発展と歩調を合わせながら、公的な領域はその役割を増大させていく。これは本書を貫く見かたでもある。

理屈のうえでは、社会的バランスは政治の決定に委ねられている。したがって、消費によって得られる享楽と、それが必要とする公共サービスとの間で、政治的に望ましい水準となるようバランスが保たれれば問題は生じない。だが、現実にはそうならない。なぜなら、社会的バランスを考えた場合、税負担を必要とする「公的消費」よりも、自分の自由となる「私的消費」が好まれることが予想されるし、私たちが消費を自分たちの意思で決定しているかどうかさえ、そもそも怪しいからである。

これは人間の本質と関わる問題である。経済社会が高度化していくと、生存のためだけではなく、社会的名声を得るための道具として金銭を求めるようになる。金銭的な力を見せびらかすことで、人びとは自らの名声を獲得、維持しようとする。こうして「顕示的消費」が生まれる(ヴェブレン 一九九八：九九)。

人間の消費は、それじたいが嬉しいからだけではなく、他者からの賞賛を得るためにもおこなわれるわけだ。そして、一方では社会がゆたかになり消費の水準を高めることで、他方では生産者が宣伝や販売術で消費意欲を刺激することで、この顕示的消費はいっそう強められ、さらなる欲望へと人間を駆りたてる。これをガルブレイスは「依存効果(dependence effect)」と呼んだ。

このように、経済は、人間の本質を経済社会の運動メカニズムに組み込むかたちで、無制限の膨張を続けていく。欲望の連鎖こそが市場経済の核心なのである。

むろん、私的領域の膨張が予定されたとおりの成長を生み出す限りは、公的領域への資源配分も可能となる。分かりやすくいえば、成長の時代には、豊富な税収がもたらされるから、公共サービスも豊富化できるということだ。だが、成長が必ずしも前提ではなくなったとき、公的領域への資源配分は急速に困難に陥る。

話がねじれるのはこのときだ。この公的領域への資源配分が難しくなるときこそ、成長の原動力となるよう、政府への政治圧力がもっとも強まるときだからである。一九七〇年代以降、先進各国が凄まじい勢いで財政赤字を拡大させていったのもこれが理由だとみて間違いない。

経済成長の鈍化が誰の目にも明らかになり、多くの先進国が一様に財政赤字を抱え込んだ一九七〇年代、さまざまな論者が一様に「現代資本主義国家は危機に直面している」と論じた（たとえばオコンナー（一九八一）、ゴフ（一九九二）を見よ）。だが、これは資本主義の「終わりの始まり」だったのではなく、公的領域と、市場経済を包摂した私的領域とが、破壊的ではあったが新たな関係構築へと動き出す序曲だったのである。

財政危機と成長鈍化——近代の社会秩序を揺るがしかねない変動へのひとつの回答、それを示したのがR・レーガンであり、M・サッチャーであった。彼らは、公的領域の縮小こそが経済成長の原動力だというロジックを打ち出し、民営化礼賛ともいうべき雰囲気を各国に植えつけていった。だが、この処方箋は根本的な過ちを犯していた。繰り返そう。市場経済それ自身は、社会に秩序をもたらす力を持たないのだ。

確かに、市場経済に多くを委ねることが、富の全体的な増大につながることはあり得る。だが、そのことが格差をもたらし、あるいは国際的な金融不安と経済の不安定化を作り出すとするならば、富の増大は社会の不安定化と直結する。事実、いくつかの国では暴動が起き、国家は経済破綻の危機に直面した。経済効率性が社会の効率性を損ねたわけだ。数字でみえる全体的な暮らし向きが良くなれば「善い社会」が生まれるというのは、楽観的な、悪くいえば無責任な見通しに過ぎない。

近代国家の誕生以来、交通、病院、学校、郵便、警察等、政府は、利潤動機ではうまく機能しないさまざまな仕事を引き受けてきた。これは、近代化の過程で急速に進んだ生活の不安定化に対するセイフティネットの強化、もっとはっきりといえば、人間の一種の防衛行動であった。

問題なのは、この防衛への金銭的負担、すなわち税が、経済の停滞とあいまって、人びとに耐えがたいものとして認識されつつあることである。

百歩譲って、多くの論者が語るように、その防衛が過剰であったとしよう。それでもなお、それを前提として人びとの生活が成り立っている以上、はしごを外すように公的部門を縮小することは、人びとの生活を不安定化させずにはおかない。いかなる理屈をつけようとも、セイフティネット機能を代替することなく、ただ公的領域を縮小するのであれば、それは政府の責任放棄である。一九七〇年代の後半以降、家族、地域も含めた社会全体の動揺がはじまったのも当然のことだった。

しかも、日本やアメリカで典型的にみられるように、政治の利益が各階層、各集団へと分断されて提供される場合、財政的な受益の削減は、階層間、集団間の奪い合い、負担の押しつけ合いを引き起こす。自分の利益を削る前に、あちらの利益を削るべきだ、自分から税を取る前に、あちらに税をかけるべきだ、という具合に。

グローバリゼーションが進展した一九九〇年代以降、この傾向はさらに強まった。リーマンショック後もその勢いは変わらない。P・クルーグマンは指摘する。「歴史家が二〇〇八年から二〇一〇年を振り返るとき、彼らをもっとも悩ませるのは、失敗した概念の奇妙な勝利だろう。市場原理主義者はあらゆる点で間違っていた。だが、彼らは現在、今までよりも完全に、政治の舞台を支配している」と(P. Krugman, "When Zombies win," *The New York Times*)。経済が自律化し、社会の基礎を侵食していく「経済の時代」は、いよいよ私たちの生活の最終的な解体に着手しはじめたのである。

公的領域は際限なき縮小への歩みを余儀なくされ、個人にはできないこと、個人がやろうとしないことを引き受けるという、近代国家の「中核的属性」さえもが捨て去られようとしている(ジャット二〇一〇:一三五)。人びとの合意を基礎としながら、生存と生活を国家が防衛してきたこれまでの歴史に対して、「経済の時代」はその歴史を一八世紀以前のそれへと逆流させようとしている。

いま、私たちが目にしているのは、財政をつうじて経済を成長へと導くことが困難になった政府が、民営化をかけ声に自らを切り刻むことで成長は可能だ、と釈明する姿である。私たちが生活の多くの点で公的領域の保護のもとに置かれるようになったにもかかわらず、その保護を一つひとつ引き剝がし、一八世紀以前の時代へと時計の針を巻き戻そうとする近代国家の尾羽打ち枯らした姿なのである。

流動的な境界線をどのように読み解くか

このように「ゆらぎ」を本質としてきた以上、「公」と「私」の間に明確な線引きを行うことが難しいのは当然である。私は、この境界線じたいが歴史的産物であり、現代では、これまでの私たちの境界線にまつわる常識的な理解が次々と説明能力を失いはじめていることに注目している。

ここでひとつだけ確認しておきたいことがある。それは、禁止するにせよ、奨励するにせよ、いずれにしても「コントロールが必要だ」と考えられるほどの重要性をもつ事柄の間に、この境界線は意図して設けられていくということである(ゴイス 二〇〇四:八〇―八一)。

私たちは、公と私を区別する何かを発見し、その基準を絶対的なものとして自分たちの態度を決めているのではない。むしろ、自分の価値や知識を前提としながら、どのようなものに規制や配慮をくわえる必要があるのかを決定し、それらの総体を「公的なもの」と考え、公共領域を作り変えていっているのである。

公的領域が作り変えられるなかで、私的領域の膨張を受け入れているということは、私たち自身が、公的領域の縮小に同意したということにほかならない。客観的に考えれば恐ろしい決断である。だが、現実に、多くの人びとが、新自由主義を全面的に受け入れつつ、公的な領域をできるだけ狭くとらえることが正しい、そのような判断を下している。

政府の規模を小さくすれば、二重の意味で格差は広がる。ひとつは、財政支出が本来もっている所得の再分配機能を低下させることで。もうひとつは、低所得層も負担した税を投入して作られた大規模な施設、たとえば、鉄道、電信、水道、病院といった諸施設が、民営化の大合唱のもと、株主という名の富裕層の所有物となることで。

格差はいけないといわれる。だが、その拡大を生む公共部門の縮小がなぜ人びとを魅了するのだろうか。なぜ、社会の分断を加速させるとしか思えない選択に人びとは合意するのだろうか。戦後最長の好景気を享受した小泉政権期にあって、所得の格差が拡大したことは記憶に新しい。だが、問題の本質は、所得格差の広がりだけにあるのではない。そうした格差を生み出すような判断、公的領域の縮小という判断を、私たちがいとも簡単に受け入れたという事実こそが問題なのである。

本書が問いたいのは、こうした私たちの判断の基礎にある価値観が、どのような歴史の流れのなかで形成されたのかということである。富裕層の傲慢が理由だろうか。経済界の不遜が原因だろうか。経済の論理が不可逆的に私たちの生活のなかに浸透するなかで、押し寄せる津波への防波堤であるはずの公的領域が、なぜかくもあっさりと決壊してしまったのか。

逆らいがたいもの／必然的なものへの挑戦

本書は誰もが一度は考えたことのある巨大な歴史のパズルに「挑戦」する。

第一章では、どのように私たち日本人が新自由主義的なイデオロギーを受け入れていったのかについて考える。ニクソンショック以降、対外的には国際的な資金循環に大きな変化が生じ、対内的には深刻なまでに財政状態が悪化していった。こうしたなか、経済界が主導する行政改革路線が日本の政治や経済を席巻していく。経済環境の激変、アメリカの圧力とこれらを利用する経済界・日本政府の政策選択を結びつけながら、新自由主義が定着していくプロセスを叙述していくこととしたい。

第二章では、なぜ私たちの賃金が下落したのかについて考える。公共部門の縮小、あるいは経済の膨張という現実を考えるとき、必ずセットになって論じられるのが、経済格差の発生であり、この格差の根源にあるのが所得水準の下落、雇用の非正規化である。この章では、いわゆるグローバル・スタンダードがどのように形成され、この国際的な潮流に日本経済がどう飲み込まれたのか、そのことがどのように賃金の下落と雇用の非正規化へと結びついたのかについて考えてみたい。

第三章では、「グローバリズム」がどのように形成され、そのことがアメリカのそれと対立的にとらえられる欧州の福祉国家に与えた影響について考える。ブレトンウッズ体制崩壊以降の金融自由化は、国際的な金融危機を次々と引き起こした。この過程でアメリカのグローバリズムは形成され、最終的に先進国経済に大打撃を与えたリーマン危機と欧州債務危機へと帰結する。これらの経済のダイナミズムは、どのように福祉国家のありようや公と私の関係を揺るがしたのだろうか。

第四章では、デトロイト市や夕張市に象徴される「破綻問題」に光をあて、日本社会が直面している「つながりの希薄化」について考える。財政破綻の原因と考えられるのは地域の経済的衰退である。だが、こうした「経済還元」論とは一線を画し、社会の対立が地方財政を破綻に導くという事実を明らかにしつつ、いま日本社会で起きつつあるつながりの希薄化という現実を透視してみたい。

終章では、K・ポランニーに手がかりをえつつ、文明史的な視点から、私たちがふたたび経済を「飼いならす」ことができるのかどうかについて考える。日本の政治・財政の歴史的な特質、民主党政権の理念とその挫折、財政再建至上主義の限界が論じられ、これらの批判的考察のもと、新たな社会を構想するための基本理念が示される。

本巻は歴史の書である。変遷を続ける日本や他の先進国の経済を、グローバリゼーションという歴史の動態、脈絡のなかに埋め込みながら叙述はおこなわれる。経済の暴走の原因を突き止めることは容易ではない。だが、誰もが逆らえないもの、つまり「歴史の必然」だと考えられがちなできごとだからこそ、私は、なぜこの動きを私たちが受け入れたのか、そして、本当にこの流れが作りだした「状況」に身をゆだねるしかないのかという根源的な問いに立ち向かいたいと考えている。

第一章　私たちはどのように新自由主義に飲み込まれたのか？

この章では、私たちがどのように新自由主義的な政策イデオロギーを受け入れていったのかという謎に迫っていく。

新自由主義とは何だろうか。D・ハーヴェイの簡潔な整理を参考にすれば、「強力な私的所有権、自由市場、自由貿易を特徴とする制度的枠組みの範囲内で個々人の企業活動の自由とその能力とが無制約に発揮されることによって人類の富と福利が最も増大する、と主張する政治経済的実践の理論」ということになる(1)(ハーヴェイ 二〇〇七：一〇)。

自由な企業活動が人類の富と福利を最大化させる——一見もっともらしいが、論理的には明確な根拠を見いだすことが難しいこの思想を、私たちはどのように受け入れていったのだろうか。この問いは、日本における公的領域の縮小を考える際、まず、取り組まれるべき課題である。

アメリカやイギリスを新自由主義が席巻していった一九八〇年代、その余波は日本経済にもおよび、九〇年代以降の大きな変化へとつながっていったことは広く知られている。だがこの思想は、どのように私たちの社会に入り込み、どんな主体の、いかなる利害関係のもとに、受容されていったのだろう。

この問いに挑むためには、世界経済の転換点、ニクソンショックにまで遡りながら、日本経済の置かれた状況を確認することからはじめねばならない。

1 日本における新自由主義の受容と三つのショック

「ニクソンショック」と「オイルショック」の恐怖

ドル紙幣と金の兌換停止。一九七一年八月、ニクソン米大統領の発表した「新経済政策(New Economic Policy)」は世界中に衝撃を与えた。ニクソンショックである。

戦後世界経済の屋台骨であった国際通貨体制が崩壊した。この衝撃が日本経済にもたらしたもの、それは、経済界を震撼させるほどの急激な円高だった。

一九四九年以来、一ドル三六〇円で固定されてきた為替レートは、七一年一二月のスミソニアン協定によって切り上げられ、一ドル三〇八円という新たなレートへと変更された。七三年二月までに、先進各国は、ほぼ変動相場制への移行を済ませたが、この頃、円の対ドルレートは二六〇円台にまで急騰するという有様だった。

一九七三年オイルショックによって輸入が増大し、経常収支も赤字化したことによって、いったん円高は収まったかに見えた。ところが、七七年から七八年にかけて再び円高の動きが活発化し、とうとう為替レートは一ドル一八〇円を記録する。七〇年代の日本政府は、円の対ドルレートがほぼ二倍になるという厳しい環境のなかで、新たな政策の舵取りを求められていたわけである。

当初、ニクソンショックに対する政府の見通しは、非常に楽観的なものだった。

ニクソンショックの直後、大蔵省国際金融局は、為替の切り上げや変動相場制への移行を本格的には検討しなかった。また、政治家も、新経済政策はあくまでアメリカの国内問題であって、日本も同様に、国内で景気対策を行い、円高圧力を緩和すればよいと考えていた。こうして、政府は、ドルの買い支え、対ドルレート維持を基本方針にすえる道を選んだのであった（財務総合政策研究所（以下、財総研）『昭和四五〜四七年の国際金融局行政』）。

だが、皮肉なことに、ヨーロッパ諸国の動きは日本と正反対だった。一斉に為替市場を閉鎖する手に打って出たのである。

日本だけが為替取引の継続を決断したのだから、当然のようにドル売り・円買いが殺到した。日本政府は懸命のドル買いで対抗した。だが、ドル買いに疲弊し切った一九七一年八月二七日、とうとう政府は、翌日からの変動相場制への移行を表明する事態に追い込まれてしまう。

経済界は、円高を際限なく進めた政府の政策対応に不満を募らせた。そして、速やかな景気対策の実施、金利の引き下げ、投機的な取引に対する資本規制を強く求めた。

だが、これらの要求は、タイミング的にみるとかなり際どいものだった。確かに日本経済は、ニクソンショックによる景気後退、いわゆるニクソン不況に直面していた。だが、経済の実際の動きをみると、一九七一年の末には、ほぼ景気は底を打ちつつあった。景気対策の必要性が乏しくなるちょうどその時期に、経済界は大胆な経済政策の実施を求めたわけである。

経済界を揺さぶっていたのは円高への不安感だった。一九七一年一二月にスミソニアン協定が成立し、大幅な円の切り上げが決定された。経済界は、こうした流れに不安を覚え、補正予算と翌七二年度予算のなかで強力な内需拡大策を求めていったのである（経済団体連合会編 一九九九：六三—六五）。

対する大蔵省主計局は、大規模な景気対策に消極的だった。だが、一九七二年六月に田中角栄が「日本列島改造論」という衝撃的な政策綱領を発表するプロセスにあって、緊縮的な予算を政権・与党に飲ませることは次第に難しくなっていった。

これに政治的なしがらみもくわわった。大蔵省のOBで、当時の大蔵大臣でもあった植木庚子郎が、自身の選挙基盤が弱かったことを心配し、選挙対策として積極予算を指示したのである。大蔵省は経済界の主張に同調するほかなかった（財総研『昭和四七〜四八年の次官当時の諸問題』）。

景気回復局面での積極財政はインフレを誘発した。さらに不幸なことに、一九七三年一〇月に起きたオイルショックがこの物価上昇に拍車をかけた。こうして、日本経済は、二〇％を超える消費者物価指数の上昇に見舞われてしまう。これが有名な「狂乱物価」である。

物価の高騰は深刻であった。しかも、オイルショックによる景気の落ち込みがこれに追い打ちをかけた。インフレと不況が共存する、いわゆるスタグフレーションが起きたのである。

だが、政治とは奇妙なものである。一九七四年度予算では、物価抑制のために総需要を抑制する方針が打ち出されたが、「二兆円減税」と呼ばれる大規模な減税も一緒に提案されたからである。緊縮政策のもとでの減税。明らかにちぐはぐなパッケージであったが、田中首相の強いイニシアティブによってこの減税は強行された（井手編 二〇一四：第一章—第三章）。

この二兆円減税は、新自由主義の受容へとつながる大きな禍根を残すこととなった。いうまでもなく、大蔵省主税局は税収の減少を想定していた。だが、スタグフレーションは、彼らの予想をはるかに超える税収減をもたらした。戦後初の実質マイナス成長によって、頼みの法人税収が大幅に減ってしまったことが理由だった。二兆円減税と法人税の減収がダブルパンチとなって財政を直撃したのである。

一九七四年度決算、七五年度予算では、多額の歳入不足が生みだされた。とりわけ、七五年度予算では、税収の二割以上にあたる三兆円の歳入不足が予想された。だが、それにもかかわらず、七四年の夏、経済界は、不況対策の強化、赤字公債発行による財政出動を容赦なく政府に要求した。

政府は、一九七五年度補正予算、翌七六年度当初予算で、それぞれ二・三兆円、三・八兆円の赤字公債発行に踏み切った。その結果、一般会計の公債依存度も、七四年度の一一・三%から七五年度二六・三%、七六年度二九・三%へと急増することとなった。

このことは、大蔵省の危機感を刺激するに十分であった。これ以降、政府規模を小さくする格好の手段として、行政改革への志向が徐々に強まっていくこととなる。

第三のショック「カーターショック」

ニクソンショック、オイルショックに続き、日本の経済や財政に深刻な影響を与えたのが、第三の衝撃波ともいうべきカーターショックだった。

ニクソンショック以降、国際政治でのアメリカの発言力は明らかに低下した。だが、このことは、相対的にも、絶対的にも、日本の存在感を強めることとなった。

公式に五大国（日・米・英・独・仏）の蔵相が集い、会合の場を持つようになるのは、一九七五年一一月のランブイエサミットからである。しかし、じつは、七三年九月のナイロビで開かれたＩＭＦ（国際通貨基金）総会において、非公式ながら五大国蔵相による会合が開かれていた（財総研『昭和四五〜四七年の国際金融局行政』）。

ナイロビの総会以前は、日本を除く四カ国の蔵相が秘密裏に会合を設けていた。だが、日本の呼びかけに応じて五カ国会合が開催されるようになり、これがランブイエサミット、Ｇ５へと発展していくこととなるのである。

当時の大蔵官僚が「かなり緊張もしたし、興奮もした」と回顧したように、ランブイエサミットは、日本の国際政治における転換点となった（同『昭和五〇〜五二年の国際金融局行政』）。だが、このような興奮に酔いしれていられるのも、束の間のことであった。なぜなら、日本の国際政治における発言力、存在感の強まりは、返す刀でアメリカからの政治圧力を強めさせずにはおかなかったからである。

当時のアメリカは、ニクソンショックによるドル安を利用して輸出を拡大させ、経常収支の黒字化を実現し、この黒字分を利用して他の先進国に資本輸出を行うという資金の循環を構想していた。

だが現実には、オイルショックからの立ち直りが鮮明になった日本経済は、一九七六年に入ると、輸出も増加に転じ、経常収支も黒字化しつつあった。アメリカのシナリオに微妙な狂いが生じてきた。そしてこのタイミングにちょうど重なったのが、アメリカの大統領選挙である。

経常収支赤字の原因のひとつである日本経済の強まりに対して、アメリカ国内ではきびしい批判が巻き起こっていた。

大統領選を勝ち抜いたのはJ・カーターである。一九七七年一月に誕生したカーター政権の最重要課題は、インフレの抑制と不況からの脱出にあったが、この政策方針に強い影響を与えたのが、チェイスマンハッタン銀行頭取、D・ロックフェラーが主導した「三極委員会(Trilateral Commission)」である。

三極委員会は一九七三年に創設され、北米、ヨーロッパ、日本からの参加者を中心とする民間の政策協議グループであった。カーター政権からは、カーターのほか、副大統領のW・モンデール、財務長官のM・ブルメンソール、国務次官のR・クーパーらが加わり、さらには後のアメリカ大統領となるG・H・W・ブッシュや連邦準備制度理事会の議長を務めたA・グリーンスパンらも名を連ねていた(Biven 2002: 17)。

彼らが訴えたのは「国際的な政策協調」の必要性である。じつは、この論点じたいは、一九六〇年代にすでに議論がはじまっていた。その画期となったのが、三極委員会のメンバーの一人であり、のちにモンデールとともに来日することとなるR・クーパーの著作“The Economics of Independent”であった(Ibid.: 96)。

クーパーは、世界の貿易を支えるアメリカ、西ドイツ、日本の三カ国が世界経済を牽引すべきだと訴え、これが三極委員会の「機関車戦略(locomotive Strategy)」へと結びついていく。とくに、七〇年代に経常収支の不均衡が問題となり、さらに七四—七五年の景気後退がスタグフレーションをもたらしたから、機関車論は広範な支持を集めるようになっていった。

一九七五年から七六年にかけて、ＯＥＣＤやブルッキングス研究所のレポート等でも機関車戦略が共有された。いわゆるスリー・エンジン論もその一部である。ブルッキングスの関係者は、次々と日本を訪れ、機関車論、市場開放論を強く訴えるといった活動を展開した（財総研『昭和五〇～五二年の国際金融局行政』）。

イギリスもアメリカの動きに同調した。カーターと盟友関係にあったイギリスのＪ・キャラハン首相は、カーターに機関車論の即時実行を直接求めた。こうした政治的支援もあり、カーターは、モンデールを団長とする使節団を日本と西ドイツに派遣することを決断する（樋口 一九九一：八五―八六、Biven 2002: 97–98）。

一九七七年に日本と西ドイツを訪れたモンデール使節団の態度は「強硬」そのものであった。モンデールは、アメリカが単独で景気拡大策を実施すれば、同国の為替が割安となり、これが日独の輸出の減少につながると伝えつつ、じわじわと圧力を強めていった。実際、七七年にドル安が進むプロセスでは、日独両国に対する内需拡大圧力となるよう、そのドル安を放置するという態度をアメリカは見せた（Ibid.: 108）。

だが代償は大きかった。一九七七年一〇月からの一年間で、ドルの相場は二割近く減価してしまったのだ。これは予想を上回るドルの下落であった。七八年一一月、ついにカーターは従来のビナイン・ネグレクト（為替放任政策）を断念し、ドル防衛策へと乗り出すことを決心する。

もはや、為替の減価をつうじて、経常収支を改善することはできなくなった。そして、これ以降、アメリカの経常収支赤字を生み出す諸悪の根源とみなされた日本に対して、従来にも増して、苛烈な政策要求が行われるようになっていくのである。

「機関車」となった代償

モンデール使節団の要求に対する、日本と西ドイツの対応は、大きく異なるものだった(嶋田・茂住二〇一四)。ドイツは対GNP比二%の財政支出拡大というアメリカ政府の強硬な要求に対し、これを一%に押さえ込むことに成功した。一方、日本は、ボンサミットにおいて、同年度における実質七%成長という、大蔵省首脳も頭を抱えるような無理難題を飲まされてしまう。

日本がアメリカに妥協的な態度を見せた理由はどこにあったのだろうか。

まず、国際問題を逆手にとった経済界の政治活動をあげねばならない。一九七七年の秋以降の急速な円高は、輸出の減少に神経質になっていた経済界を驚かせるに十分であった。

経済団体連合会(以下、経団連)は、前年に誕生した福田赳夫内閣の改造にあわせ、補正予算の編成、公共投資、電源開発、石油備蓄等を骨格とする『新内閣に対する要望』を提出していた。このなかで、積極的な予算措置と強力な景気対策とが同時に求められ、これが実践に移されていったが、急激な円高による先行きの不透明感は依然として拭われなかった。

この頃、円高にもかかわらず、経常収支の黒字は拡大していた。そもそも、経常収支の黒字それじたいは日本経済にとって悪いことではない。だが、円高という事実だけを巧みに切り取り、経済界は公共投資のいっそうの推進を求める戦術をとった。

一九七八年五月、経団連は定時総会を開き、円高の進展を名目に『対外均衡と経済安定実現に対するわれわれの決意』という決議を採択する。このなかでは「内外均衡の早期実現のため、内需拡大に一層の努力を払う」ことが要望された(経済団体連合会編 一九九九：八三―八四)。経済界は、経済成長七％の国際公約には慎重な姿勢をとっていたが、アメリカの要求は、政府に景気対策を実施させるうえでは格好の説得材料となったのである。

第二に、福田内閣の低い支持率の問題があった。三木武夫内閣に対する自民党内の倒閣運動、いわゆる三木おろし、そして大平正芳を自らの後継とする「大福密約」によって首相の座を射止めた福田に対して、世間の見る目はきわめて厳しかった。

内閣成立時、福田は、二八％という低い支持率に悩まされていた。そこで、支持率回復のために「世界の福田」を国民にアピールするという戦術を取った。ボンサミットでの実質七％成長という国際公約は、国際政治のなかで期待される日本の地位を国民に示すものでもあり、その甲斐あって、支持率はみごとに回復することとなる(真渕 一九九四：二八九)。

第三に、大蔵官僚の判断をあげておこう。国際金融局では、機関車論に対し、高い経済成長によって経常収支の黒字が減るのであれば「それは結構なこと」だというスタンスをとっていた。また、「市場の実勢が非常に強い時には徹底的に介入しても余り効果がない」と、円高の動きに対しても静観の構えをみせていた(財総研『昭和五〇～五二年の国際金融局行政』、同『昭和五二～五三年の国際金融局行政(前半)について』)。

こうした国際金融局の動きに対して、経済界が強いあせりを感じたことはすでに述べたとおりである。ところが、大蔵省のなかでも、主計局は、財政支出の拡張に前向きな姿勢をとっていた。

オイルショック直前の時期に設備投資が活発化したことで、従業員の利用できる機械設備はかなり充実していた。このことは過剰供給をまねいたが、狂乱物価が需要を押さえ込んだことで、巨大な需給ギャップが発生した。過剰設備をかかえた「構造不況業種」の問題である。この問題が主計局幹部を悩ませ、一九七七年度の二度にわたる補正予算編成、そして七八年度予算に対する彼らの譲歩を生み出したのである(同『昭和五二〜五四年の主計局行政』)。

経済の低成長化が定着しはじめていた日本経済にとって、実質七%成長の公約は無謀ともいうべき選択であった。だが、政府は、財界の要望にそくして、一九七七年度の第二次補正予算と七八年度予算を一五カ月予算と位置づけ、福田自身、七八年度予算について景気対策への最後の決戦との覚悟を固めながら、この難局に立ち向かっていった。

一九七八年度予算では、対前年度比で一般公共事業関係費が三四・五%増という驚異的な伸びを記録した。また、公共事業予算を確保するため、公共事業以外の行政予算に対して厳しい査定が行われた。のちの行革の常套手段となる経常事務費に対するゼロシーリング(対前年度比伸び率ゼロ)が適用されたのもこの時である。さらに、七九年度予算に計上されるはずの三月期決算企業の法人税収を七八年度の収入に繰り入れてまで、財源の強化につとめた。

まさに「臨時異例」の財政運営だった。だが、成長率は一九七八年度五・四%、七九年度五・一%と目標未達の結果に終わった。いや目標に達しなかっただけならよい。その副作用として、**図1-1**に示されるように、オイルショックの終息とともに先進各国が公共投資を抑制するなか、日本の公共投資依存は突出していった。「土建国家」への跳躍である(井手 二〇一四)。

確かに、第二次石油危機をはさみながらも、景気は改善を続けた。だが、一九七五年度以後、国債発行に拍車がかかり、公債依存度は七九年度には三九・六%に達した。行革と財政再建を避けられないものとする八〇年代の情勢は、こうして生み出されていったのである。

2 経済界の反撃
——いっそう小さな政府を目指す臨調

標的とされた経済界とその抵抗

二兆円減税とオイルショックが大規模な財政赤字を生み出し、さらにカーターショックによる公共投資の急増がこの赤字に拍車をかけた。このことは経済界を巻き込みながら、日本が新自由主義を受け入れる重要な前提条件となっていく。

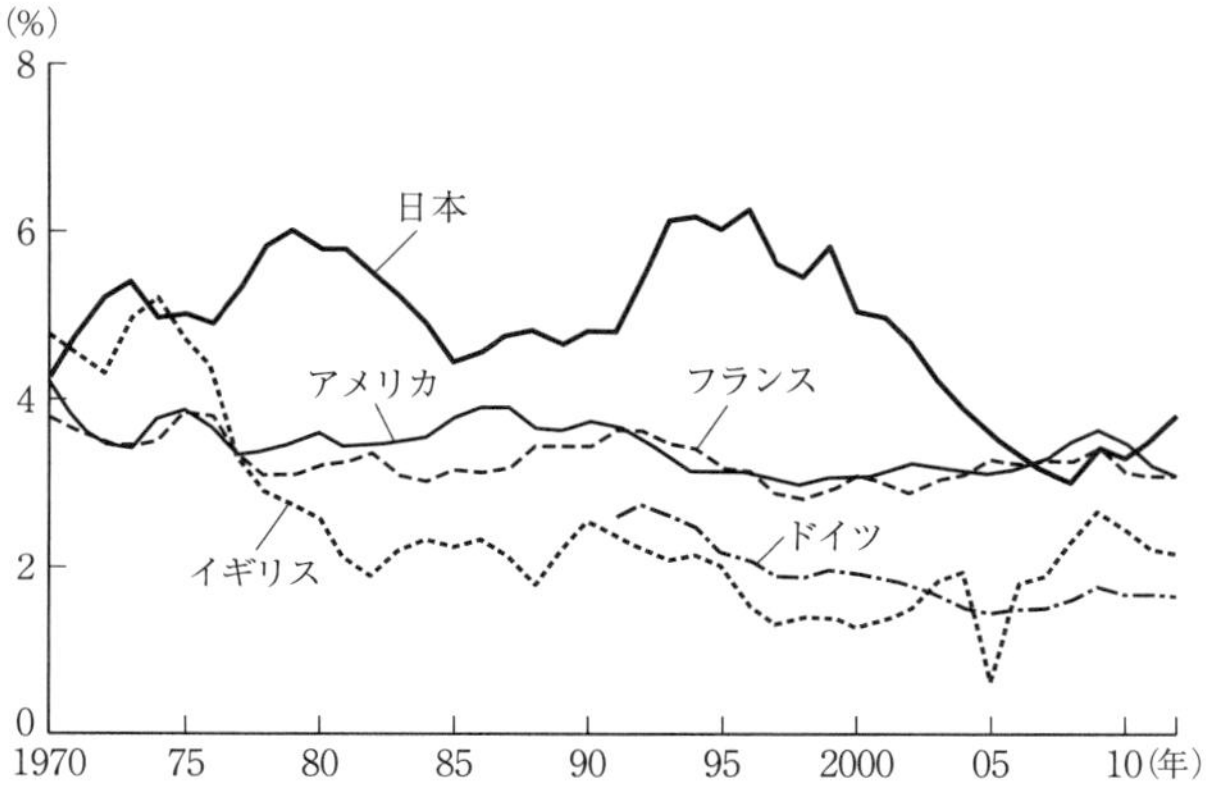

出所：OECD, "Economic Outlook No.91" より作成.
注：ドイツは統一後の数字のみ表記している.

図 1-1 主要 5 カ国の公共投資(対 GDP 比)の推移

一九八〇年代の政策運営を支配したのは「財政再建」への強い志向であった。その手はじめとして政府が決断したのは、占領期以来となる大規模な増税だった。

一九七七年に出された政府税制調査会の中期答申によると、赤字公債から脱却するためには、四・六—六・六兆円の財源が必要だと考えられた。だが、法人税の税率を一%あげたところで、そこから得られる税収は二五〇〇億円程度に過ぎなかった。

では、所得税はどうだろうか。すでに富裕層に過重な負担を求めているこの税をこれ以上引上げることも政治的に難しかった。そこで浮上したのが、一九六〇年代から議論のあった、一般消費税の導入構想である。

新税の導入を実際に行おうとしたのは大平正芳政権である。だが、増税の主目的が財政再建であることに大平が言及すると、商工、婦人、労働、すべての団体が一斉に反対の声をあげた。結局、一九七九年九月、大平は増税構想の断念に追い込まれる(財総研『昭和五三~五六年の主税局行政』)。同じ年の一二月、国会では「財政再建に関する決議」が可決された。この決議では、財政再建は一般消費税によらないこと、まず、行政改革による経費の節減、歳出の節減合理化、税負担の公平の確保、既存税制の見直し等を抜本的に推進することが示された。大平の「増税による財政再建」の試みは完全に挫折したのである。

これに、大平が病に倒れ、急死するという不幸が重なった。あとを襲った鈴木善幸は、大平の路線を継承し、一九八一年三月九日、参議院予算委員会で「五七年度(一九八二年度)におきましては、御指摘のようにできるだけ新たな増税等に頼らなく、行財政の徹底した合理化、見直し、そういうものによって財政再建を軌道に一層乗せていきたいと、このように考えております」と明言した。「増税なき財政再建」のはじまりである。

だが、この時点では「できるだけ増税等に頼らなく」という微妙なニュアンスで語られていたことに注意が必要である。

やや詳しくこの後の経緯を追跡しておこう。大蔵省は、増税なしでの財政再建にきわめて消極的であった。一九八〇年度予算編成過程では、政府は、財政再建への第一歩として、一兆円の国債減額を目標に定めた。消費税への道を絶たれた主税局は、国際的に低い税率を理由に財源の一部を法人税に求めようと考えた。彼らは、過去の最高税率を参考に、二%の税率引上げを目論んでいた。

だが、主税局に自然増収の知らせが届いた。国債の一兆円減額のためには、法人税率の一%引上げと租税特別措置の見直しで十分だと判明したのである。

このころ、経済界は、増税反対の気勢をあげつつあった。そこで政府は、法人税率の引上げを翌年度予算に先送りすることを文書にまとめ、これを経済界に確約させつつ、一九八〇年度予算では退職給与引当金の縮減でひとまず対応することにした(同『昭和五三〜五六年の主税局行政』)。

続く一九八一年度予算編成では、法人税の二%引上げ、酒税および印紙税の引上げを中心とする総額一・四兆円の増税案が示された。この提案は財界に衝撃を与えた。ここに示された増税額は戦後の財政史上に残る大増税であった。法人税率の上げ幅をめぐり、政府と経済界の間で深刻な対立がもたらされたことはいうまでもない。

最終的には、山中貞則自民党税調会長がとりなすかたちで、経済界は二%の税率引上げを飲まされることとなる。この間の政府の対応は経済界の危機感を急速に強めていった。

経済界は、反税運動の一環として、一九七〇年代の後半から、行政改革の実施を政府に求めるようになっていた。法人をねらい撃ちとする増税論議が公然とまかり通っている状況を前に、経済界は、徹底した行革と増税なき財政再建の実現にまい進する決意を固めるのである。

一九八一年三月一一日、当時の経団連名誉会長であり、すぐあとに述べる第二次臨時行政調査会の会長就任が内定していた土光敏夫は、鈴木首相と会談を行い、中小企業への負担が大きい消費税の導入を避けること、税の負担率を引下げるべく支出を削減することを強く迫った。

この要求を鈴木は全面的に受け入れた。主税局総務課長を務めていた水野勝も「〔それまでの税への考え方が一変したのは〕三月十一日に、臨時行政調査会の会長に内定していた土光敏夫経団連名誉会長と鈴木総理との会談が行われてからのこと」だったと回顧する(水野 二〇〇六：二七六)。

鈴木の決断の背景にあったものは何か。

鈴木は、渡辺美智雄蔵相から前年度予算で大増税をやった手前、歳出削減以外に財政再建の方法はないと告げられていた。また、のちの中曽根政権期に実施される公社の民営化をじつは鈴木自身が腹案としてもっていた。鈴木は「増税なき財政再建」を実現可能な選択肢と考えていたのである(財総研『昭和五五〜五七年の主計局行政(一)』、同『昭和五五〜五六年の次官当時の諸問題』)。

増税をせずに財政を再建する——日本財政に刻印されたこの奇妙な性格は、経済界をねらい撃ちにした法人税の増税と、これへの経済界の反撃を背景としたものだった。

一見すると経済界は大きな妥協を強いられたようにみえる。だが、じつは彼らも反抗の砦を築くことに成功していた。それこそが一九八〇年九月の閣議において中曽根康弘によって提起され、翌年三月一六日に設置された第二次臨時行政調査会(以下、臨調)である。ほどなく、臨調は、経済界の主導のもと、三公社民営化をはじめとする行革路線の原動力となっていく。

鈴木は三月一一日の参議院予算委員会で「けさ土光さんと私お目にかかったわけでございますが……増税等に依存しないそういう財政再建、これをぜひやらなければならない。そういう考え方につきましては、土光さんと私は完全に意見の一致を見たわけでございます」と断言した。

財政再建に執念を燃やす大蔵省。悲壮感さえ漂わせながら負担軽減を目論む経済界。「行革」を合い言葉に両者がせめぎ合う政治闘争のファンファーレは、こうして鳴らされた。

経済界が主導した三公社民営化

経済界、そしてその中心人物を会長にすえる臨調。両者は、絶妙に足並みをそろえ、行革論議をリードしていった。

一九八一年二月一三日、経済界五団体(経団連、日商、経済同友会、日経連、関経連)の代表五名が一堂に会して「行革推進五人委員会」が創設され、臨調への政策対応はこの委員会が決めることで合意された。

三月一一日、土光は臨調の会長を引き受ける際の条件として鈴木内閣に申し入れをおこなった。そのなかでは、行革の断行、増税なき財政再建、地方自治体も含めた行革、国鉄・健康保険・コメのいわゆる3K問題の解消と民間活力の画期的増強が求められていた。経済界は大蔵省とほぼ同じ方向を向いて行革論議を出発させたのであった(菊池 二〇〇五:二〇七―二〇八)。

「五人委員会」は、三月一六日の臨調発足にあわせ、「一致団結して臨時行政調査会の活動を支持、支援していく」との声明を発表し、翌月、経済界側の意見を取りまとめた『行政改革の基本方向と緊急課題について』を土光会長と臨調事務局に提出した。

この『基本方向と緊急課題』では、臨調が取り組むべき課題と関連して、⑴増税なき財政再建がこの行政改革の目標であること、⑵行政の責任領域と官民の役割分担を明確にし、民間活力が発揮できる条件を整備すること、⑶国・地方・政府機関を含めた抜本改革を図ること、が示された。

この直後、事務局は、臨調での検討課題を発表する。興味深いことに、経団連自身が「その内容は経済界側の要望に応えたものであった」と喜んだように、臨調の審議内容は経済界の意向に忠実にそうものであった(経済団体連合会編　一九九九：二七七―二七八、大原社会問題研究所　一九八二)。

臨調の事務局を担当したのは、行政管理庁である。臨調創設当時は違ったが、その直前まで三代続けて行政管理庁の事務次官を輩出してきたのは大蔵省である。双方の密接なつながりは容易に想像できる。臨調事務局を媒介としながら、大蔵省と五人委員会の主張が融合されるなかで、臨調の審議事項、第一次答申の内容は方向づけられていったのである。

以上を背景に、七月一〇日、予算編成方針を明記した第一次答申が出される。この中身は次項で述べるが、この答申ののち、臨調には、⑴行政の果たすべき役割と重要行政のあり方を検討する第一部会、⑵行政組織と基本的行政のあり方を検討する第二部会、⑶国と地方の機能分担、保護助成、規制監督のあり方を検討する第三部会、⑷三公社・五現業、特殊法人のあり方を検討する第四部会の四つの部会が設置された。

四部会の設置をきっかけに審議は加速され、その成果としてまとめられたのが、翌一九八二年七月の「基本答申」である。最終答申の骨格はここで固まったといってよい。

基本答申では幅広い論点が示された。だが、なかでも第四部会が提案した三公社(日本国有鉄道、日本電信電話公社、日本専売公社)の民営化案、とりわけ国鉄の民営化案は、人びとに衝撃を与えた。臨調、そして政府は、巨大な労働組合を持ち、運輸族とのつながりも強固だった国鉄の分割・民営化を象徴的に取りあげ、その政治的果実を国民に示そうとしたのである。

先にも触れたように、土光は、会長職を引き受ける条件として、増税なき財政再建を可能とすべく、3Kの赤字を解消するよう、政府に求めていた。一方、国鉄をめぐっては、一九八〇年度決算において、一兆円を超える累積債務が問題となっていた。こうして、国鉄問題が行政改革の争点として急浮上したのである。

経済界は臨調に自らの意見を反映させるため、国鉄問題検討懇談会を設置した。このなかでは、一九八五年度を目標に進めている国鉄の再建計画は実現不可能であること、労使関係が荒廃を極め、国鉄問題のガンとなっていること、労組の当事者能力が明らかに欠如していることなどが次々と暴露された。そして、これらの問題を解消する最善の方策として、分割民営化が示され、座長私見として臨調の第四部会に報告されるのである。

最終的に、基本答申では、国鉄を七ブロックに分割・民営化する案が示された。これを受け、政府は、国鉄の事業再建問題に対処するため、八月二七日に、総理府に国鉄再建監理委員会を設置し、九月二四日『行革大綱』において、五年以内に国鉄改革を実現するという方針を打ち出した。そして、一一月に誕生した中曽根康弘政権のもと、国鉄の分割民営化を柱とする三公社民営化案が実現に移されていくのである。

増税なき財政再建への抵抗

経済界がこだわった増税なき財政再建のなりゆきはどうだったか。確かに財政再建という点では、経済界と大蔵省は完全な意見の一致をみていた。だが、増税なくして財政再建などできるはずがないと考えていた大蔵省は、経済界との間で巧妙に駆け引きを展開していった。

一九八一年七月に出された臨調第一次答申には、土光が「〔昭和〕五七年度の予算編成に関係あるものを答申した」と記者会見で答えたように、「緊急に取り組むべき改革方策」として支出削減の具体案が示されていた。国民健康保険の一部都道府県負担、児童扶養手当における公費負担の削減、年金の支給開始年齢・保険料の引上げ、四〇人学級の凍結、国家公務員定員や特殊法人の常勤役員の削減といった具合である。

見事に大蔵省は臨調を歳出削減の道具として利用した。同時に、ここにひとつの興味深い事実がある。それは、この答申の内容が大蔵省作成の内部資料を引き写したものだった点である。

主計局は、局内で「ゼロリスト」「削減リスト」と呼ばれる資料を作成していた。前者については、大蔵大臣の諮問機関である財政制度審議会を使ってその中身を世間に公表していた。

問題は後者である。削減リストは他省庁からの反発を恐れ、非公表扱いとされていた。ところが、実際には、この「削減リスト」が臨調に注文をつけるときの下書きとなり、そのほとんどが第一次答申のなかに盛り込まれたのである(財総研『昭和五五〜五七年の主計局行政(一)』)。

よく見てみると第一次答申には見事な仕掛けが用意されていた。確かに答申では、増税なき財政再建の必要性が声高に叫ばれている。だが同時に、「税負担の公平確保は極めて重要な課題であり、制度面、執行面の改善に一層の努力を傾注する必要がある」との一文が控えめながら盛り込まれていたのである。

この一文は効果的だった。自民党税調の会長を務めていた山中は、政府の方針に従い、増税反対の態度を取っていた。だが、彼のもとに主計局長と総務課長がおとずれ、「税収をふやす目的に改正するのは増税ですけれども、不公平をなおしたら結果的に税収が増えたというのは増税という必要はない」と伝え、山中を口説き落とすのである(財総研『昭和五五～五七年の主計局行政(二)』)。官僚文学の神髄をみるようなできごとである。

こうして、一九八二年度予算では、増税なき財政再建の看板を掲げたまま、三五〇〇億円の増税が実施された。その中身は、法人税の延納制度の縮減、貸倒引当金の法定繰入率の引下げ、交際費課税の強化、要するに法人税の増税であった。

この決定に対し、経団連の行革特別委員長を務めていた石田正実は「いくら財界が〝我慢〟だとか歳出カットといっても実行するのは鈴木首相だ。それなのに何を考えているのか」と怒りを爆発させ、経済界も「決断力のない、和だけを看板にした首相だ」と公然と批判をくわえるようになっていった(一九八二年一〇月一三日付朝日新聞)。

これに土光会長の辞任問題が重なった。一九八二年七月、鈴木は生産者米価の引上げを決断した。すでに指摘したように、土光は会長を引き受ける時の条件として、増税の回避、コメ問題の解消を突きつけていた。これらの約束を反古にされ、面目をつぶされた土光は、会長辞任をちらつかせ、政府に揺さぶりをかけていったのである。(2)

さらに鈴木自身が自分の退路を断ったことが、自縄自縛ともいうべき状況を生んだ。二月の衆院予算委員会において「〔昭和〕五九年度赤字国債脱却の公約が達成できなければ政治責任を取る」と明言してしまったのである。

前年度のゼロシーリングに続き、一九八三年度予算ではマイナスシーリングも採用され、公債依存度は着実に減少に向かっていた。だが、一九八四年度までに赤字公債から脱却するという鈴木政権の目標はほぼ実現できないことが判明した。一〇月一二日、それでも再選は確実と予想されていた鈴木であったが、臨調の最終答申を待たずに突然の総辞職を発表する。

行革推進の原動力

大蔵省との間で利害が複雑に交錯するなか、増税を回避することに経済界は失敗した。だが、彼らは、ゼロシーリングやマイナスシーリングによる支出の削減、消費税導入の先送り、三公社の民営化等、少なからぬ政治的果実を手にしたことも事実である。

では、大蔵省への妥協を余儀なくされつつも、臨調の行革路線が相応の成功を収めた理由は、結局どこにあったのだろうか。

第一に、臨調路線を支えたのは行革への世論の強い支持であった。会長を務めた土光は、石川島播磨重工や東芝の再建に手腕を発揮した著名人であり、発足以前の段階から臨調には「何か思い切ったことをやってくれそうだ」という国民の期待が寄せられていた(一九八一年二月一一日付朝日新聞)。

さらに、土光は、専売の民営移管、特殊法人や国の資産の処分、補助金整理、四〇人学級の一時凍結といった行革によって、一兆五〇〇〇億円の支出削減が可能になるとし、大型間接税、すなわち消費税の導入は回避できると明言していた(一九八一年三月一五日付朝日新聞)。

のちに土光本人が「行政改革に寄せる国民の期待が予想以上に大きいことがわかった」と振り返ったように、国民の期待と増税回避戦術にささえられて、行革を支持する機運は着実に強まっていったのである(一九八一年六月一八日付朝日新聞)。

とりわけ、一九八二年七月にNHKが『八五歳の執念 行革の顔 土光敏夫』を放送し、土光の質素な生活、明治人としての気風が取りあげられて以降、「メザシの土光さん」として、土光や行革への国民の支持は圧倒的なまでに強まっていった。土光、そして臨調への強い期待が、臨調の答申やその後の行革の実現に対して決定的な影響を与えたのである(中曽根 一九九二：三〇四―三〇五)。

このような世論の動向に、政治やマスコミも飲み込まれた。鈴木首相は「行財政改革は天の声、国民の声」と演説し、中曽根行管庁長官にいたっては「行革に反対するものは、反国民的であり、非国民だ」とまでいいきった。

マスコミもこの雰囲気に便乗した。以下の毎日新聞記者の告白は、当時のマスコミの雰囲気をはっきりと伝えてくれる。

「行革は正義」のカケ声の前に、批判精神は、一様に萎縮しているように見える。第一次答申に対する新聞の社説は……答申を不完全としながら、政府には答申内容は実行せよ――と求めているのだ。この矛盾は「行革は正義」という先入観、自らが「行革に総論賛成・各論反対は許されない」と主張していた手前、今さら、各論反対的立場に立てない、という事情が隠されているのではないか。（一九八一年七月一四日付毎日新聞）

日本全体が行革ブームに酔いしれたことは、臨調路線成功の重要な前提条件だった。

第二に、国鉄問題をめぐる政治的駆け引き、とりわけ「裏臨調」の果たした役割を指摘しなければならない。自民党には、運輸族を中心に、国鉄の民営化に強硬な反対を訴える者たちがいた。中心人物は加藤六月、三塚博であり、党内に国鉄再建小委員会を立ち上げ、国鉄側も運輸族に対する積極的な働きかけを展開していった。

一方、鈴木政権は党内の政治基盤が弱く、鈴木、そして次の政権をねらっていた中曽根行政管理庁長官は、臨調に対する国民の強い支持を自分たちの政治の原動力にしたいと考えていた（大嶽 一九九四）。自民党はふたつに割れたが、政権を経済界との協調行動へと導いたのである。

政治的緊張が高まるなか、合意形成で決定的な役割を果たしたのが「裏臨調」である。その中心人物は伊藤忠の相談役であった瀬島龍三である。

瀬島は中曽根と深い関係をもちながら、第四部会長を務めた加藤寛、橋本龍太郎、堀内光雄、中村靖、加地夏雄らと毎週金曜日に会合を開いていた。これが裏臨調であり、あわせて三〇回以上もの会合がおこなわれたという。瀬島は土光の知恵袋として知られ、鈴木のほか、田中や福田らの周辺、そして運輸族との折衝、根回しに奔走する(一九八二年四月一八日付読売新聞、中曽根 二〇〇四)。

こうした経済界の動きを、直接・間接に支持したのが、国鉄内部の「改革派」と呼ばれる人物たちであった。分割後のＪＲでそれぞれ社長を務めることになる、井手正敬、松田昌士、葛西敬之の「国鉄改革三人組」がその代表格である。彼らは、運輸族の三塚に国鉄内部の沈滞した雰囲気、現状を伝えつつ、組織内部の問題を次々と暴露していったという(山岡 二〇一二)。

マスコミもこの流れを見逃さなかった。ヤミ給与、勤務時間帯に仕事のないブラ勤、突然の欠勤を意味するポカ休、勤務時間中の入浴など、読売や朝日等の大手紙が国鉄批判のスクープ記事を次々と掲載した。

第四部会のメンバーも積極的に雑誌に原稿を寄せていった。瀬島が「会談の内容を意識的、無意識的に外へ漏らしていくという行き方をとった」と述べたように、政権と深くつうじた裏臨調の意図的な世論形成が絶大な効果を発揮したのである(大原社会問題研究所 一九八七)。

第三の要因として労働組合の分裂をあげておこう(菊池 二〇〇五：二〇六―二〇七、大原社会問題研究所 一九八一、一九八二)。いわゆる労働四団体のうち、多数を占めた総評と同盟は、行革に対して正反対の評価をみせていた。

総評は公務員の労働組合が主流であり、同盟は民間大企業系の労働組合が中心であった。同盟は大企業と協調的な態度を取り、さらに生産性の低い公務員の高賃金が企業の税負担をうむと考えていたことから、総評との関係は険悪であった。

総評は、当初、四団体共闘の方針を打ち出していた。だが、同盟は、行革の内容は出尽くしており、これをどのように実行するかが課題であるとして、行政改革推進国民運動会議を独自に設置し、総評とまったく異なる政治対応を取った。

以上の分裂は第一次答申への評価に表れている。総評は、行革の必要性を認めつつも、「国家財政が減る分だけ地方や個人負担の方にふりかえられ、福祉のミニマムが崩れ、トータルでみて政治が改善されたとはいいえない。公務員にとっては、労働基本権問題にまったくふれることなしに、定員や給与の削減を一方的に強いられることは許しがたい」と厳しい批判を加えた。

これに対し同盟は、「社会福祉関係への配慮がまだ不十分であること、また不公平税制の是正や、立法府・司法府の改革が抽象的表現にとどまる等いくつかの問題点を残しているが、行政改革推進国民運動会議の提言からみて、大筋として評価できる」と前向きな態度を示した。

両者の方向性の食い違いは、基本答申でも修正されなかった。

総評が「行政の水準を切り下げ、その質を改悪するのみならず、財政規模の縮小もまた国民にしわ寄せされるという二重の意味において国民の要望に沿うものとはいいがたい」と断じた一方、同盟は「戦後三十年ほとんど改革のメスを入れられてこなかった行財政の諸制度全般にわたって改革案を示すとともに、増税なしによる財政再建の考え方をより鮮明に打ち出すなど、われわれの主張に沿い、かつ国民の期待に応えるものとして、概ね評価するもの」とこれを肯定した。

臨調は委員、専門委員、顧問、参与から構成されたが、そもそもその過半数を経済界の代表が占めたという意味で、出発点から労働者代表の発言力は限られたものであった。これにくわえて、労働四団体のなかに積極推進から真っ向反対までの濃淡があらわれ、統一的な主張を形成できなかった。これらの条件が経済界の主導を間接的に後押ししたのである。

さまよう経済界の運命

こうして、一九八三年三月一四日、臨調の最終答申が出された。そのなかでは、高度成長期以来肥大化した行政を思い切って簡素化することで、国民負担の増大を抑制しつつ、新しい行政需要に対応し、民間の活力をよりよく発揮させることができると書き記された。全体をつうじて効率という用語が五〇カ所も用いられている。まさに新自由主義へと大きく舵を切る報告書であった。

経済界は大蔵省と利害を共有しながらこの報告書を作成した。しかし、その過程では、増税なき財政再建という大目標を形骸化されるなど、いくつかの妥協も余儀なくされた。

これに、鈴木内閣の総辞職を受け、臨調路線を受け継いだ中曽根政権の「変節」がくわわる。権力闘争の一環として臨調を利用してきた中曽根が総理の座を射止めたことによって、経済界には再び逆風が吹きつけるようになっていく。

中曽根政権はひっそりと「増税なき財政再建」の看板を降ろしていった。そして、新たに所得税の減税を政治争点化させ、その財源のための法人増税を再び議論の俎上に載せた。

一九七四年度の二兆円減税を最後に、本格的な所得減税は実施されてこなかった。だが、高度成長期の慣性ともいうべきだろう、毎年度の予算編成において、野党は予算の早期成立を交換条件として減税を要求する傾向があった。

それまでは、剰余金の範囲内で小規模の所得税減税がおこなわれてきたが、一九八三年度予算では本格減税が争点化し、いよいよ翌年度税制改正のなかに所得税の減税が盛り込まれざるを得ない状況となっていたのである(財総研『昭和五七〜六〇年の主税局行政』)。

一九八四年度には、レーガンやサッチャーの税制改正と軌を一にするように、二二年ぶりに最高税率の引下げが行われ、税率階層を意味するブラケットの数も削減された。問題はおなじみの減税財源である。七〇〇〇億円強の財源が必要と考えられたが、細かな間接税の増税だけでこれをまかなうことは不可能だった。

一方、一九八一年度に大規模増税をおこなったときの経験から、法人税が強烈な政治抵抗を生むことは火をみるよりも明らかだった。そこで大蔵省主税局は、法人税と間接税の双方を引上げること、いわば「痛み分け」によって財源を捻出する戦術をとることとした。

経団連の幹部であり、また政府税制調査会の委員も務めた岩田弐夫《かずお》は、主税局に対し、法人税の引上げが即座に国際競争力や設備投資の低下に結びつくわけではないとしつつも、財政が困ると安易に企業課税で切り抜けようとする態度は問題だと、厳しく批判した。こうした抵抗に対し、主税局は間接税の増徴によって広く国民に負担を求めることで、経済界も痛みを分かち合うべきだと訴え、彼らの説得を試みた(同前)。

当時の政治状況は明らかに経済界に不利だった。本格的な所得税の減税が行われたのは一九七七年が最後であった。所得税の累進性は中間層の負担を強め、給与所得者のあいだでは「不公平税制」がひとつの合い言葉となりつつあった。さらには、田中角栄に有罪判決がくだり、これを受けて実施された一九八三年一二月衆議院総選挙では、逆風に苦しむ自民党に対し、野党が減税を争点に攻勢をかけていた。

年が明けると、経済界は、官邸や自民党に対し「総力戦」とまで呼ばれた猛烈な抗議活動を展開した(一九八四年一月一九日付朝日新聞)。だが、大勢はすでに決していた。自民党税調は、三年度限りとの限定をつけつつも、大蔵省の減税案をそっくり受け入れたのである。

経済界はふたたび敗北した。経団連の評議員会岩佐凱実《よしざね》は「減税のための増税は国民に対する欺瞞だ」と怒りの声をあげた(同前)。

だが一方で、経済界は、臨調後の行革を推進するための監視機関として、第二臨調に続く「臨時行政改革推進審議会(行革審)」の設置に成功した。(3) 提言機能こそもたなかったものの、大蔵省OB、自治省OBから一名ずつ、労働界から二名という組織構成に対し、経済界は土光を会長として再任させつつ首尾よく全体で三名の委員を送り出した。継続的に行革に対する発言力を維持するための足場をひとまず得たのである。

とはいえ、期限つきではあったが経済界はまたもや増税を飲まされた。政府によるねらい撃ちがいつ再燃するか分からない。彼らは疑心暗鬼に包まれていた。底流にくすぶり続ける危機感は、バブル経済による空前の好景気を経た一九九〇年代に噴出することとなる。そして、このとき設置された行革審が規制緩和推進の原動力となっていく。この点は第二章で論じよう。

3　凋落するアメリカ、追随する日本

強まる自由化の圧力

行政改革による小さな政府の実現――これこそが、経済界にとって、租税負担を軽くするための絶対的な条件となった。一九八〇年代を振り返ってみると、この経済界の利益を実現するうえで印象的なできごとが三公社の民営化であった。そして、その民営化を大蔵省との協調のもと進めるうえで、新自由主義的なイデオロギーは、すぐれた説得手段として機能した。

だが、新自由主義の浸透を正面からつかまえるためには、ふたたび、国際経済の趨勢に目を転じなければならない。というのも、アメリカ政府の世界戦略ともいうべき対外政策が日本のいっそうの小さな政府化に少なからぬ影響を与え、経済界もこの機運をうまく利用したからである。

一九七〇年代後半ころ、アメリカは金融自由化へと大きく舵を切りつつあった。当時、投機的な資金移動が強まっていたことから、日本やドイツは協調的な資本規制を主張したが、アメリカはこれを退け、資本規制の撤廃を各国に働きかけていた(Helleiner 1994: 102–122)。

一九八一年一二月、アメリカは経常収支の赤字によって流出を続ける資本を還流させるべく、規制や課税を軽くした非居住者向け国際金融市場、ニューヨーク・オフショア市場(International Banking Facilities)を開設した。もともと巨大な金融市場を持っていたアメリカがこうした措置をとったことで、その他の国々も次第に市場開放への追従を余儀なくされていく。

一方、自らが自由市場を新設し、外国資本を受け入れたのに対し、米系金融機関は外国市場で不利な扱いを受けているとして、アメリカは各国に対する金融自由化圧力を強めていった(経済企画庁『昭和六三年 世界経済白書 本編』第二章)。

この流れのなかで、経常収支の黒字が巨額にのぼり、市場開放要求のターゲットとされたのが、日本であった。日本では、一九八〇年の外為法の全面改正によって、対外取引の原則自由化を実現していた。このとき、実需のともなわない為替取引を禁じた「実需原則」について、大蔵省国際金融局はその是非を検討していた。

結論からいえば、結局、原則を存続させることで落ち着いた。だが、経常収支の黒字が拡大を続けるなかで、為替レートをより経済力に見合ったものにして、自国からの輸入を増やすべきだというアメリカからの政治圧力は、日を追うごとに強まっていった。

政府はこの動きに応えて、一九八三年一〇月に総合経済対策を発表した。二月にすでに景気の谷を迎えていたことからも想像できるように、この対策は、対米黒字を減らすことに主なねらいがあった。各省がアイデアを持ちよるかたちで策定が進み、「円による国際取引の促進及び金融・資本市場等の環境整備」を謳いながら、先に廃止が先送りされた実需原則の見直しが盛り込まれることとなった(財総研『昭和五八〜五九年の国際金融局行政』)。

日本側からすれば、これらの措置は、金融・資本規制の緩和に向けた大きな一歩だった。だが、アメリカ側からみれば、改革への足取りは重たいものにしか映らず、彼らは次第にいらだちを募らせていった。

アメリカの強硬な圧力と大蔵省の路線転換

一九八三年一一月、レーガン大統領が来日した。七〇年代には日本が内需を拡大させ、輸入を増大させることが主たる論点とされていたが、日本の経常収支の黒字が引き続き拡大していく状況のもと、争点は輸出の原動力である円安の是正に徐々にシフトしていった。

レーガン政権の前期では「強いドル」が標榜されていた。そんななか、一九八三年九月キャタピラ・トラクター社のL・モーガン社長がワシントンの経済官僚のトップを訪ねた。モーガンは、スタンフォード大学教授のE・ソロモンと弁護士D・マーチソンに依頼して作成した報告書『アメリカドルと日本円のズレ——問題の所在と解決策』をドイツ製のキャタピラ・トラクターのおもちゃとともに官僚に手渡した。これ以降、大きく政治の流れは変わっていく(Thorn 1987: 29)。

この報告書では円安が国際競争を阻害しているとして、経常収支の赤字の原因を日本政府の施策の失敗に求めていた。そのうえで一一の改革方法が提案され、これがレーガン来日の際のアメリカ政府の理論的根拠とされるのである。

アメリカ側は日本政府の示した方向性、円需要を喚起する方策を速やかに実施することを求めた。これを受けて、日米蔵相の共同声明では、実需原則を翌年四月から撤廃すること、指定会社制度に関する改正法案を次の通常国会に提出することが明言された。

だが、アメリカ政府の追及の手は止まるところを知らなかった。共同声明を受け、さらなる円高への誘導、金融市場の自由化に向けて、両国政府の間に、為替レートの決定要因にかんする検討会議が設けられることとなった。これが「日米円ドル委員会」である。

交渉過程では重要な役割を果たした人物が二人いる。一人はD・リーガン財務長官。もう一人はB・スプリンケル財務事務次官である。この両者は、国際金融局長であった酒井健三の回顧のなかで、アメリカが巨額の財政赤字と国際収支の赤字を記録するにいたったのは、この二人の政策運営に拠るところが大きいと断罪された人物である(財総研『昭和五八～五九年の国際金融局行政』)。

ここで、レーガンライブラリーに所蔵される回顧資料を用いて、実動部隊のトップとして活躍したスプリンケルの行動を追跡してみよう。(4) この回顧には、アメリカの日本に対する政治圧力、したたかさが鮮やかに描かれている。

スプリンケルに言わせれば、日本の金融自由化、規制緩和の第一の転換点となったのが、一九八三年のレーガンの来日であった。

自由貿易を主張するレーガンは、中曽根に対して、個人的に自身の見解を伝えた。これ以後、中曽根政権の雰囲気は一変したという。そして、中曽根が資本市場の自由化を明言し、政治的な安定性と世界第二位を誇る経済力を円に反映させる点に合意したことによって、アメリカ政府の中曽根政権に対する評価ははっきりと高まることとなった。

竹下登蔵相とリーガン財務長官の間で合意された日米円ドル委員会の第一回会合は、一九八四年二月、ハワイで実施された。だが日本側の代表は、終始、消極的な姿勢を貫いた。これに失望したスプリンケルは、ハワイからそのまま軍用機で日本に赴き、中曽根との会談予定で来日していたJ・H・

W・ブッシュ副大統領に事態の硬直状況とその打開の必要性を直訴した。

スプリンケルは、さらに、竹下とも直接面会し、規制を緩和し、日本企業と海外企業に競争を認めることが、日本国民の利用可能な金融サービスの質と量を改善すること、日本人の受け取る投資収益も増大することを熱心に説いた。竹下はこれを丁寧にメモに書き残していたとスプリンケルは好意的に振り返っている。

この根回しが功を奏したのであろう。第二回会合以降、大蔵省は態度を一変させた。スプリンケルに言わせれば、従来は統制、規制、ガイダンスを重視するのが大蔵省の基本的態度であった。だが、日米円ドル委員会での議論を通じて「大蔵省は、金融市場や資本市場に対する自身の哲学的なアプローチを転換してしまった」のであった(5)。

五月ローマのアメリカ大使館で開かれた第六回目の会合において、日米双方の合意が成立することになった。アメリカ政府は、投資家や借入者の行動に対して市場の力が影響を与えるようにすることを報告書の冒頭に盛り込むことに成功した。スプリンケルらは「上出来の結末(successful conclusion)」に歓喜した。会合の直後、日本の代表があわてて荷物をまとめて帰国する姿をよそに、アメリカのスタッフは勝利の祝杯をあげた。

利用される経済理論　理論を超える圧力

日米円ドル委員会におけるアメリカ側の基本的な発想は、「市場機能が自由に働くことが経済の効率性を高める」「需要と供給による価格決定が資源の最適配分をもたらす」と述べられた点に端的に示されることとなった(『日米共同 円・ドル・レート、金融・資本市場問題特別会合作業部会報告書』)。

だがよく考えると奇妙な話である。市場原理主義者は別として、経済学のオーソドックスな考え方によれば、市場は必ずしも万能ではなく、その機能不全を補完すること、すなわち「市場の失敗」を補うことが政府の存在意義だと考えられているからだ。(6)

だが、以上の議論では、明らかにこの論理が転倒している。つまり「政府の機能縮小こそが市場を活性化させる」ことが声高に叫ばれているのだ。一九九〇年代以降、日本の多くの経済学者が新自由主義を正当化するなかで主張する議論の前触れがここに見いだされる。(7)

アメリカ政府は、この論理をことあるごとに繰り返した。だが、ベーカーやスプリンケルが交渉の場で取っていたのは、むしろ論理では説明できない「非論理的」な行動であった。彼らが示したのは「自分たちの哲学に同意しろ」といわんばかりの傲慢きわまりない態度であったという(財総研『昭和五八〜五九年の国際金融局行政』)。

経済学では、財政赤字が内需を刺激し、輸入を増大させ、経常収支の赤字、資本収支の黒字を生むと考える。だが、スプリンケルは、アメリカが強いから世界中の資金がアメリカに流れ込むのであって、財政赤字と経常収支の赤字、資本収支の黒字とは無関係であると大蔵官僚に強弁してはばからなかった。

リーガン財務長官にいたっては、竹下大蔵大臣を訪ね、机を叩きながら妥協を迫るという態度をとった。外交の作法としては明らかに異例、あえていえば、無礼きわまりない態度であった。日本中の経済学者が夢中になってアメリカの経済学を追いかけていたとき、実際の政治では、経済学の理論を無視した、理不尽というほかない妥協をアメリカ政府は私たちに押しつけていたのであった。

要するに、彼らの議論の要点は、自分たちに経常収支の赤字を改善する必要はないという点に尽きており、アメリカの対日政策とは、国際的な資金のアンバランスの責任を日本に押しつけるための理屈づけに過ぎなかった。

このような強硬な態度に押されたのであろう、日本政府はアメリカの主張を受け入れ、実需原則、さらには円転規制も撤廃することを決定した。円転規制では外為銀行が外貨を調達し、これを円に転換する時の上限額を定めている。双方が撤廃されたことで、円への需要は大幅に高まった。これらは一九八〇年代後半に急増するアメリカ向け資本輸出を支える重要な素地となっていく。

経済界もアメリカからの圧力にさらされていた。レーガンライブラリーの資料をふたたび調べてみると、レーガン大統領のもとには、アメリカ国内の政治家、実業家から、日本の政府・経済界を批判する膨大な量の手紙が寄せられていた事実を知ることができる。

とりわけ、レーガン大統領の訪日の直前の時期になると、各業界からの圧力はとみに強まっていった。レーガン政権の日本政府への高圧的なまでの態度は、国内の強硬な政治圧力に押された彼らの危機感を示すものだったのである。

日本の経済界はアメリカ政府と協調的な関係を維持することに腐心していた。

経団連の会長であった稲山嘉寛名義のレーガン宛の書簡では、陳情のあと「自由貿易システムを守り、強化していくために、いっそう市場を自由化するよう継続的努力が必要であることを十分認識している」と述べられている。これに対するレーガンの返答では「日本の市場を自由化するための作業において、このような積極的な役割を果たしていただいていることに賞賛の意を表したい」とある。[8]

こうしたやりとりは、日本の経済界とアメリカ政府の往復書簡のいたるところにあらわれる。財界人は、市場自由化、規制緩和という流れを知ってか、知らずか、個人的な人間関係に意を砕きながら変化に巻き込まれていった。あるいは、彼らの敗戦の記憶がアメリカへの協調的な姿勢を生み出したのかもしれない。

アメリカが、対日方針のなかで内需拡大から円安の是正へと力点を移し、規制緩和や金融・資本市場の自由化を強く迫るようになったことは、日本政府が政府規模を小さくし、民営化をすすめることに正当性を与えた。また、アメリカの圧力にさらされつつも、自らの政治的利益を最大化するために、規制緩和や市場の自由化を後押しした経済界がこの流れを加速させた。

こうして、転倒した経済の論理――政府の規模縮小が市場の効率化や経済成長を生み出すという主張が、なかば神話化されつつ、人びとの脳裏に静かにしかし確実に刻み込まれていったのである。

世界最大の債権国へ

アメリカの政治圧力はし烈であった。だが、日本の規制緩和だけでアメリカの政治経済的な凋落を止められるはずもない。

ベーカーやスプリンケルの予想を超えて、財政赤字の拡大に刺激されたアメリカの内需は、輸入を増大させた。また、一九七〇年代を通じて問題視されていたインフレ抑制のため、レーガン期には、ヴォルカー・シフトと呼ばれる高金利政策が敷かれた。これがドル高、輸出の減少を生み、経常収支赤字を深刻化させた。いわゆる双子の赤字である。

経常収支の赤字は資本収支の黒字、つまり対外借入でファイナンスされる。その結果、とうとうアメリカは一九八五年に純債務国へと転落することとなる。

ちょうどこの頃、国際的に進んでいた金融市場の自由化をてことして、公的資金だけでなく、民間資金までもが、ドル買い、アメリカへの投資をおこなうようになっていた。その積極的なドル買い、アメリカへの資本輸出を支えたのが、巨額の経常収支黒字を抱えたふたつの国、西ドイツと日本であった。

当時の資本輸出の特徴を見てみよう。円を外貨に転換して運用することを「円投型」投資と呼ぶ。また、ドルで資金調達し、これを対外投資に向けることを「外・外型(あるいはドル・ドル型)」投資と呼ぶ。一九八〇年代半ば、企業は、経常収支の黒字を背景に、活発な円投型対外投資をおこなった。機関投資家も同様に円投型の投資を選び、米国債を中心とする長期の証券投資をおこなっていった。

外国為替銀行は短期の資金調達によって、外・外型投資をつうじて、円投型投資に必要となる外貨の蓄積を図った。日本は、経常収支の黒字分を超えて対外投資をおこなうようになるが、この差額を埋めたのもこの為銀の短期借入であった。こうしてアメリカが債務国に転落した同じ年、日本の対外純資産残高は世界最大となり、「短期借り・長期貸し」という日本の資本輸出の特徴が定着するようになっていった(毛利 一九九四)。

一方、アメリカの自由化戦略の結果、金融市場は急激な拡大を遂げていた。一九八〇年から八七年にかけ、アメリカ、イギリス、西ドイツ、日本から構成される国際金融市場、資本市場は、約三倍に膨らんだといわれる（経済企画庁『昭和六三年 世界経済白書 本編』第二章）。

一九八五年一月、レーガン政権は二期目を迎えた。一期目の末期には強いドル政策の放棄が模索され、インフレ抑制をめざした高金利政策からの離脱が図られた。だが、日本や西ドイツの抱える経常収支黒字に対する国内の反発は依然として強かった。

こうして一九八五年九月のプラザ合意では「協調介入」によるドル高是正が追求され、急激な円高・マルク高・ドル安が進んでいくこととなった。この点は第三章でふたたび触れる。だが、これはアメリカの政策当局の想定をはるかに超えたドル安であった。一九八六年九月には、プラザ合意前後の一ドル二六〇円から一五四円にまでドルは急落した。驚くべきドル安である。

ニクソンショック以降、長期的にみれば、米ドルは明らかな下落傾向にあった。一ドル三六〇円時代からすれば、五七％もドルが減価したことになる。これに純債務国への転落という事実がくわわる。アメリカ経済の退潮は誰の目にも明らかであった。

新自由主義への旋回——前川レポート

だが、アメリカ経済の凋落と反比例するように、経常収支の不均衡をターゲットとする、アメリカの政治圧力は強まる一方であった。

一九八五年一月の中曽根の訪米にあわせ、日米首脳会談が開催された。当時のアメリカは個別分野に関する市場開放を強く求めるようになっていた。通信機器、木材製品、エレクトロニクス、医療機器・薬品の輸入検査手続きに関して、内外無差別の取り扱いや手続きの簡素化を求め、これ以降、個別分野に関して、日米両国が市場開放の可能性を協議する「ＭＯＳＳ協議（市場分野別個別会議）」が開始されるようになった。

中曽根は以上の首脳会談のなかで、「国内民間需要主導の経済政策の推進と一層の市場開放努力を行っていく所存」をレーガンに対して伝えていた。とりわけ、翌年五月に主要先進国首脳会議、いわゆる東京サミットが控えていたため、それ以前に、その成果を示すべく日本側の意見を取りまとめておく必要があった（一九八五年一〇月一六日付朝日新聞）。

一九八五年一〇月、中曽根は審議会を設置し過ぎていることへの批判を気にもかけず、元日銀総裁前川春雄を座長とする私的諮問機関「国際協調のための経済構造調整研究会」を発足させた。「国際協調のための経済構造調整研究会報告書」（通称「前川レポート」）が提出されるのは、翌年四月のことである。

前川レポートは「従来の経済政策及び国民生活のあり方を歴史的に転換させるべき時期を迎えている」という認識に立ち、のちの新自由主義的な政策志向を方向づけていった。

確かにその内容は大胆だった。(1)内需主導型成長を目指すべく、大規模公共事業を地方圏だけではなく、大都市圏にも拡充し、消費刺激をねらって減税をおこなう、(2)産業構造の転換と海外直接投資の活発化を図る、(3)市場開放のためのアクション・プランの完全実施と製品輸入の促進、(4)先進国経済のパフォーマンスに不均衡を生じさせないような為替の安定と金融・資本市場の自由化、円の国際化、(5)貯蓄優遇制度の廃止、といった具合である。

財政金融政策の機動的な運営がこれにくわわり、第一点に明示されているように増税なき財政再建からの決別も宣言されたから、アメリカ政府は肯定的にこれを受け止めていた。

当時、アメリカの通商交渉のための機関「アメリカ通商代表部(Office of the United States Trade Representative)」の代表を務めていたC・K・ヤイターは、代表部に前川レポートの精査を指示している。代表部は前川レポートを「よく書けている」と結論づけ、ヤイター自身も「一般的な方向性や論調、報告書の各論の多くは、積極的で、有益なものだ」と評価していた。

だが、アメリカ政府にとっての最大の関心は、このレポートの内容をどう実現に持ち込むかという点にあった。とくに、代表部は、内需拡大による経済成長率に比べて輸入の伸び率が低いこと、レポートがアメリカからの製品輸入をいかに増やすのかを具体的に示していないことを問題視していた。

そこで東京サミット前に開催される首脳会議の機会をとらえて「一九九〇年代の頭には輸入超大国(importing superpower)となることを国民的目標とさせるように、中曽根首相の声明をうるさく求めていくべきだ」と提言した。(9) このコメントはリーガンに伝えられた。

以上の経緯を踏まえると、四月一四日に発表された中曽根の次の声明は興味深いものがある。

私は大統領に対して、今後、日本は経常収支不均衡を国際的に調和のとれるよう着実に縮小させることを国民的目標として努力していく決意である旨表明いたしました。私はこのため日本が構造調整という画期的な施策に取り組み、日本経済を輸出ではなく、内需に依存し、輸入、とりわけ製品輸入が相当に増大することにつながるような経済構造に変えて行く必要があると考えています。先頃、私の私的諮問委員会がこの点に関し多くの貴重な提言を盛り込んだ報告書を作成しました。これらの提言を政策化して行くため、政府として近く作業計画を策定する推進本部を設置する予定でおります。(傍点は引用者)

ヤイターの主張は、余すところなくこの声明のなかに盛り込まれている。確かに中曽根政権はレーガン政権との良好な関係を構築することに成功した。だが、それは、アメリカの要求を全面的に受け入れ、新自由主義へと大きく舵を切っていったことの報酬でもあった。

4　外圧と経済の長期停滞に翻弄された一九九〇年代

さらなる外圧へ——日米構造協議と日米包括経済協議

一九八四年以降、アメリカでは歴史的な高金利政策からの離脱が試みられ、一時的な再上昇が起きたものの、九〇年代を通じて金利は大幅に低下していった。一方、同じ時期、当局の努力も虚しく経常収支の赤字は急激に膨らんでいった。この結果、金利の低下と経常収支赤字の膨張というふたつの条件をもとに、円高・ドル安が定着していった。

一九八九年一月、ブッシュ政権が誕生した。アメリカ政府の強い経済危機意識は、日本に対するさらなる政策要求となってあらわれた。

レーガン政権前半期までは、日本政府との協議は、個別案件を単位として行われていた。だが、MOSS協議を契機に安倍晋太郎外務大臣とG・シュルツが複数の問題をまとめて解決したことが端緒となり、ブッシュ政権以降、包括的問題についての政策協議が定期的に開かれるようになった。これが「日米構造協議」である。

さらに、一九九三年一月にB・クリントン政権が誕生すると、構造協議の手法を踏襲した「日米包括経済協議」が発足する。同協議では、景気対策や市場開放を求めて内政干渉ともいうべき圧力が日本政府にくわえられ、のちの巨額の財政赤字の淵源が形づくられていく。

まず、日米構造協議の内容から見ておこう(内田 一九九六：一九二―一九六)。この協議では、対外不均衡の是正、効率的、開放的、競争的な市場にささえられた持続的経済成長、生活の質の向上などが目標とされた。アメリカ側は、臨調や前川レポート等によって作られた規制緩和、内需拡大の流れをより決定的なものとすることにねらいを定めていた。

全体で五回の作業部会が重ねられ、一九九〇年六月二八日に最終報告書がまとめられた。報告書の冒頭では、まず国際収支不均衡の是正のための構造問題の解決が訴えられ、そのうえで、日本側の措置として、九一年からの一〇年間で四三〇兆円の公共投資を実施することが明記された。これと同じ日、公共投資基本計画が閣議で了承されている。

また、大規模小売店舗による出店調整を緩和すべく、大規模小売店舗立地法の改正も行われた。これ以降、海外企業や大規模ショッピングセンターの設置が進むようになる。さらに、カルテル規制の強化、特許手続きの簡素化、「輸入大国」をめざした輸入促進策等、大幅な規制緩和が企てられたのもこの報告書の特徴である。

次に、日米包括経済協議を見てみよう。内容は次項で詳しく述べるが、協議におけるアメリカ側の要求は、構造協議と比較しても熾烈をきわめたものであった。アメリカ政府は一方的制裁主義(ユニラテラリズム)を辞さない構えで協議に臨み、経常収支の改善や市場シェアにかんする数値目標の設定を日本政府に要求した。

注目されるのは、一九九四年以降、「年次改革要望書」という規制緩和へのアメリカからの要望が毎年提出されるようになった点である。こうした圧力を背景として「優先三分野(電気通信・医療技術の政府調達、保険、自動車・同部品)」をはじめとする広範な規制緩和が要求されていった。さらに、公共投資基本計画も改訂が要求され、九五年からの一〇年間(後に一三年間に延長)の投資額も六三〇兆円へと拡充された。

平岩レポートによる規制緩和と積極財政の矛盾

クリントン政権からの外圧は、日本の経済にふたつの大きなインパクトを与えた。ひとつは規制緩和をドライブとする行政改革の全面化。もうひとつは空前の財政赤字である。

一九九三年九月、経団連会長の平岩外四を座長とする経済改革研究会が発足した。同研究会は一二月に『経済改革について』という最終報告書を出した。いわゆる平岩レポートである。

自民党の下野にともなって誕生した連立政権の首班であり、したがって政権基盤も弱かった細川護熙は、長い間にわたって自民党政権を支援してきた経済界から協力を得ることを重視し、経団連の平岩を座長の座に据えることを決めた。

細川と規制緩和の関係については次章にゆずるが、この時点で細川は、九月下旬に予定されていたクリントン大統領との会談で、規制緩和、円高差益還元の経済対策の方針に説得力をもたせるため、研究会の取り組みをアピールしようと考えていた。

当時、前川レポートが十分に実行されていないことに対して、例に漏れずアメリカからの強い批判が寄せられていた。同レポートが示した自由化の流れをいかに実現するかが問われていたのであり、経済改革研究会はその課題に答えるための手段として位置づけられたのである(一九九三年九月二日付朝日新聞)。

平岩レポートでは「原則自由・例外規制」という規制緩和方針が明示され、金融・資本市場の活性化も明確に打ち出された。さらに、規制緩和の効果を上げるため、勧告権と自らの事務局を持つ強力な第三者監視機関の立法化を急ぐよう提案した。具体的な数値目標が盛り込まれず、平岩が落胆の意を表す一幕もあったが、前川レポートをしのぐような新自由主義を加速させる内容がここに示されることとなった。

だが、アメリカからの外圧は、規制緩和と同時に、内需拡大を求めるものへとふたたび変わっていた。規制緩和による行政のスリム化の一方で、財政出動を要求するという矛盾した要求が突きつけられたのである。

この矛盾は平岩レポートに如実にあらわれた。同レポートは規制緩和を訴えつつも、返す刀で「減税先行」「社会資本整備を一層促進」という文言を盛り込んでいた。しかも財政状況の悪化への懸念からこれに「財政構造改革」という正反対の方向性までもがくわえられた。論理的にはほとんど破綻したレポートだといってよい。

しかしその論理破綻は、クリントン政権からの異常なまでの内需拡大要求のムリのあらわれでもあった。平岩レポート作成前後の日米関係をみてみよう。

自民党政権下で平成五年度(一九九三年度)予算が成立したあと、アメリカ政府は、前年にまとめられた総合経済対策の効果について分析を開始し、五年度補正予算に関して、その各項目を精査するよう、在日大使館の担当者に指示を出していた(一九九三年四月五日付日本経済新聞)。

さらに、L・H・サマーズ米財務事務次官は「今回の対策で実際に国民所得計算のうちの公的資本形成がどれだけ増えるのか」と日本政府を牽制した。これらの動きは、四月に予定されていたG7の後、宮澤喜一首相とクリントン大統領の初の首脳会談が設定されていたことが理由だった(一九九三年四月一三日付朝日新聞)。

「史上最大規模」と銘打たれた補正予算が、首脳会談の三日前に滑り込むように編成された。だが、クリントン政権はこれでも満足せず、減税を要求した。

宮澤は消極姿勢をとったが、四月一日の記者会見で「政策減税も考えなくてはならないかもしれない」とスタンスを微妙に修正する。そして首脳会談でふたたび減税圧力がくわえられ、とうとう大蔵省内でも減税不可避の流れが強まっていくのである(一九九三年四月二日付日本経済新聞、四月一七日付朝日新聞)。

経済改革研究会が設置され、平岩レポートが作成されたのはこうした政治状況のもとであった。そして、自民党の長期政権が崩壊し、細川護熙連立政権が誕生するのはこのあとのことである。一九九四年二月に日米首脳会談が予定され、追加の経済対策をクリントン政権が要求するのは必至の情勢であった。

ここでの焦点は税制改正であった。アメリカは所得減税を要求する一方、日本政府はその減税財源として消費税の増税を検討していた。だが、アメリカ側は、実施時期として最低二年、できれば三年開くことが望ましいと非公式に打診した。また、所得減税は単年度減税とされたことに対して、クリントン大統領は「一年限りの措置では、減税分が貯蓄に回らないか気になる」と牽制した(一九九四年一月二九日、二月一三日付日本経済新聞)。

従来、大蔵省は、減税に対して否定的なスタンスであったが、日米包括経済協議において、税制改正の議論に日本側からは財務官も参加するなど異例の対応をとっていた。アメリカのあの執拗なまでの「要求が無ければ、事態は随分違っていただろう」と齋藤次郎元次官は回顧しているが、冷静にみても、これはアメリカからの内政干渉と評価すべき事態であった(財務省財務総合政策研究所財政史室編二〇一三:三三五)。

こうして空前の大減税が始まった。最初の大規模減税は一九九四年度の特別減税であった。九四―九六年度にかけて毎年五・五兆円規模の減税が行われることとなり、九四年一一月には所得税と住民税の恒久減税と消費税率の引上げが追加で決定された。

さらに、九八年度に法人税率の引下げ、二度の所得税の特別減税が、九九年度には法人税率の引下げと所得税の恒久的減税がそれぞれ実施された。これらの減税こそが日本に多額の財政赤字をもたらした第一の理由だった(井手二〇一三)。

公共投資と減税への圧力はアメリカの国際収支の改善と結びついていた一方、規制緩和は、次章で述べるように、この時期に影響力を増しつつあった「ワシントン・コンセンサス」と深く関係していた。平岩レポートは、このようなアメリカの対外政策をダイレクトに反映させたかたちで日本を新自由主義へと誘っていったという意味で象徴的な報告書であった。

このように、日本の新自由主義の受容を論じるうえで、対米関係がその重要な契機となっていたことはまぎれもない事実である。

だが「対米従属」にすべてを還元するとすれば、それはあやまりである。ニクソンショック以降の国際的な資金循環の変化、国際政治における日本の地位の変化、オイルショックと二兆円減税が複合的に結びついて形成された財政赤字。一九八一年以降の法人増税と経済界の反発。これらのさまざまな歴史の変化が重層的に組み合わされるなか、対米圧力を経済界や政府が利用したことは明らかだったからである。

とりわけ日本の経済界の戦術はしたたかなものであった。減税や公共事業を求めるアメリカの圧力のもと、一九九〇年代の経済界は、本来の主張である小さな政府化を棚あげにし、アメリカの財政膨張圧力に便乗しつつ、国際競争力の強化を名目として法人税減税の果実を手にしていった。

だが、頻発する金融危機によって世界経済が混乱し、日本の一人勝ちの構図が是正されて、アメリカからの外圧が弱まる九〇年代の後半になると、八〇年代への回帰をはじめた。すなわち行革と規制緩和による政府の縮小をさらに推し進めつつ、さらなる法人減税を求めることで自己利益の最大化を企てていったのである。

こうして新自由主義へのいっそうの傾斜が先鋭化していくこととなった。

都市中間層の利益、小さな政府、規制緩和

最後にやや視点を変え、私たちが新自由主義を受け入れた社会的要因を日本の政治構造の大きな変化のなかに位置づけて、本章のむすびとしたい。

橋本龍太郎政権から小泉純一郎政権へと行革、規制緩和の流れが大きなうねりとなっていくなかで、なぜこれらの政策が有権者の支持を集めたのだろうか。

オイルショック以降の新自由主義の流れと並行して進んだ重要な現象がある。それは、地方部から都市部への人口移動である。高度経済成長期に大都市部への人口流出が起こったことは広く知られているが、この傾向は、低成長経済のもとでもじわじわと進行していた。

一九七〇年の時点では、三大都市圏(東京圏、大阪圏、名古屋圏)の人口は全体の四六・一%であった。だが、この数字は少しずつ増大し、大阪・名古屋圏の人口が時には減少にさえ陥ったにもかかわらず、二〇一四年には五一%に達した。総務省の推計によればこの傾向は将来的にも続くことが予想されており、政治的多数の都市圏への移動は長期的に継続するものと考えられる(総務省『平成二四年版 情報通信白書』第一部第一章第二節(三))。

政治的多数の移動という視点からみた場合、その起源は一九六〇年代後半に起きた都市の「無党派層」問題にまでさかのぼることができる。

環境問題や高齢化によって都市的な課題が浮き彫りとなるなか、都市部では自民党政治への反動が起きはじめていた。戦後支配的だったのは、階級的な利害にそくして調整が行われる「階級政治

(class politics)」であった。そのなかで、自民党離れ、無党派層化が進むなか、それらの利益を吸収しながら、次々と「革新自治体」が誕生していった。

ところが、田中角栄政権が一九七三年の福祉元年によって大胆な福祉拡充策を実施し、さらに積極的な中小企業対策や環境政策、減税等を行ったことで都市無党派層は懐柔されていった。自民党が「利益志向型包括政党」(村上 一九八四)への脱皮に成功した一方で、社会党を中心とする革新政党は、階級的イデオロギーから脱却することに失敗したのである。こうして、革新自治体の首長は、一九七〇年代の後半には、地方政治からほぼ一掃されることとなる。

一九七〇年代の後半以降、経済成長が鈍るなかで、人びとは従来の生活水準を維持するという意味での保守化傾向を強めていった。「地位政治(status politics)」への変貌である(高坂 二〇〇〇)。経済水準の上昇とともに職業、年齢、学歴等、中間層の多様化がすすんだが、それぞれの既得権を維持しようとする意識が強まり、保守的傾向、つまり自民党への支持が再び強まっていったわけである。

この過程で支持を大きく落としたのが社会党である。そして、その支持層のかなりの割合が無党派層へと転じていく。

一方、一九九〇年代の半ば頃になると、リクルート事件を契機とする政治不信の高まり、五五年体制の崩壊という流れのなかで、専門職、ホワイトカラー、無職・学生等の層が無党派層へと転じ、自民党の支持基盤も脆弱化していく(籠谷 一九九八)。

こうして都市無党派層は政治的多数者となったのであった。重要だったのは、こうした変化が、次の章でも述べるような世帯当たり所得の長期低落傾向、空前の財政赤字と重なった点である。

日本財政の特色をひとことでいえば、「土建国家型利益分配」と要約できる(井手 二〇一三)。これは、公共投資によって地方部に雇用を生み出しつつ、地域間・所得階層間の格差を是正する一方で、この利益分配を可能とするために、減税をつうじて都市中間層を説得するという政策パッケージからなっていた。

図1-2を見ると分かるように、三大都市圏、とくに東京圏への人口流入が活発化する時期は、公共投資が抑制された時期と符合する。地域経済の中核に公共投資が位置づけられ、経済の長期停滞が明確となる一九九〇年代には、この土建国家型の利益分配が全面化することとなる。

アメリカからの圧力によって公共投資が増大し、減税が繰り返されたが、これらは日本の国内政治にとっても必要とされた課題であった。とりわけ、高齢化社会の到来を目前に控え、これが社会資本整備の最後の機会として政府には認識されていたし、地方部への投資が活発化する以上、都市中間層からの合意を得るためには、当然、減税が必要とされた。

だが、土建国家の全面開花は、同時にその限界をも露呈させてしまう。

まず、受益者の多様化が進み、都市無党派層の政治的な影響力が強まるなか、公共投資と減税という組み合わせが彼らの財政ニーズと適合しなくなった。内閣府『国民生活選好度調査』によると、人びとが政府に求める政策の第一位は年金であり、これに子育て、雇用、医療と続く。都市の社会インフラが飽和するなか、女性の社会進出、少子高齢化によって都市部には新たな福祉・教育ニーズが発生していたのである。

これに対し、財政赤字の急速な増大によって追加的な利益分配が難しくなり、所得水準も長期的に

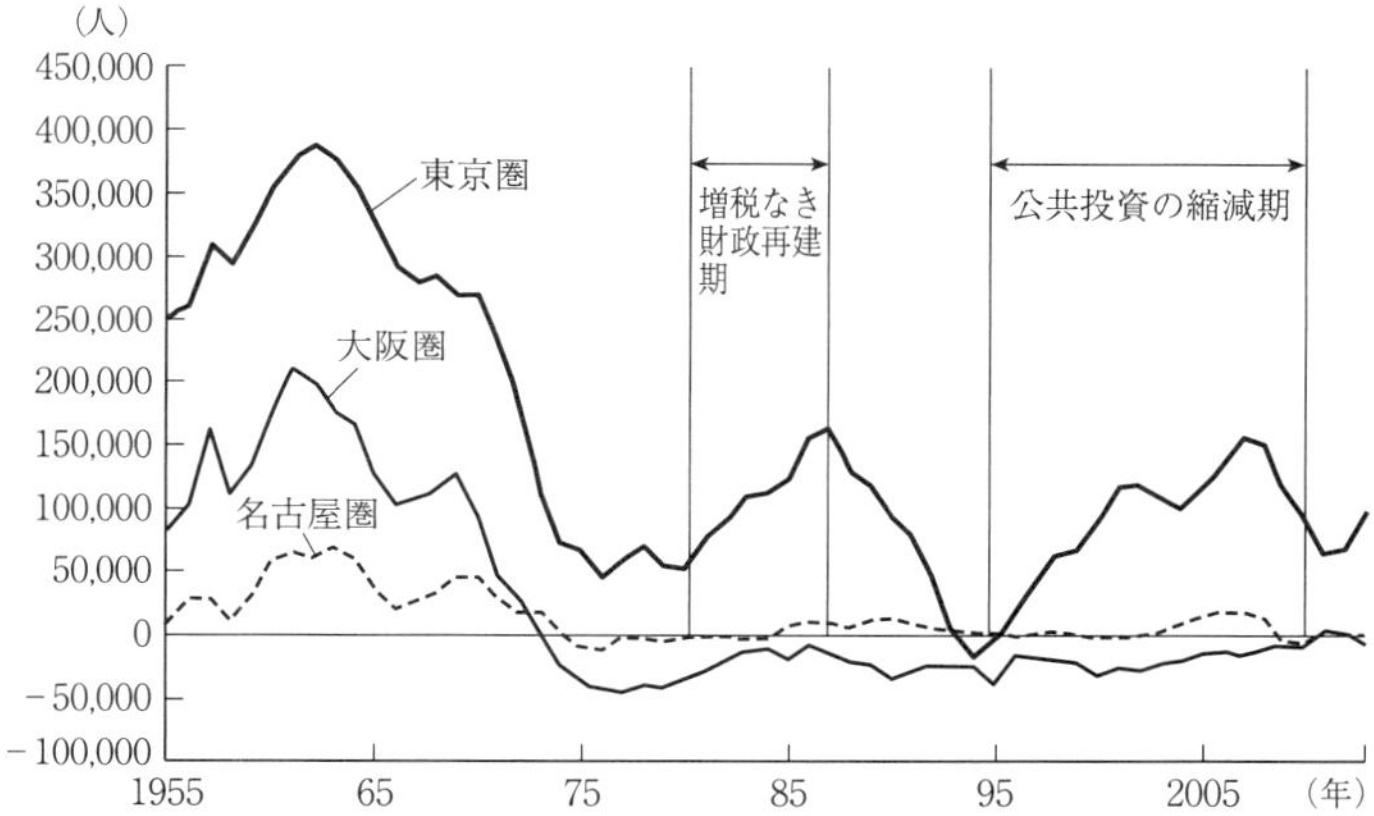

出所：総務省統計局「平成 25 年　住民基本台帳人口移動報告」より作成.

図 1–2　三大都市圏への人口流入の推移

低下を続けていったから、無党派層の「欠乏感」は、当然、強まっていった。その反動として、公共投資、地方自治体の財源保障機能を持つ地方交付税、生活保護等、特定の階層、地域の既得権とみなされる財政移転が、不必要で過剰な支出とみなされるようになっていった。この問題については第四章で再考しよう。

ここで強調しておきたいのは、都市の無党派層の目には、政府規模の削減、規制緩和を訴える経済界の行革路線は、必要を満たす政治の「次善の策」と映ったということである。

自らが本当に必要とするサービスを満たされるわけではない。だが、自分たちにとって不必要なサービスを抑制することで、税財政上の負担を軽減することができる。しかも、経済界や政府はそのことが経済成長という果実をもたらすと説明した。都市部の納税者はこれに共感したのである。

一九九〇年代の半ばころまでは、アメリカの圧力も強く、政府の肥大化が容認されていた。だが、アメリカの圧力が弱まり、財政状態が劇的に悪化していくと、大蔵省の緊縮財政路線が前面に押し出されてくる。この路線は行革を信奉する経済界の主張と調和したが、これが都市の中・高所得層の利害とも一致することで、民主党の誕生、小泉構造改革へとつながる大きなうねりが生まれた。

こうして、四〇年以上の歳月を経て、新自由主義は、私たちの経済観、社会観の奥深いところに根を張ったのである。

しかし繰り返しをいとわずにいえば、それは、外圧、経済界のエゴ、政府の無策に単純化できる問題ではなかった。国際的な資金循環構造の変化、国際政治における日本の相対的な地位の上昇とアメリカからの圧力の強まり、その時どきの課題に答えようとする経済界や政府の政治戦略、これらが複合的に連鎖した結果だったのである。

これら「政策選択の積み重ね」のうえに、長期にわたる人口動態・政治動態の変化、厳しさを増す財政制約が重なった。こうした歴史のダイナミズムのなかで新自由主義は「万能の処方箋」と見なされるようになっていった。それが神話だったことが明らかになるには、リーマンショック以降の世界経済の大変動期を待たねばならない。

第二章　なぜ私たちの賃金は下落するのか？

第一章では、規制緩和や市場の自由化に体現される新自由主義が日本の政治や経済に受容され、浸透する過程を追跡してきた。私たちが新自由主義を拠りどころとする公共部門の縮小について考えるとき、他方で必ずといってよいほど意識されているのが、経済格差の拡大であろう。

格差問題の核心は、非正規雇用化と賃金の下落にある。これらは、中間層から低所得層への「剝落」とダイレクトに結びつく問題であり、たとえば、ファシズムが中間層の転落の恐怖を背景として台頭したことを思い出せば分かるように、社会を深刻なまでに動揺させる危機の兆候となりうる。

以下、この章では、私たちの賃金が下落するという現実が、いかなる国際的、国内的な経済環境のなかで生み出されたのかについて考えてみたい。

1　先進国を覆う賃金下落の恐怖

貧しくなった日本人

日本人の所得水準は下落の一途をたどってきた。近年、下げ止まりの傾向が見られるが、ピーク時の一九九〇年代半ばに比べ、二〇一三年には全世帯所得は一〇〇万円以上下落してしまった。

理由のひとつとして、高齢化による所得の減少が考えられる。高齢者は年金生活に入っていく。その結果、現役世代よりも所得水準はどうしても低くなる。高齢者の数が増えていけば、平均的な所得水準が下落するのは当然のことである(厚生労働省 二〇一二：一一四―一一六)。

確かに、**図2-1**に示されるように、高齢者世帯の所得水準は低い。だが、高齢者世帯、そして母子世帯以上に所得を落としたのは、児童のいる世帯であった。

ちなみに、一九八〇年から二〇一〇年にかけ、専業主婦世帯数が三割減少したのに対し、共稼ぎ世帯数は六割増加し、九〇年代の後半に後者が前者を上回るようになった。女性の就労が進み、共稼ぎ世帯が増えたにもかかわらず、世帯所得が下落したわけだ。児童のいる世帯を中心に非常に大きな負のインパクトがくわわったことは、疑いようのない事実である。

別の角度から見てみよう。世帯所得の中央値(小さい順に並べたときの中央の値)をとってみると、ピーク時の五五〇万円から二〇一二年の四三二万円にまで下落している。これを基準に中間層の平均所得を年収四〇〇万円層にさだめ、これ以下の所得層の割合を追跡してみよう。

『国民生活基礎調査の概況』によると、一九九〇年代の半ばまで、年収四〇〇万円以下の層は減少を続けていた。ところが、九〇年代後半から増勢に転じ、九五年調査の三三・七%から二〇一三年調査の四五・九%にまで増大する。ちなみにこの割合は平成元年度(一九八九年度)の割合に近い。ようするに、二〇年以上の年月をかけて、平成初頭の所得水準へと回帰したわけだ。中間層は「剝落」したのである。

この背景として注目されてきたのは、非正規雇用者の増大である。これらの雇用者は年収がほぼ三〇〇万円未満のカテゴリーに収まっていることからも分かるように、非正規雇用化は「相対的貧困率（中央値の半分未満の所得しかない世帯の占める割合）」の上昇にも貢献してきた（内閣府 二〇〇九：第三章）。

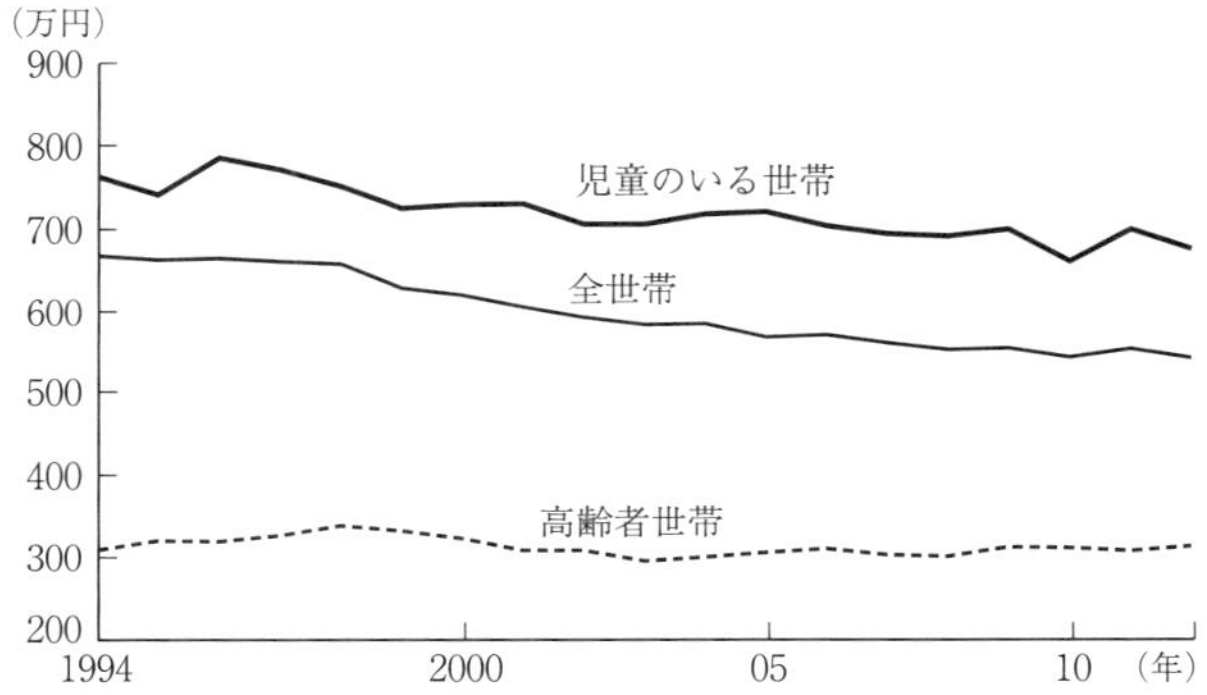

出所：厚生労働省『国民生活基礎調査の概況』各年度版より作成.

図 2–1 世帯所得の推移

あとで振り返るように、この傾向がとくに顕著だったのは若年層である。若年層では、失業率、離職率、ともに高水準となった。若年層が生涯にわたって雇用され、賃金も在職年数にそくして増大する仕組み、すなわち、終身雇用・年功序列賃金からなる日本型雇用慣行の形骸化が、所得格差の拡大と並行して進んだわけである。

所得の減少は、当然、消費支出を低下させる。『家計調査』を見てみると、一九九三年をピークとして、九四年以降、二人以上世帯の消費は明確な減少傾向に転じ、ピーク時と二〇一三年とでは約一三％も消費が減少している。

消費の動向は人口の推移とも関係している。人口が増加した南関東、東海、沖縄地域で消費が増加したが、その他すべての地域で、人口が減り、消費もはっきりと減少している（内閣府 二〇一一A：第三章）。

だが、人口の増減以上に消費に影響を与えたのが所得の

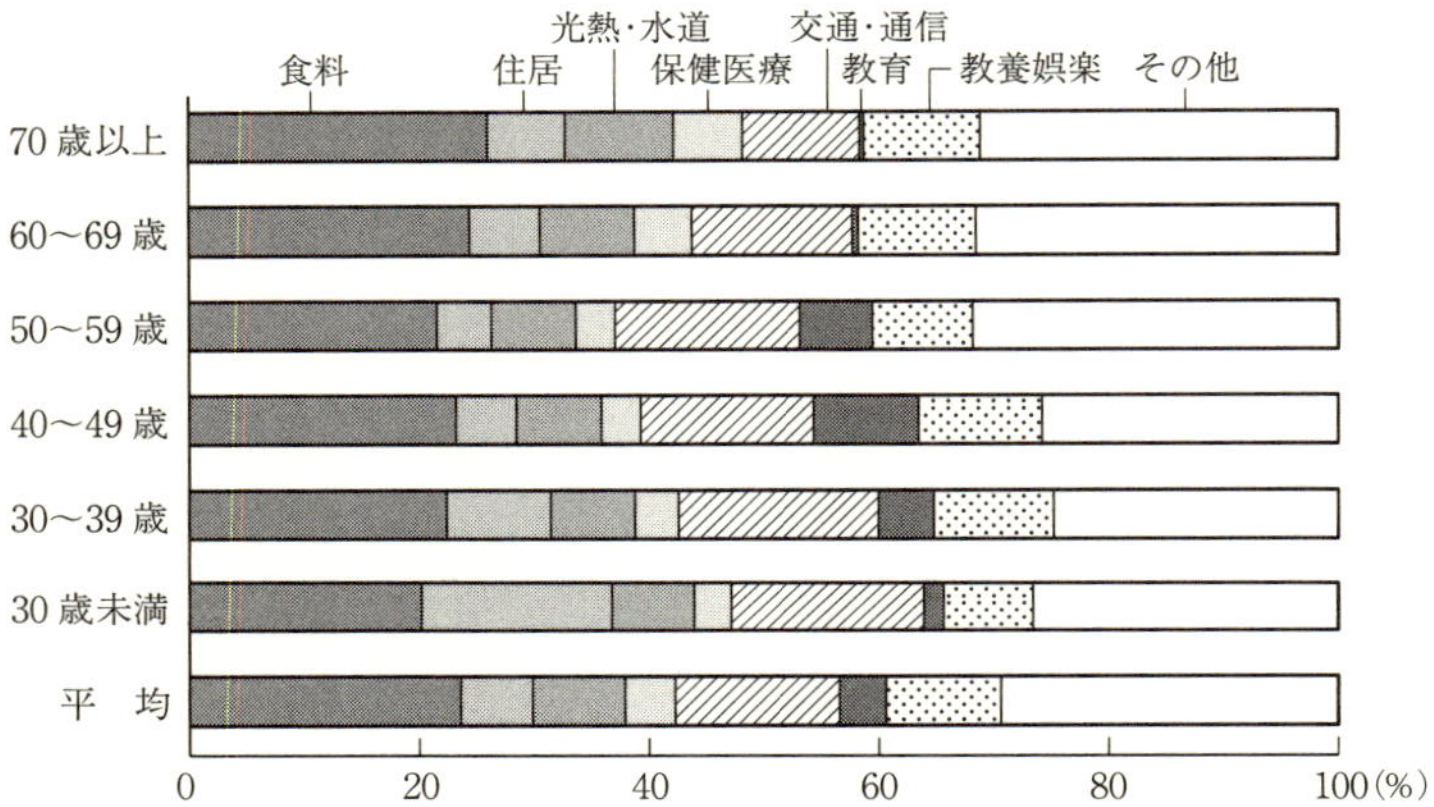

出所：「世帯属性別の家計収支」『家計調査報告(家計収支編) 平成 25 年平均速報結果』より作成.

図 2–2　年齢別にみた消費の動向

動きである。一九九〇年代の半ばまで、消費支出の増大は、ほぼ所得の増大で説明できた。だが、九〇年代の後半になると、所得水準の低下が消費の減少にダイレクトに結びつくようになる。

興味深いのは、この時期に平均消費性向が上昇した点である。[1] 平均消費性向とは税引後所得を意味する可処分所得に占める消費支出の割合である。可処分所得が減少すれば、消費支出も減少することが予想されるが、この値が高いときには、相対的に消費が維持されていることを意味する。要するに、貧しくはなっていても、消費意欲は強いわけである。

図2–2を見てみよう。三〇歳未満の層では、賃貸のための住居費が消費支出を押し上げる。三〇代は、消費支出には含まれない住宅ローンが増える一方、子どもの食費や教育費が消費水準を高めていく。この傾向のピークを迎えるのが四〇代であり、五〇代がこれに続く。六〇代以上の高齢

者世帯では、預金を取り崩すことで消費が維持されており、食料費、住居費、光熱・水道費という基礎的な生活費にくわえ、保健・医療費、教養娯楽費のウェイトが高くなる。

所得の落ち込みは確かに強まった。このことは消費を減らし、デフレ経済の基底的な要因となった。だがそれと同時に、それぞれのライフステージにおいて、削減の容易でない消費項目が人びとの生活を圧迫していった。経済が萎縮する一方、人びとの欠乏感、将来への不安が強まるという不幸の連鎖が生み出されたのである。

情報通信技術の発達と賃金

このように、一九九〇年代の後半以降、私たちの雇用環境、所得水準、生活水準は悪化を続けてきた。しかし少し視野を拡げてみよう。じつは、これは日本だけではなく、多くの先進国でも同様に起きていた現象だった。

労働者への分配の程度を示す指標として知られるものに「労働分配率」がある。労働分配率とは、それぞれの期に生み出された付加価値に対して、どれだけが労働者に分配されたかを示している。(2) 労働分配率が下落すれば、賃金が下がるか、さもなければ雇用者数の減少、すなわち失業率の上昇が起きることとなる。

労働分配率の推移については、OECDのレポートが興味深い事実を指摘している。OECD加盟国では、一九九〇年から二〇〇九年までの約二〇年の間に、労働分配率の中央値が六六・一%から六一・七%へと減少した。そして、各産業内の労働分配率の低下の約八割が、全要素生産性の成長と資本装備率の上昇によって説明できるという(OECD 2012)。

以下、やや話は複雑になる。できるだけ嚙み砕いて説明しよう。

まず、全要素生産性とはなんだろう。それは、資本や労働力の量的な変化では説明できない、技術革新や効率化が生産に与える影響をあらわす指標である。一方、資本装備率とは、労働量に対する資本の比率を示す。ようするに、OECDが指摘しているのは、資本の厚みが増し、その集約が進んだことによって、労働分配率の低下が促された可能性なのである。

実際にどんな産業で労働分配率の低下が起きていたのだろうか。その傾向が著しかったのは、輸送用機器、電子光学機器、金属、金融仲介、郵便通信といったいわゆる先端産業であった。では、なぜ、先端産業で労働分配率の低下が起きたのだろうか。この点が先の資本の話と関連する。

一人当たりの付加価値(労働生産性)に付加価値に占める実質賃金(労働分配率)をかければ、当たり前だが一人当たり実質賃金が求められる。つまり、労働生産性×労働分配率=実質賃金という関係だ。この関係が意味するのは、実質賃金の上昇率が労働生産性の上昇率を下回ると、労働分配率の上昇率は低下するということである。

先端産業では多くの資本が生産に投入されている。機械化が進み、資本装備率が高まれば、賃金上昇率を超えて労働生産性が急速に増大していく。その結果として労働分配率の上昇率が目立って低下することとなる。ここにOECDは注目したわけである。

労働生産性の上昇は難しい問題を抱えている。これが上昇する場合、労働者の生産能力の高まりを反映して賃金が上がるかもしれない。しかし同時に、短い時間で効率よく生産がおこなわれるのであるから、企業は労働時間を短縮させるかもしれない。

経験的には、アメリカの場合、労働生産性の上昇を賃金の上昇に結びつけつつ、雇用量(雇用者数と労働時間)を抑えてきた。ドイツでもこの二〇年間で労働生産性は急上昇してきたが、労働時間の大幅な短縮と非正規雇用化が一気に進んだ。日本では、賃金と雇用量双方で調整が進んだ。各国でさまざまな手法がとられたわけだが、いずれにせよ、労働生産性の増大が雇用の不安定化と結びついていたことは間違いない。

さらに、情報通信技術の発展は、もうひとつの問題を生んだ。この技術が広がると、新しい資本財の発明が生まれて生産性が高まる。だが同時に、労働者、とりわけ非熟練労働を機械に置き換える動きを加速させることとなる。このことは雇用機会を減少させる方向に作用する。

話が面倒なのはここからである。IT技術の発展によって、それまで熟練のIT機器オペレーターの担ってきた仕事が単純化され、新たな非熟練労働者への需要を生み出した。実際、賃金が低く、補助的な業務に務める労働者への需要は、ほとんどの先進国において目にみえて増大した。それまでの一般事務職員の仕事が、非正規雇用やアウトソーシングに置き換えられていったわけである。

本来、非熟練労働への需要が増えれば、それらの労働者への賃金は上昇するはずである。ところが、実際には、比較的学歴の高い層の労働者が非正規雇用へと押し出されていった。その結果生じたのは、中間的な地位にあった労働者の解体である。反対に、経営者や管理職、ITエンジニア等、極めて高い学歴を持った人びとの所得は引き上げられた。こうして所得階層の二極化が顕著になっていったのである(ILO 2013, OECD 2012, 内閣府 二〇〇七)。

インターネットの普及に支えられた情報通信技術の発展は私たちの生活を便利にした。しかし、労働集約産業から資本集約産業への劇的な移行は、労働者への分配を難しくする、逆らいがたい流れを生み出したのである。

株主利益の最大化と「金融化」の圧力

情報通信技術の発達にくわえ、もう一点、見逃すことができないのが、金融グローバル化が労働分配率に与えた影響、いわゆる金融化(Financialization)の問題である。

金融化とは、国内外の経済を運営するうえで、金融的な動機、主体、機関が果たす役割がますます増大している状況をさす用語である(Epstein 2005: 3)。ＩＬＯは、情報通信技術よりも、こちらの方がより労働分配率の低下に影響したのではないかと指摘している(ILO 2013)。

金融化の震源地はアメリカ、そしてイギリスである。

アメリカでは、一九八〇年代をつうじてコーポレートガバナンスのあり方が変容した。レバレッジドバイアウト(ＬＢＯ)の普及である。ＬＢＯとは、企業買収手段のひとつであり、買収先の資産や将来収益を担保に資金を借り入れ、少ない手もとの現金で買収をおこなうものである。

アメリカでは、一九七〇年代から八〇年代にかけて、ＬＢＯによる敵対的買収が活発化した。買収先企業の資産が切り売りされ、大量の解雇によって「健全化」が果たされたあと、次の買い手への売却が行われた。株主はこうした動きに反発し、これに国際的な競争力、収益力の低下が重なったこともあって、八〇年代には株主代表訴訟を急増させていった。

ちょうど同じ頃、一九七八年「被用者退職所得保障法(いわゆるＥＲＩＳＡ法)」の改正をきっかけとして、生命保険会社や年金基金からなる「機関投資家(Institutional Investors)」が、ハイリスク・ハイリターンの証券をポートフォリオに組み込むことができるようになった。以後、彼らの株式市場への参入が進み、急速に発言力を増していくこととなる(Lazonic et al. 2002: 14–15)。

機関投資家は、企業の内部監督機能の強化を要求し、企業の収益力を高めるために外部ＣＥＯの登用を求めた。また、企業収益の増大、株価の上昇を反映する経営者の報酬体系の整備を求め、経営者に収益増大のインセンティブを与えた。

注目すべきはストックオプションの活用である。ストックオプションとは、会社の役員や従業員に対して、あらかじめ決められた価格で自社株を買う権利を与えるものである。経営者や従業員への報酬にこれを組み込むことで、自社の収益と株主への分配を最大化する動機が企業の全体に植えつけられていったのである。(3)

こうして株主利益の最大化を企業の行動目標に据えた「株主価値資本主義」が広がっていった(Rappaport 1990: 99)。機関投資家は、各国の金融市場で様々に圧力をくわえていったが、象徴的だったのが、一九八六年に実施されたイギリスのビッグバンである(経済企画庁 一九九七)。

ロンドン証券取引所でも、一九七〇年代から株主に占める機関投資家の割合が増大をはじめ、八〇年前後には全体の五割を超えるようになっていた。同取引所は、業者や制度が競争制限的慣行によって守られていたが、機関投資家たちは、大口取引を低コストで機動的に実行できるよう、次第に制度改正を要求するようになっていった。

とうとう、この圧力は、証券取引所に自己改革を迫るにいたった。それがビッグバンである。ロンドン証券取引所では、自己売買を行う場内仲買人(ジョバー)と顧客の注文を仲介する仲立人(ブローカー)とが業務上明確に区分されていた。この区分が撤廃され、売値と買値を日常的に参加者に提示し、柔軟に売買に応じるマーケット・メーカー制が導入された。これによって、機関投資家の大口注文が可能となる体制が整えられたのである。

また、SEAQ(Stock Exchange Automated Quotation)の導入も見逃せない。SEAQとは、情報通信技術の発展に支えられながら、マーケット・メーカーの提示する証券価格を集めて、ブローカーや投資家にこれを伝達する相場情報伝達システムである。ドイツやフランスの主要金融市場には効率的な電子ネットワークシステムが存在しなかったことから、ヨーロッパ主要企業の株式の多くがロンドンで取引されるようになった。

伝播する金融化と衰退する労働組合

以上の変化のあと、アメリカとイギリスの経済パフォーマンスは大きな改善を見せた。そしてこのことが、金融化の流れを先進各国に普及させる重要な下地となっていった。

アメリカでは、いわゆる情報技術革命によって、労働生産性の上昇と情報化投資がもたらされた。これが企業収益の増大、ハイテク株を中心とする株価の急上昇を生んだ。一九九〇年代、アメリカ経済は空前の好景気を享受し、景気循環の消滅を意味する「ニュー・エコノミー」の到来さえもが叫ばれるようになっていた。

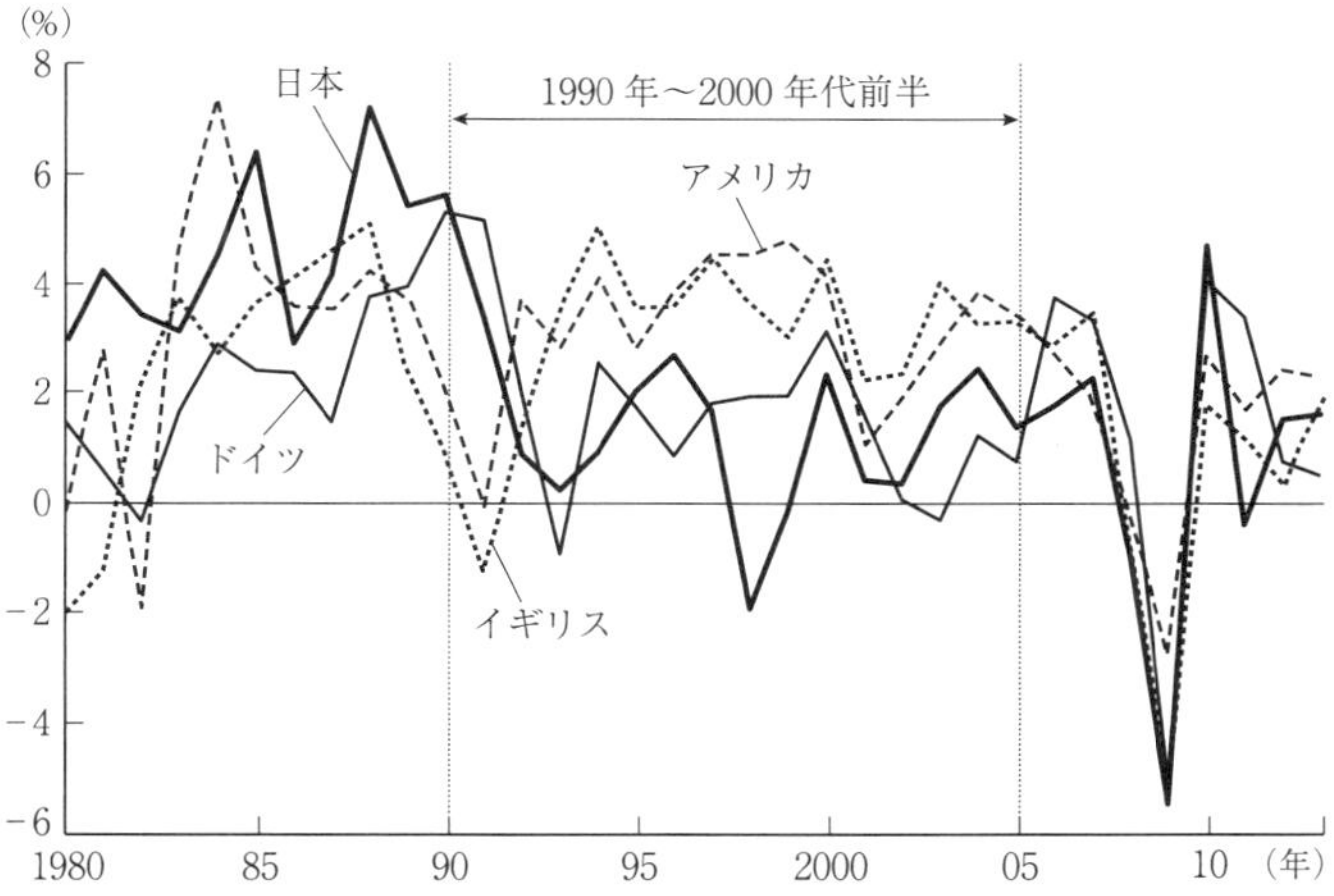

出所：OECD, *National Accounts at a Glance* より作成.

図2-3　主要4カ国のGDP成長率の推移

イギリスでは、金融部門のめざましい伸張が明らかになり、国内の他部門を大きく上回る付加価値の伸び、平均所得がもたらされた。また、ロンドン市場は、国際分散投資業務を中核とする国際金融センターとしての地位を確立し、貿易収支の赤字を上回る金融サービス収支の黒字を生み出すまでに金融セクターは成長していった。

順調な経済成長を謳歌した米英両国と対照的だったのが、かつての高成長国、日本とドイツであった。経常収支の黒字大国へと成長した日本とドイツであったが、両国ともに、一九九〇年代以降、停滞の苦い時代を経験することとなる。**図2-3**を見てみよう。アメリカ、イギリスと比較して、九〇年代、二〇〇〇年代前半の両国経済の低迷は、一目瞭然である。

日本は、バブルの崩壊、不良債権問題、アジア通貨危機、デフレによる経済停滞の長期化、さらには政治スキャンダルまでもが頻発し、混迷と衰退の恐怖におびえていた。いわゆる失われた一〇年である。

ドイツも同様だった。旧東ドイツの統合による財政負担が増大し、高い労働コストや硬直的な規制体系によって停滞の時代が続いた。他の欧州諸国からは「欧州の病人(The Sick Man of Europe)」と揶揄されるまでに状況は悪化していた。

自信を喪失したこのふたつの国は、金融化に象徴される新自由主義的な改革路線を全面的に受け入れていった。そして、一九九〇年代の半ば以降、積極的な労働市場改革、規制緩和、金融市場の自由化を推進するようになっていく。

こうして、ニューヨーク、ロンドン、フランクフルト、東京といった世界の金融センターは、外資を取り込むための国際競争に飲み込まれ、グローバルで不可逆的な潮流が生み出されていった。各国企業は、機関投資家にくわえ、株式ファンド、ヘッジファンドといった攻撃的で収益最優先の諸機関によって、短期的な収益を増大させるよう求められていった。

長期的に収益を確保するのであれば、企業は技術革新や生産効率化をうながすために、投資をおこなう必要がある。だが、短期的な収益を確保したいのであれば、もっとも手っ取り早いのは、解雇や雇用の非正規化をつうじて人件費を削減することである。とりわけ、企業の収益が経営者の報酬と直結するから、経営者の在任中に収益を最大化する必要がある。人件費は格好の標的となった。

興味深いのは、アメリカとイギリスの後を追いかけた日本とドイツの方が、こうした短期収益の確保への動きを強めた点である。

一九九五年と二〇一〇年の間の時間当たり賃金の変化を見てみると、アメリカとイギリスがそれぞれ一・五倍、一・八倍に増大しているのに対して、日本とドイツは、一倍、〇・八倍に抑えられている(労働政策研究・研修機構『データブック国際労働比較 二〇一二』)。

非正規雇用化については各国で定義が違い、比較が難しい(小倉 二〇〇二)。だが、相対的に比較が可能で、非正規雇用のなかで最大のウェイトを占めるパートタイム労働について見ておくと、一九九〇年代の雇用者に占めるその割合は、日本(一九・二%→二四・一%)とドイツ(一三・四%→一七・一%)で、アメリカ(一三・八%→一三・三%)やイギリス(二〇・一%→二三・九%)より明確な増大傾向を示していた[4]。

こうした賃金の削減の動きに対して、労働者側は容易に抵抗できなかった。というのも、**表2-1**に示されるように、労働組合の弱体化が一九九〇年代に急速に進んだからである。

組合弱体化の背景には複雑な事情が存在していた。まず、グローバルな生産体制が整ってきたことで、企業は国外の安い労働力を活用することが可能となり、労働組合の賃金交渉力は弱まらざる

表 2-1 労働組合組織率の変化

(単位：%)

	1990	1995	2000	2005	2007	2008
日本	25.2	23.8	21.5	18.7	18.3	18.2
アメリカ	16.1	14.9	13.5	12.5	12.1	12.4
カナダ	35.7	37.7	29.9	29.8	29.7	29.4
イギリス	36.2	32.4	29.8	28.6	28.0	27.4
ドイツ	34.8	29.0	26.1	—	19.9	—
フランス	—	31.0	—	7.9	—	—
オランダ	27.0	28.0	26.0	27.6	25.9	25.7
デンマーク	79.4	91.6	86.9	87.4	—	99.2
スウェーデン	97.6	110.2	100.8	95.6	85.1	—
フィンランド	88.1	119.5	105.6	105.2	—	—
ノルウェー	—	73.3	70.8	71.7	70.1	69.6

出所：労働政策研究・研修機構『データブック国際労働比較』各年度版より作成.
注：スウェーデン，フィンランドの値が一部 100% を上回るのは，雇用者数よりも組合員数が多いことによる.

を得なかった。また、製造業からサービス産業へのシフトは、伝統的な労働組合の基盤じたいを侵食していった。さらには、先進各国を襲った民営化の波は、組合組織率の高かった国営企業の解体を加速させたから、必然的に組合の影響力は弱まっていった(OECD 2012: 135)(5)。

急いでつけくわえておけば、日本やアメリカと違って、ヨーロッパの場合、労働協約のカバー率が高い。すなわち、組合の加入、非加入を問わず、団体交渉の成果が労働者に分配されるから、組合組織率が下がったからといって、これが即座に組合の影響力低下にはつながらない。

だが、以上でみた日米英独の四カ国はこのカバー率じたいが減少している(Ibid.: 136)。組合の集票力が低下すれば、その政治的影響力が減退することはいうまでもない。さらには、一九九〇年代の後半に、EU一五カ国のうち一二カ国で社会民主主義系の政権が誕生したが、いずれも新自由主義的な政策に接近し、市場順応的な中道左派戦略を採用している(新川 二〇一二)。

2 グローバリゼーションと日本経済の地殻変動

企業の貯蓄超過化と設備投資の停滞

このように、日本の所得の減少は、国内的な政策の選択と同時に、グローバル化の大きな流れのなかでもたらされたものであった。そして、一九九〇年代の後半期は、日本経済史、いや日本史全体における、ひとつの転換点として記憶されるに違いない。なぜなら、経済、政治、社会のあらゆる局面において、画期的な変化が生じていたからである(井手 二〇一三：第三章)。

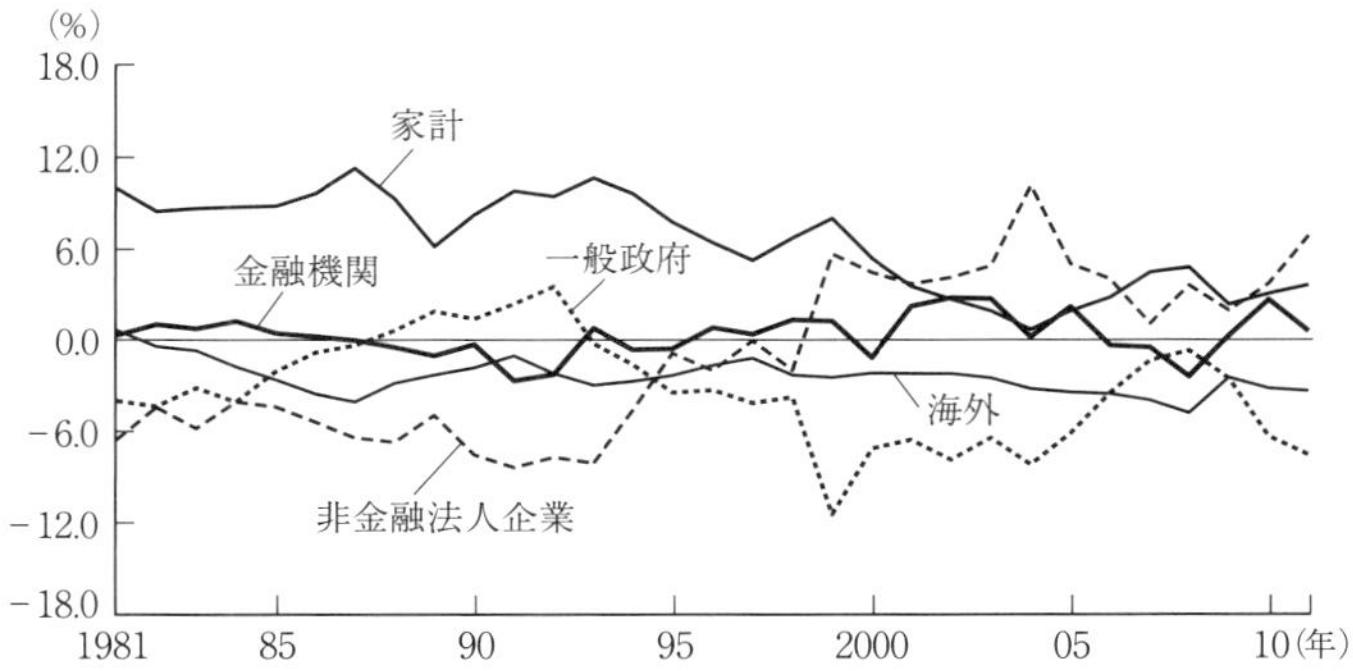

出所：日本銀行『資金循環統計』より作成.

図 2-4　資金過不足の対 GDP 比

これを経済面に限定してみた場合、衝撃的だったのは、マクロの資金循環が一変したことだ。

まずは、事実の確認からはじめよう。**図2-4**は、日本銀行の資金循環統計をもとに、経済主体ごとの資金過不足を見たものである。ちなみに、資金循環統計とは、ある国のなかで生じる金融取引やその結果として生じる金融資産・負債について、フローとストックの両面から、家計、企業、政府などの経済主体ごとに記録した統計である。

一目で分かるように、企業(非金融法人部門)が一九九八年以降、貯蓄超過に転じている。戦後、企業は、一貫して銀行から借入をし、これを設備投資に振り向けることで経済の成長をささえてきた。それゆえ、企業は長期にわたって投資超過だったが、これが逆転し、貯蓄超過へと転じていったわけだ。まさに歴史的な資金循環の転換が起きたのである。

資金循環とは経済の血液の流れのようなものである。これが転換したということは、日本経済のあり方じたいが大きく変化したということである。では、なぜそのような変化が起きたのだろうか。まずは資金需要面から分析のメスを入れていこう。

企業が貯蓄超過へと転じた理由のひとつは、設備投資の明確な停滞であった。時系列でこの動きを追ってみると次のようになる(花崎ほか 二〇〇二)。

高度成長期から一九七五年頃までは、設備投資がきわめて活発であり、外部資金への依存度も非常に大きかった。ところが、これ以降、設備投資の停滞がはじまり、製造業を中心にキャッシュフロー(内部留保と減価償却からなる手許資金)が設備投資を上回るようになる。設備投資の平均伸び率を見てみると、一九六〇年代に一三・八%という高い伸びを示したのち、二度の石油危機を挟んだ七〇年代には一・六%へと大きく伸び率を低下させている。

一方、一九八〇年代には、バブル経済の影響もあって、九・三%という高い伸び率を記録したが、同時に、製造業から非製造業へと設備投資のウェイトがシフトしていった。そして、九〇年代後半には、依然として外部資金への依存が続いていた非製造業がキャッシュフローの範囲内に設備投資を抑制するようになっていく。こうして、とうとう九〇年代の設備投資伸び率は、マイナス二・七%へと落ち込んでしまうのである。

石油危機をきっかけとする低成長時代の到来は、銀行離れを段階的に押し進める原動力となってきた。とりわけバブル崩壊後の長期停滞局面では、設備投資じたいが全体として落ち込み、資金需要が減少へと転じた。その結果、企業の借入が減少すると同時に、債務の返済が進められ、手許流動性、すなわちキャッシュフローの範囲内で設備投資を行う傾向を強めさせていったのである。

国際的な市場制度の改革――BIS規制と国際会計基準

次に、資金の出し手や企業に焦点をあわせて、資金循環の問題を考えてみよう。金融化やグローバル化が進展したことで、市場を取り巻く国際的なフレームワークもそれに適応できるように大幅な修正が加えられていった。一九九〇年代の日本の政治を席巻した「グローバル・スタンダード(世界標準・国際基準)」問題である。ここではBIS規制と国際会計基準にしぼってその影響を見ておくこととしよう。

まず、BIS規制からである(氷見野 二〇〇五)。BIS規制とは、先進国の金融当局どうしの合意のもと、銀行経営の健全性を判断するための指標をつうじて行われる規制のことである。この規制によって、国際的に業務を展開する銀行に対して、リスク資産に対する自己資本の比率を八%以上とするよう取り決められた。国際的な合意が整ったのは一九八八年のことであり、日本の銀行は九三年三月期からこの枠組みに組み込まれることとされた。

分母となるリスク資産については、対象資産に応じて、リスク・ウェイトが乗じられる。たとえば、現金、国債や地方債はゼロ%である一方、通常の貸出や株式、社債等は一〇〇%をそれぞれ資産価額にかけなければいけない。リスク資産を多く保有すればするほど分母が大きくなり、自己資本比率は低下することとなる。

一方、分子となる自己資本は、その質に応じて、Tier I と Tier II とに分類される。前者は、株主から払い込まれる資本金や資本準備金、過年度の利益の累積である利益準備金などから構成される。後者は、有価証券評価益の四五%、不動産再評価額の四五%などからなる。リスクの大きな Tier II

の総額が Tier I の総額を超えることは認められない。

なぜ、国際基準を統一し、金融機関の規制を強めていこうとする動きが起きたのか。その背後にあったのは、アメリカ国内における銀行や貯蓄金融機関の破綻問題であった。

アメリカでは一九七〇年代を通じて金利の自由化が進められた。それまでの人為的に作られていた低い金利体系から金融機関は解放された。このことは、資金調達コストを上昇させた反面、ハイリスク・ハイリターン型の投資を急速に拡大させる原因となった。

だが、次章で述べる一九八二年南米債務危機をきっかけに、多くのアメリカの金融機関が資金回収難に陥ってしまう。八四年には、とうとう総資産額が全米七位であるコンチネンタル・イリノイ銀行が破綻するという深刻な事態にいたる。小さな金融機関も含めると、驚くべきことに、八〇年代末期のアメリカでは、一日に一行半の金融機関が破綻したといわれている。

こうして、アメリカ政府は、自己資本比率の規制強化に乗り出し、一九八三年に国際融資監督法を成立させた。ところが、金融機関はバランスシートに計上されない「オフバランス取引」での融資を増大させるなど、規制の抜け穴を巧みに利用してこれに対抗した。

当局は、オフバランス取引も対象とした自己資本比率規制を起案した。だがこのことは、アメリカの金融機関にとって、海外の金融機関、とりわけ世界的にプレゼンスを高めつつあった日本の金融機関との競争条件が不利になることを意味していたから、議会でも議論は紛糾した。

他方、イギリスもアメリカと同様の問題に直面していた。イギリスは、一九七〇年代のセカンダリー・バンキング・クライシスとして知られる中小金融機関の破綻問題の経験から、自己資本にもとづく規制をいち早く取り入れていた。一方、八〇年代に入ると金融規制が緩和され、商業銀行や住宅金融組合の不動産融資が活発化した。そこでイングランド銀行は自己資本比率のさらなる規制強化に乗り出そうとしたが、国内金融機関の抵抗が強く、こう着状態が続いていた。

ともに政治的に困難な状態に苦しんでいた両国の金融当局は、米英共同提案のかたちで、自己資本比率規制案を国際政治の場で提起した。これをもとに一九八八年に「バーゼル合意」が取り交わされ、BIS規制が国際的な統一基準として正式に導入されることとなったのである。

次に国際会計基準について見ておこう(五十嵐 二〇〇九、磯山 二〇〇二)。

国際会計基準とは、国際会計基準委員会(International Accounting Standards Committee: IASC、二〇〇〇年代以降は国際会計基準審議会に改組)が公表する、文字通り、国際的に統一された会計基準のことである。

IASCの起源は一九七三年にまで遡り、日本、アメリカ、イギリス、ドイツ、フランス等の九カ国の指導的な会計士団体によって設立された。当初は、会計基準を統一することへの合意形成が難しかったことから、一つの会計基準に対して、いくつかの代替的な処理を認める「リベラル・アプローチ」を採用していた。しかし、金融市場の自由化が国際的な投資を活発化させるにつれ、各国で異なる会計基準が投資の障害として投資家から認識されるようになっていった。

一九八〇年代の後半になると、IASCのプロジェクトのなかで、財務諸表を比較することができるかという問題が取りあげられた。このなかでは、ひとつの会計処理に関して、ひとつの会計基準を適用することがめざされたが、一部の代替的な処理を残したまま新基準が提示された。

これに対し、証券監督者国際機構(International Organization of Securities Commissions: IOSCO)は、IASCの示した新基準を承認しなかった。IOSCOは、各国の証券監督当局や証券取引所から構成されており、国際会計基準が国際資本市場で採用されるためには、IOSCOからの承認が不可欠だった。IASCは合意に向けて本腰を入れざるをえなかった。

財務諸表作成のための中核的な基準として、IOSCOは、四〇におよぶ「コア・スタンダード」を新基準に含めるように要求した。一九九五年にIASCとIOSCOが共同のプレスリリースを行い、これ以降、コア・スタンダードの作成が加速していった。九八年に最大の懸案であり、三九番目の指標となる「金融商品:認識及び測定」がIASC理事会で承認される。こうして「国際会計基準の主要基準の完成」がIASCによって宣言されることとなるのであった。

金融機関の融資態度の硬化

これらのグローバル・スタンダードを追求する動きは、結果的に日本企業の銀行離れを激しいものにした。

まず、一九九〇年代の金融機関の融資態度の変化についてみておこう。**図2-5**は、日銀の主要短観のなかの「金融機関の貸出態度」を示したものである。これは、金融機関の貸出態度について、緩いか、厳しいかを企業が回答した結果を示している。

バブルの崩壊した一九九〇年、緩いと回答する企業の割合の低下がはじまり、同一二月から厳しいと回答する割合がはっきりと増勢に転じている。その後、景気の緩やかな回復を反映して、九三年頃

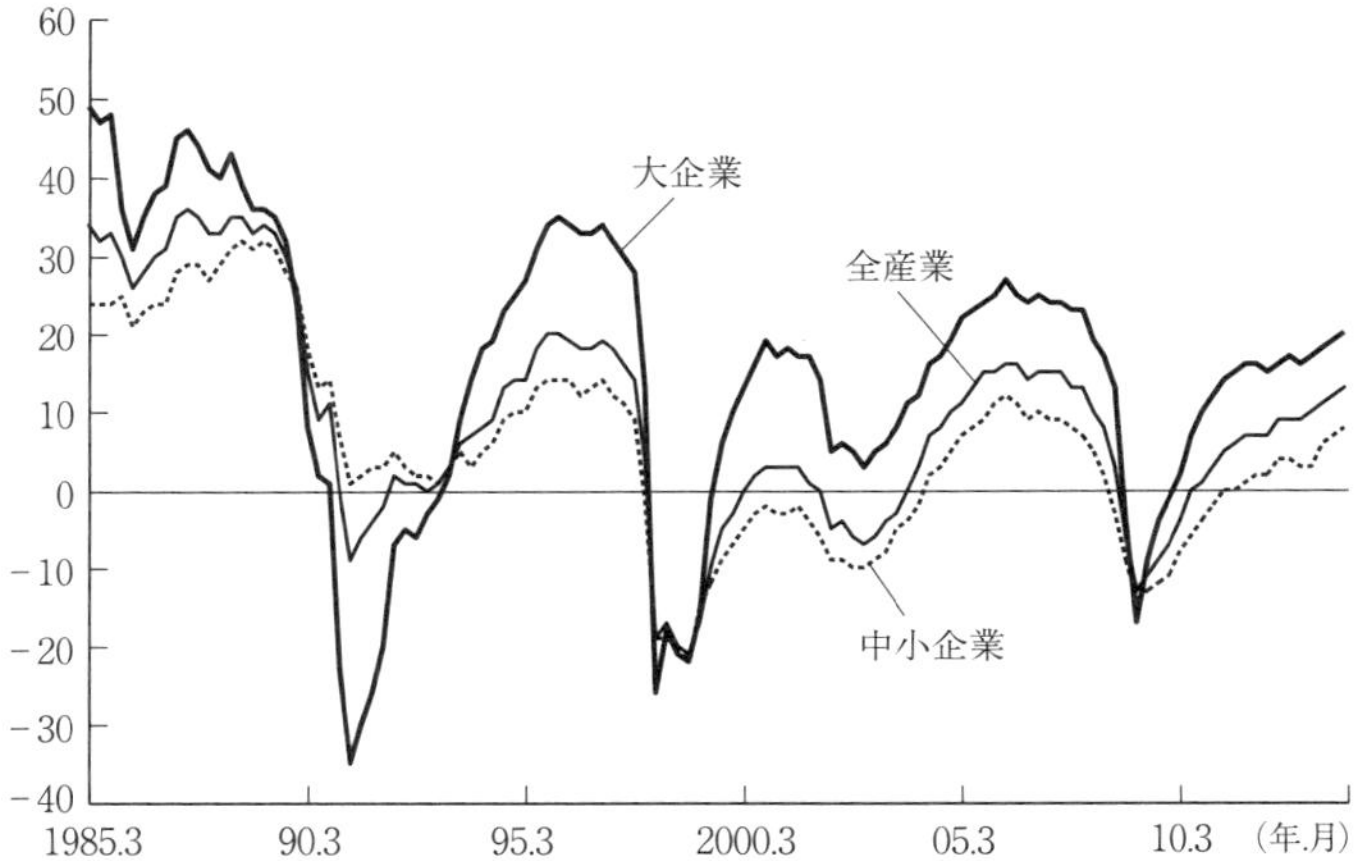

出所：日本銀行『短観』より作成.
注：金融機関の貸出態度にかんして「緩い」と答えればプラスに,「厳しい」と答えればマイナスになる.

図 2–5　金融機関の貸出態度の変化

からこの傾向が落ち着くようになる。大企業と中小企業で明らかな認識の違いがある点に注意が必要ではあるけれども、緩いと回答する企業の割合が増大し、以後、安定的に推移していることがわかる。

ところが、一九九七年にアジア通貨危機が勃発し、山一證券、北海道拓殖銀行といった大手金融機関が破綻した。さらに、日本経済は実質マイナス成長という経済的苦境にも直面した。こうして、金融機関は、融資態度をいっそう慎重化させていった。

一九九七年の一二月以降、貸出態度が厳しいと回答する企業の割合が急激に増え、九〇年代末を通じて、緩いと答えた企業の割合を大きく引き離していく。**図 2-5** を見ると、八〇年代、九〇年代前半、九〇年代後半と、金融機関の貸出態度が段階的に厳格化していることが分かる。

議論に正確を期すならば、いわゆる企業の貸し渋り・貸し剥がしが実際に起きたかについては評価が分かれている(小峰編 二〇一一:四九一—四九三)。だが、少なくとも、一九九〇年代に入って段階的に金利が下がり、九四年以降、金利が歴史的な水準にまで低下していったにもかかわらず、金融機関の貸出残高が減少していったことは事実である。

では、金融機関が融資態度を厳しくした理由はどこにあったのか。まず、基本的には、バブル期のずさんな審査による土地担保融資が、バブル崩壊後に多くの不良債権を生み出し、自らの融資基準を見直さざるをえなかったという周知の事情があった。

だが、同時に見逃せないのは、BIS規制の影響である。BIS規制では自己資本部分に保有株式の含み益を四五%組み込むことができた。ところが、バブル崩壊後の株価の急落によって、含み益が急減し、金融機関にとって、一九九三年三月を期限とした自己資本比率八%の基準をクリアすることが難しくなっていた。そこで、分母、すなわち資産の圧縮を図るべく、貸出の抑制に金融機関は乗り出すほかなかったのである。

その後も、BIS規制は重荷であり続けた。金融機関は不良債権問題に苦しんでいたが、一九九〇年代の後半にその処理が進み、金融機関に損失を発生させ、自己資本を減少させた。このことがさらなる貸出の圧縮を生んだのである。

これに一九九八年導入の早期是正措置の影響も加わった。自己資本比率が八%を下回った場合、金融機関経営の健全化を図り、経営破綻を未然に防止するために、金融庁は、業務改善命令、業務停止命令を行えるようになった。金融機関にとって自己資本比率の維持は死活問題だったのであり、このことが貸出抑制に拍車をかけたのである。

さらに、一九九三年のＢＩＳ規制の導入、九五年のコスモ信用組合、木津信用組合、兵庫銀行の破綻、大和銀行のニューヨーク支店での巨額損失事件、そして九八年の金融危機と、日本の金融機関は、その都度、国際的な資金調達難に直面した。とりわけ、九〇年代の後半には、海外での資金調達に一％に達する追加金利が要求された。いわゆるジャパン・プレミアムである。

ドルの借り入れが難しくなるとすれば、国際業務を展開するために、円を売却することでドル資金を調達するしかなくなる。手許の円資金が減少すれば、融資を控える動きも当然強まる。こうした内外の金融情勢の変化が、企業の金融機関への債務返済、キャッシュフロー依存型の設備投資という流れを加速させていったのである。

会計ビッグバンによる破壊

国際会計基準がまとまり、アジア通貨危機によって短期の資本移動の問題点が明らかになるなか、日本国内でも、国際的に統一された会計基準の必要性が議論されるようになった。そして、金融ビッグバンの一環として、一九九九年度決算以降、漸次、連結決算、時価会計、キャッシュフロー計算書等からなる国際会計基準を導入することが決定された。いわゆる会計ビッグバンである(古市 二〇〇八、磯山 二〇〇二、中北ほか 一九九九)。

会計制度改革が必要と考えられた背景は何だろうか。

まず、プラザ合意による急激な円高をきっかけとして、アジアや北米を中心に、現地生産、研究開発、部品調達のための子会社設置が進んだ。だが、親会社の持ち株比率を五〇％未満に抑えた場合、これらは子会社とはみなされないこととされていた。

事実上の支配下にありながら、連結決算の開示対象とならなかったことから、多くの企業は、余剰人員の押し込み、不良債権と赤字の移し替え、在庫の売却といった粉飾行為をおこなっていた。このことは内外の投資家の不満を呼んだ。そこで、企業全体の財務状況を把握できるようにするため、実質支配力基準を導入し、連結決算による損失処理が企業に求められるようにした。

会計制度の不透明性は、日本の会計が採用していた有価証券の取得原価主義とも関係していた。取得原価主義では、購入時の価格が帳簿に記載される。含み損益が多くても、少なくても、それらは貸借対照表には反映されない。それゆえ、含み損を隠すことができ、損失の先送りの余地が大きいことに対して、海外の投資家から強い批判が寄せられつつあった。

これを受けて、会計ビッグバンでは、時価会計の導入が決定された。有価証券の保有目的を、(1)売買目的、(2)満期保有目的、(3)子会社・関連会社株式、(4)その他有価証券に区分し、(1)と(4)に関しては、基本的に時価評価の対象とすることとした。

日本の会計制度は伝統的に発生主義を採用していた。発生主義とは、現金の収入・支出が実際におこなわれた時点ではなく、収入・支出の事実が発生した時点でそれらを収益・費用に計上する考え方である。つまり、実際のキャッシュフローではなく、債権・債務が発生した時点に着目するのが発生主義の考え方ということになる。

だが、発生主義の場合、売掛金が発生した時点で会計上は収入とみなされるが、実際にその資金を回収しない限り、キャッシュフローは増大しない。また、棚卸資産や有価証券といった流動資産は一年以内に現金化が可能だと考えられているが、必ずしも企業が現金化をおこなうとも、それが可能とも限らない。発生主義会計では、キャッシュフローの動きが分かりにくく、経営者の恣意的な判断が入り込む余地が大きいと考えられていた。

そこで、貸借対照表と損益計算書にくわえて、キャッシュフロー計算書を作成することが求められるようになった。営業、投資、財務の三つの区分が設けられ、営業によって獲得されたキャッシュで投資を行い、不足する資金を社債や借り入れによる財務活動によって補てんするという資金の流れを投資家が把握できるようにしたのである。

さらに、時価会計と関連してもう一点、退職給付債務の問題に触れておかねばならない。一九九〇年代の低金利や株価の低迷によって、企業年金の財政状況が悪化し、多額の年金債務が企業経営を圧迫するようになっていた。また、企業年金資産の運用基準の緩和、確定拠出型年金の導入を背景に、資産運用ビジネスの開拓も期待されていた。

ところが、退職一時金が損益計算書に計上されていた一方、年金債務に関しては、企業の財務諸表に適切に反映されていないという問題があった。そこで、年金債務を企業間で比較することができるような統一的な会計基準の整備が求められていき、一九九八年六月企業会計審議会から「退職給付に係る会計基準の設定に関する意見書」が公表され、二〇〇一年三月期決算から、この新たな会計基準が上場企業に適用されることとなったのである。

押し寄せるキャッシュフロー経営の波

このように会計制度の抜本的な改正によって、投資家を呼び込むための懸命の努力が続けられた。だが、会計ビッグバンは、日本の会計制度だけではなく、企業経営のあり方そのものを一変させることとなった。その変化を簡潔にまとめれば、キャッシュフロー経営への移行、金融機関からの借入抑制とまとめることができる。

企業が資金調達をおこなう際、借入をおこなうケースと、株や社債を発行するケースとが考えられる。すでに見てきたように、融資条件の見直し、自己資本比率規制、早期是正措置などを理由に、一九九〇年代をつうじて、金融機関からの借入は企業にとって難しくなりつつあった。

かといって、それが株や社債を通じた資金調達へと結びついたわけではない。ひとつには、金融機関からの借入、すなわち間接金融に伝統的に頼ってきた日本では、株式や社債による資金調達、すなわち直接金融への急激な転換がなかなか進まなかったことがあげられる。

しかしそれ以上に、設備投資需要の停滞にくわえ、不良債権の処理に苦しむ金融機関の融資態度の厳格化に対応し、バブル期に抱えた過剰な債務を清算すべく、企業は設備投資の圧縮分を借入の返済に向けるようになっていったことが大きかった。

ようするに、金融機関からの借入を抑え、それどころか返済すら増やしていく状況のなか、キャッシュフローを確保しなければ、設備投資資金をまかなえなくなる状況が生まれたわけだ。これを反対側からみれば、設備投資をキャッシュフローの範囲内に抑える企業のインセンティブが強化されたことになる。

これに投資家の要請もくわわる。企業が自由に使えるキャッシュフローはフリー・キャッシュフローと呼ばれる。このフリー・キャッシュフローに対して、企業は設備投資に向けるか、株主への利益還元に向けるか、債務の返済に向けるかを選択することとなる。

投資家からみれば、債務の返済を圧縮することは、自らへの資金配分を増やすことにつながるから、借入に対して抑制的な対応を求める。またその際、企業が営業収益を上回って投資を行った場合に、それが金融機関からの借入によってまかなわれていることがキャッシュフロー計算書をつうじて見えやすくなった。投資家は、株主利益重視の観点から、営業収益の範囲内で投資を行うことを要求した。

ここであえて注意を促しておけば、これらのことは、金融機関からの借入がゼロになったことを意味するわけではない。そして、キャッシュフロー計算書が企業会計に広がるにしたがい、金融機関の方でも貸付の審査段階でこの計算書を活用するようになっていった。金融機関自身が担保重視型からキャッシュフロー重視型へと融資の基準を変更していったわけである。

再び話を投資家に戻そう。投資のグローバル化が進展し、キャッシュフローが重視されるようになるにともない、投資家は「総資本利益率」や「自己資本利益率」といった評価指標をつうじて、企業への投資を判断するようになった。

総資本利益率(Return on Assets: ROA)とは、総資本に対する当期純利益の割合を意味している。つまり、自己資本(株主からの払込金や過年度からの利益の蓄積である利益準備金など)や借入金からなる総資本がどの程度効率的に運用されているかを知ることができるわけだ。

一方、自己資本利益率(Return on Equity: ROE)とは、自己資本に対する当期純利益の割合である。

この指標からは、株主から調達した資金と過去の収益のうち内部留保した資金により、どの程度利益をあげているかを知ることができる。

連結会計や時価会計の導入とあいまって、企業は、赤字の子会社、含み損の大きい有価証券・持ち合い株の売却を進めていった。なぜなら、赤字子会社と連結会計で処理したり、時価会計によって含み損が表面化したりすれば、ROAもROEも悪化するからである。もしそうなれば、株価は下落し、資金調達コストは増大してしまう。こうして日本型経営は急速な変貌を遂げていくこととなる。

標的とされた人件費

「株主価値資本主義」を体現するような制度改正が内外で次々とおこなわれ、キャッシュフローを増やすことが、企業経営者にとって至上命令とみなされるようになっていった。このことがマクロでみた企業の貯蓄超過化の原動力であった。

キャッシュフローを増やす方法は簡単である。ひとつは収益を増やすこと。もうひとつは経費を削減することである。

だが、一九九〇年代後半に起きたアジア通貨危機、大手金融機関の破綻、実質マイナス成長という経済的な苦境にあって、企業が選択可能であったのは、後者の方法だけであった。また、株主利益の最大化、企業収益と連動する経営者報酬というフレームのもとで追求されたのが、短期的利益の確保であった。そこでターゲットとなったのが人件費である。この点を少し掘り下げてみておこう。

設備投資をキャッシュフローの範囲内に押さえ込むためには、一定規模の内部留保を確保しなければならない。内部留保とは当期純利益から配当を差し引いたものであり、貸借対照表では、純資産の部にある利益剰余金をさす。

売上高から控除される売上原価や販売費のなかに人件費は含まれている。この部分を圧縮すればするほど営業利益は増大する。この営業利益から営業外損益、特別損益、法人税等を差し引くことで当期純利益が算出される。したがって、内部留保を増大させるためには、人件費をいかに削減するかがひとつのポイントとなる。

また、ＲＯＥやＲＯＡを高めて、投資家からの投資を惹きつけようと思えば、計算式の分子にあてはまる当期純利益を引上げなければならない。それゆえ、ここでも人件費の引下げは、経営者にとって有力な選択肢となる。

さらには、退職給付会計が設置されたことも関係した。退職給付債務の存在が投資家にとって明確になったのである。企業は、国に代わって厚生年金基金が運営・給付している部分を代行している。膨大な年金の積立不足が明らかになると、企業は利益の一部を削って、この穴埋めをしなくてはならない。

実際、株価の低迷によって資産運用の収益が減り、巨額の年金・退職金の積立不足を生み出していた。時価会計の導入がこの債務の存在を世間に知らしめたのである。

企業はこの債務を解消しなければならない。結局、内部留保を投入するほかないから、人件費を削減させ、内部留保を確保することが必要だった。同時に、年金を確定給付型から確定拠出型へとシフトさせ、企業の年金給付への責任を回避しようとする動きも強まった。そして何より、企業の年金負担そのものを軽減すべく、雇用の非正規化が進められた。

短時間労働者や雇用期間の短い労働者は、社会保険の適用除外とされた。短時間労働者の場合、労働時間や労働日数が一般の従業員の四分の三未満だったときには、社会保険を適用しなくてすむ。あるいはこの「四分の三基準」が適用されるとしても、日雇労働者、二カ月以内の期間を定めて雇用される者、季節的業務に使用される者なども、適用しなくてよい。要するに、雇用の非正規化を進めていけば、将来の年金債務を削減できるというわけである。

「株主価値資本主義」は、グローバル・スタンダードのかけ声のもと、日本の経済システムの奥深くに侵入した。長い成長の時代を謳歌した日本人は成長の復活を待ち望んでいた。

だが、現実に起きたことは、成長が賃金や所得へと結びつかない条件が整えられるという皮肉な事態であった。私たちはそのことを認識することができなかった。そして、所得の増大をひたすら信じて、企業の短期的な収益追求の行動を支持した。しかしながら、そのことが抗いようのない人件費の削減、非正規雇用化という潮流を作り出す原因となったのであった。

3　労働者の犠牲がささえる社会

政府による労働規制緩和

日本経済の地殻変動をもたらしたのは、これまでみてきたようなグローバリゼーションという国際的な圧力だけではなかった。

まず、人件費の削減が企業収益に結びつく新たな構造、これをささえたのは政府であった。労働者派遣法に焦点を合わせながら、この問題について考えてみよう(岡村 二〇〇九)。

戦前の日本では、土建、荷役、運送、鉱山、雑役など、常用労働者が嫌う臨時的な作業にかんして、人夫供給業、人入れ稼業などと呼ばれる「労働者供給事業」が存在していた。戦後、これらの事業に対し、封建的な雇用慣習の名残であるとの批判がくわえられ、一九四七年に制定された職業安定法のなかで、原則禁止とされることとなった。

ところが法律と法律の間の調整ができていなかった。民法では契約概念のひとつとして「請負」を認めていた。もし、注文者が請負者に対してあれこれと指図をおこなってしまえば、事実上、請負者は、労働者供給事業をやっていることと変わらなくなる。職業安定法では数度の改正がおこなわれた。だが、建設業や港湾運送業では、事実上の労働者供給事業が盛んに実施されていたのだった。

一九七八年行政管理庁は、労働省にたいして「民営職業紹介事業等の指導監督に関する行政監察結果に基づく勧告」をおこなった。このなかで、産業界の多様な需要にこたえていること、労働者とりわけ厳しい雇用情勢下にある中高年齢者等にたいしても就労の機会を提供していることを指摘し、その果たしている役割は「無視できないもの」だとした。そのうえで、労働者供給事業に対する新たな規制のあり方を求めていった(大原社会問題研究所 一九八四)。

同年、これを受けて、労働省内に「労働力需給システム研究会」が設けられた。その報告書のなかでは、労働力需給調整の要として労働者派遣事業制度の創設が提起された。その後、労使の代表者からなる機関の設置をはさんで議論が続けられ、一九八五年に労働者派遣法が制定されることとなった

(施行は八六年)。

同法の目的は「労働力の需給の適正な調整を図る」と同時に、「派遣労働者の保護等を図り」、「派遣労働者の雇用の安定、その他福祉の増進に資すること」にあった。それゆえ当初は、ソフトウェア開発や秘書業など、一三の専門業務に限定して、派遣事業が認められていた。ところが、一九九六年以降、相次いで派遣事業の規制緩和が実施されていく。

一九九六年には、対象業務が研究開発、企画立案、テレマーケティングなど、二六業務に拡大された。さらに、九九年には、対象業務を限定するかたちから禁止業務を限定するかたちへ、すなわちネガティブリスト方式へと改正がなされた。

そして、ついに二〇〇三年改正では、製造業への派遣が解禁され、港湾運送、建設、警備等の一部の業務を例外として、ほぼ規制が撤廃されるのである。

二〇〇三年改正では雇用期間の制限も改正された。改正以前の派遣法では、二六業務については期間の制限が原則撤廃とされた一方、その他の業務に関しては、派遣期間を一年に制限し、それを超えて雇用する場合、直接雇用へと切り替える努力義務が定められていた。ところが、〇三年改正では、派遣期間が三年へと延長され、派遣労働者数を急増させることとなるのである。

臨時行政改革推進審議会と細川護煕の不思議な因縁

当然の疑問として浮かぶのは、この一九九六年以降の労働規制緩和の流れがどのようにして形成されたのか、という問題だろう。

規制緩和にかんしては、第二臨調のなかでその萌芽ともいうべき議論が存在したが、本格的な議論が展開されたのは、第一章でも論じた「臨時行政改革推進審議会(行革審)」以降のことである。第三次行革審が最終答申を出す一九九三年までの約一〇年にわたって、アメリカ政府の外圧にさらされながら、行革審は規制緩和の必要性を訴え続けていった(久保田 二〇〇九)。

第一次行革審では規制緩和分科会が設けられ、一九八五年に『行政改革の推進方策に関する答申』を提出している。ここでは、のちの流行語となる「民間活力」が登場する一方、規制緩和の進め方として、⑴産業育成・保護への行政介入を最小限にする、⑵市場機能の補完を目的とする場合、全般的かつ抜本的な見直しをおこなう、⑶社会的目的達成のための規制については妥当性・有効性を改めて見直す、という方向性が示された。

第二次行革審は、最終答申の前に『公的規制の緩和等に関する答申』を発表し、そのなかで、公的な規制を経済的規制と社会的規制とに明確に区分し、主として、前者を規制緩和の対象とするという、その後の議論を決定づける方針が打ち出された。第一次行革審の示した進め方のうち、⑴と⑵を規制緩和の対象として定めたわけである。

以上を踏まえ、一九九〇年四月に出された最終答申では「市場原理に基づく自由で公正な競争を促進」することが謳われ、「規制緩和を行政改革の最重要課題の一つとし、公的規制の実質的半減」をめざすことが打ち出されることとなった。

第三次行革審では「公正・透明な行政手続法制の整備に関する答申」が出され、これを受け、規制緩和の観点から行政指導に一定の制限を設ける行政手続法が制定された。内外からの批判がくわえられていた行政指導に対して、規制緩和とこれを関連づけながら歯止めが設けられたのである。

以上の集大成として、第三次行革審が最終答申を提出するのは、細川護熙政権期である。そのプロセスはまさに歴史の綾《あや》ともいうべき興味深いものであった。

細川は、第三次行革審に設けられた「豊かなくらし部会」の部会長を務めていた。この部会に委員として参加していたのが、後に規制緩和の旗ふり役として活躍するオリックスの宮内義彦である。宮内は細川を「細川さんは熊本県知事のとき、バス停を一〇メートル動かすのに霞が関の官僚のハンコがいることに驚いた原体験を持つ、生粋の規制緩和論者だった」と評した(二〇一三年九月二五日付日本経済新聞「私の履歴書」)。

じつは、細川は、この部会長職を途中で投げ出し、豊かなくらし部会そのものは何の成果もあげずに終わってしまう。だが、この「挫折」は細川の行革への熱意をさらに強固なものにした。

宮内はこう回顧する。「この経験は規制改革にとって無駄ではなかった。細川政権のもとで仕切り直しになった規制改革の推進組織は、委員から官僚出身者を外し、毎年答申を内閣が受け取り閣議決定するという、その後の規制改革の推進プロセスを作り上げたからだ」と。

そんな細川が首相となって設置したのが、平岩外四を座長とする経済改革研究会だった。当時の官房副長官を務めた石原信雄も宮内と同じような印象を語っている。「細川さんは政治改革だけでなく、官による規制を大胆に見直していこうとしていました。後に小泉政権も引き継いだが、本格的に取り上げたのは細川政権……政権が短命に終わったので実を結ぶところまでいかなかったが、流れをつくったのは細川政権です」と(細川 二〇一〇:二九)。

一九九三年一二月に経済改革研究会が提出した「平岩レポート」は、規制緩和という原理によって政策の全体が貫かれていた。とりわけ、第二次行革審の示した方向とは異なり、社会的規制が積極的に「不断の見直し」の対象として取りあげられた点は印象的であった。

平岩レポートの中間報告では、この社会的規制の見直しの一環として、労働者派遣法が盛り込まれた。そして、最終報告で「規制緩和の実施、産業構造の変化、経済の国際化に対応するため、参入しやすく、転職しやすい労働市場を形成する」ことが示されたのである。

じつは、労働者派遣法のなかには、派遣できる業務に関して五年ごとに見直す規定があった。一九九六年がその見直しの時期となるため、労働省では九四年の春頃から研究会を設置し、その検討を開始していた。

一一月頃になると、経済界からの圧力も活発化した。たとえば日経連(日本経営者団体連盟)は、労働者派遣法の緩和を政府が策定予定である規制緩和計画のなかに盛り込むよう、労働省に要求した。また、政府部内でも同様の要請は根強く、橋本龍太郎通産相らが雇用情勢の改善につながるとしてこの要求を支持した。こうして、労働省は、派遣業務の拡大に向け大きく舵を切っていくこととなったのである(一九九四年一一月二九日付日本経済新聞)。

細川政権が方向づけた労働規制緩和への動きは、大きな流れとなっていった。そして、一九九五年三月村山内閣のもと、「規制緩和推進五カ年計画」が策定され、このなかに「人材派遣の対象業務見直し」が盛り込まれたのである。

オイルショック以降の経済構造の変化、すなわち、技術革新による産業構造の転換、金融市場からの圧力とコーポレートガバナンスの新たな展開、国際的な評価基準の再編、そしてアメリカからのあからさまな政治圧力は、日本の財界に決定的な影響をおよぼし続けた。

少しずつ新自由主義的偏向が明確になるなかで、日本経済のターニングポイントとなった文書が、細川政権から規制緩和推進五カ年計画へと続く流れのなかで作成された。一九九五年五月に日経連が発表した「新時代の「日本的経営」」である。

この報告書が訴えたのは日本的経営の刷新であった。日本企業が直面する課題として、経済成長の鈍化、中長期的な労働者不足、高コスト体質の改善、競争原理による産業構造の転換とこれに即した労働移動、高賃金と国際競争が生み出す産業の空洞化等が指摘された。

これらを克服するために、終身雇用慣行、年功序列賃金、企業別労働組合の見直しの必要性が叫ばれ、総額人件費管理の徹底、成果主義の導入、法定外福利の抑制等が示された。戦後の日本経済をささえ続けてきた雇用慣行の解体が高らかに宣言されたのである。

企業の貯蓄超過化、人件費の削減という構造変化は、まさにこうした国内的な新自由主義の流れによっても支えられていたのであった。

日本型雇用慣行の動揺

終身雇用と年功序列賃金の見直し、これらの経済界の要求が鋭くあらわれたのは、若年層の雇用であった。S・ヴォーゲルが指摘したように、正社員、中高年層の雇用は相対的に維持されてきた(Vogel 2006)。だが、若者の雇用が流動化し、離職率や失業率が高まっていけば、長期的には終身雇用や年功序列賃金は維持できなくなる。

図2-6は転職者比率の変化を見てみたものである。一般に景気が悪くなればより良い条件での転職は難しくなるため、転職者比率は低下するものと考えられる。同図にも示されるように、高度経済成長期にはじわじわと転職者比率が上昇していることを確認でき、オイルショック後の低成長期になると、この数値が低下していっていることがわかる。とくに、一九八七年、すなわちバブル景気の時期には、転職者比率が急激な上昇を示していることが見てとれる。

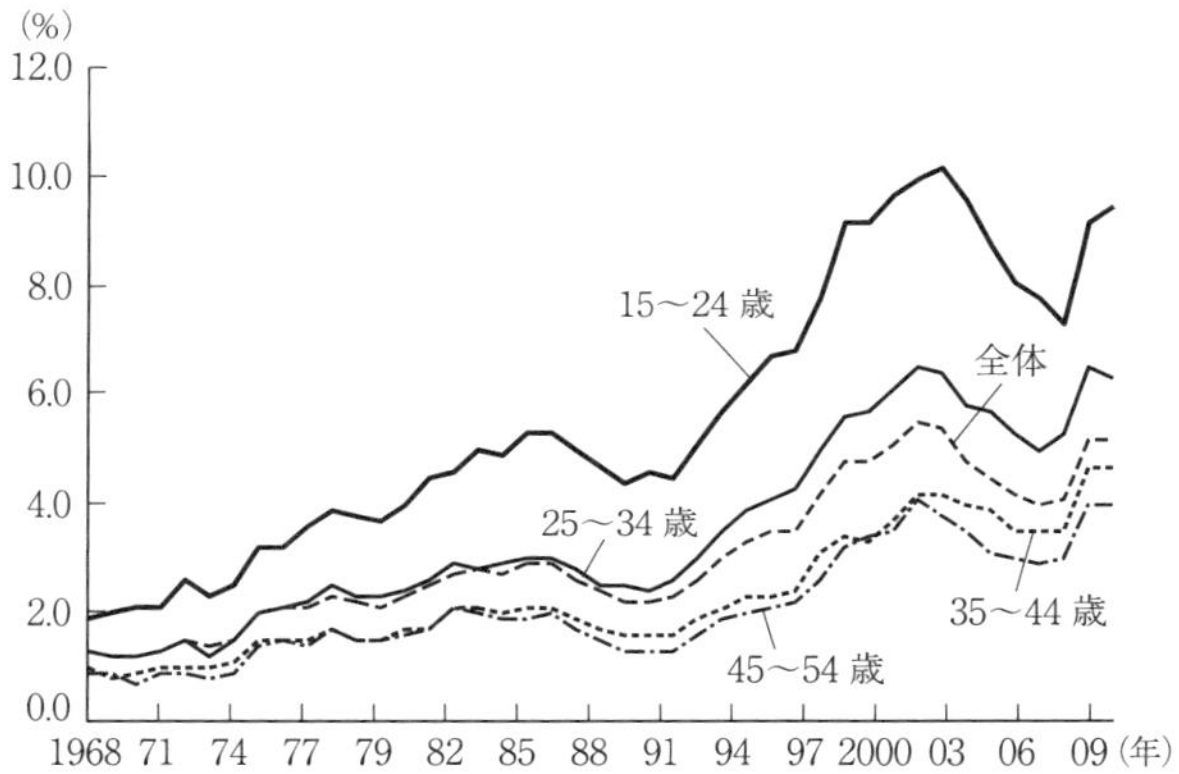

出所：総務省統計局『労働力調査』より作成.

図2-6　年齢別の転職者比率の変化

　ところが問題はこれ以降である。バブルが崩壊し、経済の長期停滞局面に移行したにもかかわらず、転職者比率は高止まりしている。とりわけ金融危機に直面し、マクロの資金循環が大きく変動した一九九七―九八年以降、この傾向がいっそう明確になっている。いわば転職先で有利な条件が得られるとは限らないにもかかわらず、人びとは転職を余儀なくされたのである。

　これらと並行したのが、雇用の非正規化であったが、そのゆがみも若年層に集中した。一九九〇年代の後半以降、非正規雇用者数は増大の一途をたどっており、とりわけ二〇代を中心とする若年労働者層にその傾向が顕著であった。非正規雇用の大半は女性が占めている。だが同時に、二〇代男性の就業率の変化をみてみると、正規雇用の割合が大きく減少した一方、非正規雇用の割合がくっきりと増大している。

日本型雇用慣行のもうひとつの柱である企業別労働組合についても、他の先進国と同様、組合組織率の低下、影響力の弱体化が観察される。一九九四年をピークに、翌九五年以降、組合員数の減少傾向がはじまった。一時は一二七〇万人を記録したが、二〇一三年には九八八万人にまで減少し、推定組織率も二四・一％から一七・七％へと低下している(厚労省『労働組合基礎調査』各年版)。

以上の過程で議論となったのが、非正規労働者の組合参加の問題である。パートタイム労働者やフルタイムの非正規労働者の場合は約七割が、派遣労働者の場合は約九割が、組合への加入資格をもたなかった(厚生労働省 二〇一〇)。非正規雇用の拡大は、一方では、労働組合の影響力を低下させるが、同時に、組合に加入できた場合も、正規労働者と非正規労働者の利害関係が一致するとは限らない。労働者の全体的な発言力の低下は、ますます顕著となりつつある。

労働者の犠牲で借金を支える経済

じつは、私たちの賃金が下がるという事実は、政府の命運とも深くかかわっている。いま一度、マクロの資金循環を示した**図2-4**を見てみよう。じつはこのグラフからは興味深い事実が読み取れることにお気づきだろうか。それは、企業部門の貯蓄増大が家計部門の貯蓄減少とパラレルに動いているということ、そしてこの企業部門の貯蓄が金融機関をつうじて国債の買い入れとなり、政府部門の赤字を埋めているということである。

賃金、そして所得の低下が家計貯蓄を減少させることは、容易に理解できる。だが、貯蓄の減少は、人びとの生存・生活の危機と直結する深刻な問題である。

終章でも論じるように、日本型福祉国家である「土建国家」の枠組みのなかでは、所得の増大とともに貯蓄が増大していた。なぜならば、日本の財政は、社会保障や教育等の対人社会サービスが貧弱であるため、住宅の取得、子どもの教育、老後の備えのために、貯蓄を増やさざるを得なかったからである。

だからこそ、日本は先進国で最高の貯蓄率を誇っていたし、政府は人びとの所得を増やすべく、成長のエンジンとなり、借金をしてまで公共事業に力を注いできた。だが、成長がストップし、財政による借金も難しくなれば、人びとは生存・生活に必要な資金を自ら捻出しなければならない。そのような危うい状況のなかで、所得水準の減少、貯蓄率の劇的な低下が生じているのである。

確かに家計部門の貯蓄は減少した。その理由は、高齢化だけではなく、本章で追跡してきたように、グローバリゼーションに巻き込まれた企業が、キャッシュフローを確保するために実施してきた、賃金の恒常的な切り下げ、そして企業を支援する政府の積極的な規制緩和策にあった。ゆえに、家計部門の貯蓄が減少するのと鮮やかな対照を描きながら、企業部門の貯蓄は増大していった。

しかし、企業は設備投資を増大させなかった。一九九五年時点での設備投資(土地、建設仮勘定、その他の有形固定資産の合計)は、四八二兆円であり、九八年にピークに達したあと、緩やかな増減を繰り返しながら、二〇一二年の四二八兆円へと減少していった。

キャッシュフローの増大の一方、設備投資が伸びず、人件費も削減されたのだから、企業の貯蓄が増大するのも当然だった。そして、この企業貯蓄を利用して進められたもの、それこそが金融機関による国債投資であった。

金融機関の資金運用収益に占める有価証券利息配当金の割合は、ピーク時の二〇〇五年に九〇年代半ばの二倍近くを記録し、また、二〇一〇年になると、保有有価証券に占める国債の割合も九〇年代半ばの三倍にまで増加した。

金融機関が安心して国債の購入を進められたのは、一九九〇年代の半ば以降、日本銀行による空前の国債買入策が実施され、国債価格が安定していたからである(6)。

金融機関の収益面では、貸付の停滞を国債投資が補完したかたちである。だが、これを財政面、マクロ経済面からみると、賃金の破壊的な低下と中央銀行の強力な政策協力が、安定的な国債価格、国債発行の累増を支えていったのである(井手 二〇一二)。

労働者の痛みと日銀の妥協が財政を安定化させる――この奇妙な均衡のもとで「破綻しない財政」が作りだされた。この均衡を新たな均衡へと変化させるためには、賃金の上昇が重要なカギとなる。企業の貯蓄を家計部門へと移転させ、個人消費を刺激するなかで、経済を成長させ、税収を増やして財政収支を改善するというのがもっともオーソドックスな財政健全化策だろう。

だが、見通しはそう明るいものではない。なぜならば、本章で論じてきたように、賃金の引き下げは企業のたんなる出し惜しみなのではなく、経済のグローバル化という大きな流れのなかで、企業自身がそうした選択を余儀なくされた側面が小さくないからである。

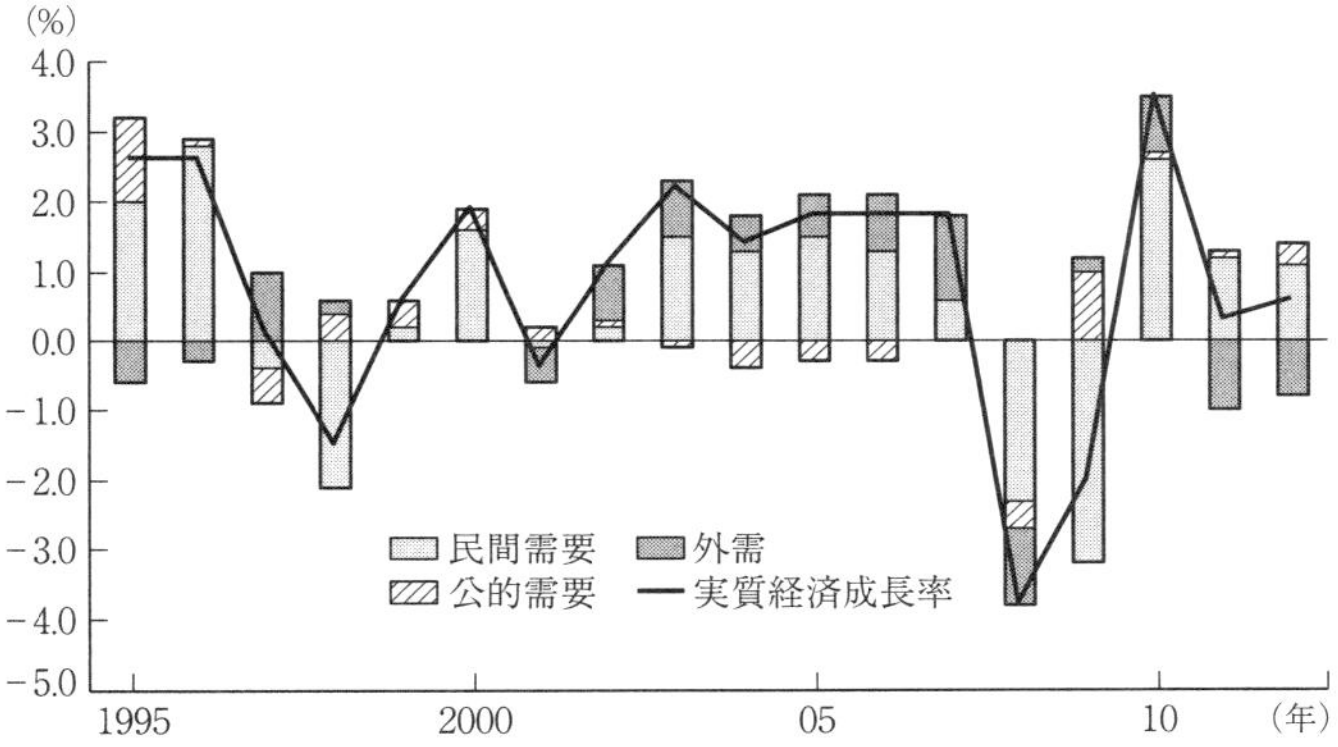

出所：内閣府『国民経済計算』より作成.

図 2-7　実質経済成長率と寄与度

また、経済成長をうながすための環境も大きく変化した。小泉政権期に実現された戦後最長の好景気を支えたもの、それは外需である。**図 2-7** にあるように、成長の寄与度を時系列でみたとき、外需の占める割合は明らかに大きくなっている。

ところが、同時に、小泉政権期以降、海外での現地生産がさらに加速された。海外現地生産比率を見てみると、一九九五年度の八・一%が小泉政権の誕生直前の時期には一一・一%に増大し、さらに直近の二〇一二年度では二〇%を突破している(内閣府 二〇一四)。

海外での生産比率が高まれば、円安による輸出ドライブも以前ほど大きな期待が持てなくなる。それどころか、中小企業については、輸入原材料価格の高騰が経営を直撃する。事実、安倍政権の経済政策の効果が反映された二〇一三年度の成長の中身を見てみると、輸出の寄与度は輸入価格の上昇によって相殺されている。

むしろ経済成長に貢献したのは、公的資本形成、すなわち公共事業による景気刺激策であった。だが、厳しい財政事情のもと、ふたたび公共投資依存型の財政に舞い戻ることに、国民の合意が得られるとも思えない。賃金の増大のためには超えるべきハードルがいくつもあるのだ。

経済のグローバル化、これと連動した政府・財界の規制緩和は、海外現地生産の増大、設備投資の減少、賃金の抑制、金融機関の国債投資となって帰結した。これらが一体となって日本にもたらされたのがデフレ経済である。デフレ経済を社会の停滞の原因とみなす議論が多いが、明らかに問題は逆転している。デフレとはさまざまな社会経済的変動の結果なのである。じつは、経済現象を「目的」としてみる発想は多くの問題をかかえている。この点についても、再度、終章で取りあげたい。

第三章　グローバリゼーションはどのように世界経済を揺るがしたのか？

経済の領域の膨張が示す重要な帰結が「経済の不安定化」であり、その象徴として語られるのがバブルと金融危機である。この二つの歴史をひも解こうとすれば、起源は一七世紀にまで遡ることができる。だが、その歴史の長さを踏まえてもなお、一九七〇年代以降のホットマネーの急膨張ぶりには目を見張るものがある。

簡単な事実を示しておこう。一九四七年八月の時点で一日の最大売り投機高は一億ドル以下であった。だが、七一年五月には一時間のうちに一〇億ドル以上の資金がドイツ一国に流入し、九〇年代末には、一日の取引高が一兆ドルに達するまでになった。新興市場での取引も同様だった。一日あたりの取引高は、九五年四月の三〇九億ドルから、二年もたたない九七年一月には六六八億ドルへと倍増した(キンドルバーガー 二〇〇四：二九八―二九九)。

一九七〇年代以降の市場の急激な膨張と歩調をあわせるように、周期的に世界経済を震撼させたのが金融危機である。この章では、その端緒ともいうべき八二年のメキシコ債務危機に焦点をあわせながら、アメリカの国際戦略「グローバリズム」の内容を確認する。そのうえで、二〇〇八年リーマン危機と二〇一〇年欧州通貨危機について概観しつつ、一連のグローバリゼーションの動きが福祉国家のありように与えた影響についてみていくこととしたい。

1　債務危機とアメリカのグローバリズム

メキシコ債務危機の勃発

一九七三年、七九年の原油価格の高騰は、メキシコやベネズエラなどの産油国に巨額のドルを蓄積させた。原油消費国は巨額の債務を負った一方、産油国は生産を加速させ、積極的に外資を導入しながら、余剰資金を不動産、オフィスビル、ショッピングモール等の投資に振り向けた。

だが、一九八一年に起きた原油価格の下落、FRB議長P・ヴォルカーの名を冠した「ヴォルカー・ショック」(1)による欧米諸国の金利高を背景に、産油国の通貨価値は大幅な下落に転じた。この過程で発生したのが八二年メキシコの債務危機である(片岡 二〇〇一、棟近 一九九〇、経済企画庁 一九八二)。

もともとメキシコは石油輸入国であった。ところが、一九七〇年代の半ばに大量の石油が発見され、メキシコ経済は一変した。石油を輸出し、外貨を獲得するため、政府は石油産業に集中して投資をおこなった。七八年から八一年にかけて経済成長率は平均八・四%を記録した。部門別成長率を見ると、石油部門の成長率は平均一八・八%に達し、総輸出に占める石油輸出比率も七割を超えるようになった。絵に描いたような石油への依存である。

だが、政府投資の増大は財政赤字を拡大させ、石油の輸出増にもかかわらず、経常収支は悪化していった。当時、メキシコ政府は、一ドル＝二二・八ペソという高い為替レートを保っていた。為替レートの減価が輸入価格を高騰させ、インフレを助長することを恐れたからである。ところが、石油産業の伸張とは裏腹に停滞に苦しんでいた製造業がペソ高でいっそうの輸出難に陥った。こうして経常収支の赤字が加速していったのである。

国際金融市場は、石油の発見によって、メキシコ経済への信用を強めていた。一九七九年以降、経常収支の赤字を埋めるかたちで、同国の対外債務は急激に増大していった。ところが、先進国の経済停滞が長期化し、石油需要の減少が予測されたことで、原油価格は下落をはじめた。

当時、メキシコは国家歳入の二五％を石油収入でまかなっていた。原油価格の下落は財政赤字をいっそう膨らませた。同時に、金融市場では、ペソ切り下げへの懸念が強まり、大規模な資本逃避がはじまった。これにヴォルカーが主導する国際的な金利の高騰がくわわり、対外利払い費が急増した。こうしてメキシコ経済を債務危機が直撃することとなったのである。

メキシコ政府は、一九八二年に入って、二月と八月にペソ切り下げに追い込まれた。しかし資本流出は収まらず、八月に対外債務の返済不能、九〇日間のモラトリアムを発表した。これをきっかけに、同様に巨額の対外債務を抱えていた中南米諸国への国際金融市場の危機感が強まり、メキシコ債務危機は、ブラジル、アルゼンチン、チリ、ベネズエラへと波及していくこととなる。

メキシコの債務不履行はアメリカ政府を動転させた。ニューヨーク等に本拠地を構えるアメリカの大銀行、いわゆるマネーセンターバンクの多くは、メキシコに対して自己資本の半分に達する巨額の貸付をおこなっていた。アメリカの規定では、返済が九〇日以上遅れた場合、貸付は不良債権化し、半年以上遅れた場合、特別貸倒引当金を積まねばならない。事態を放置すれば、アメリカの金融機関が致命的な打撃を受けることは明白であった。

アメリカ政府は、八月の債務危機勃発後、一週間もたたないうちに対応策の協議をはじめた。ヴォルカーは、米国農産品輸出公社からの一〇億ドルのつなぎ融資をまとめ、アメリカ財務省も戦略的備蓄の名目で一〇億ドル分の原油を前倒しで購入するという緊急避難措置をとった。同月、融資の条件を意味するIMFのコンディショナリティを受け入れることを前提に、BISが一八・五億ドルの融資を決定し、さらに一一月、IMFも三九億ドルの融資に合意した。

これらの措置は単なる債務危機国への貸付ではなかった。メキシコ債務危機は、アメリカを中心とする国際金融秩序の再編をともなうものであり、同時に、IMFや世界銀行(以下、世銀)による債務危機国への融資じたいが、アメリカの世界経済戦略の一環に組み込まれていった。以下、このプロセスを追跡していくこととしよう。

メキシコ債務危機の歴史的意義

一九八三年から八四年にかけて、メキシコは経常収支を大幅に改善することに成功した。IMFからのメキシコ政府への融資に際しては、財政赤字の削減、インフレの抑制、対外借入の圧縮、経常収支の赤字の改善、公企業のサービス価格の引き上げなど、細かい数値目標がコンディショナリティとして設定された。これらが功を奏したかたちである。

確かに緊縮政策が国内消費を抑制し、輸入を減少させたことで、経常収支は大幅に改善された。だが、同時に、ペソ安による輸入品価格の高騰と供給不足が物価を上昇させ、また、財政支出の削減、輸入原材料の不足はマイナス成長と失業率を加速させた。さらには緊縮政策による再分配機能の低下は国民の生活不安を助長した。経常収支改善の犠牲はけっして小さなものではなかった。

さらに、アメリカ経済にも危機が波及したことで事態は深刻さを深めつつあった。中南米における先進国への資金の流出、経常収支の改善は、裏面からみれば、先進国の中南米への輸出減を意味していた。一九八一年には四二一億ドルあったアメリカの中南米向け輸出は、八三年に二五七億ドルに減少し、その後回復を見せたものの、八五年の時点でも三一〇億ドルと、八一年の水準を回復することはできなかったのである(片岡 二〇〇一：一二)。

レーガン政権下のアメリカでは、一九八一年の税制改正によって大胆な減税がおこなわれ、急激に財政赤字を膨張させていた。景気の過熱は輸入を増大させ、経常収支を悪化させた。投資の加熱と国内貯蓄の急激な減少による投資超過は、海外からの資本流入でファイナンスされたが、このことがさらなるドル高と輸入の増大を引き起こすという悪循環を生んだ。

中南米向け輸出の減少がアメリカ経済を直撃したのは、このような状況のもとであった。経常収支の赤字と財政赤字からなる「双子の赤字」は中南米の債務危機と連動していたのである。

この頃、アメリカ政府や国際機関は、メキシコ債務危機に関して、一時的な返済資金の不足、いわゆる流動性危機がその原因だと評価していた。それゆえ、既存債務の条件変更、すなわちリスケジュールと商業銀行の追加融資によって、この危機は克服できると考えていた。

ところが、あと知恵になるが、実際には、予想支払いが予想受取を超過する恒常的な危機、すなわち支払不能危機がその実態に近かった。外貨収入に占める元利金返済の比率を示すデット・サービス・レシオを見ると、じつは、一九八一年には、危険水域といわれる二〇%をはるかに超える状態だった(経済企画庁 一九八四)。

このようなちぐはぐな状況のもと、流動性危機という認識を超えるものではなかったが、短期の資金繰りのために追い貸しをするよりも、債務国の経済成長をうながし、アメリカからの輸入を増大させるような方向へと融資条件を見直す客観情勢が強まっていった。双子の赤字におびえつつあった米国経済にとって、中南米債務危機はまさに死活問題だったのである。

一九八五年、アメリカのJ・ベーカー財務長官は、三年間で商業銀行が二〇〇億ドル融資を行うこと、世銀や米州開発銀行の融資を増大させ、国際機関全体で二七〇億ドルの融資を行うことを提案した。いわゆるベーカー提案である。この提案が斬新だったのは、従来の緊縮政策とはことなり、世銀を活用して、債務国の経済成長を促す方針を打ち出した点にあった(毛利 二〇〇一:三三―三四)。

ベーカー提案はアメリカの経済的利害を色濃く反映していた。それを端的に示したのが提案のなかの民間銀行による融資である。米系金融機関とその他の国の金融機関の融資比率は、三対七とされた。米系金融機関からの債務国の債務残高の多さを考えれば、この融資比率が米系金融機関の負担軽減をもくろんだものであった点は明白だった(井上 一九九〇)。

アメリカの国際戦略はさらに広がりをみせる。経常収支にかんしては、他国の資金を利用して債務国の成長をうながし、これをアメリカの経常収支の黒字化に利用することとした。問題は、財政収支の改善である。財政赤字を削減するには、利払い費の抑制が不可欠だった。というのも、ヴォルカー・ショック以降、高金利が続き、公債の利払い費が深刻な財政負担となっていたからである。

だが、金利の引き下げはドルの流出を招き、為替の暴落を引き起こしかねない。とりわけ、この間「強いドル」を標榜し、国内の貯蓄不足を資本流入でまかなっていたアメリカにとって、たとえ「強いドル」を放棄するとしても、極端な為替下落はリスクがあまりにも大きかった。

そこで、アメリカは自国の利下げと連動して、相対的に自国の金利を低めに設定しつつも、先進国全体の金利水準を引き下げる可能性を模索しはじめた。通貨価値の安定を名目に国際協調にもとづく利下げ(いわゆる協調利下げ)が訴えられたのはこうした文脈だった。

一九八五年九月、ニューヨークで開かれた先進五カ国蔵相会議において、ドルの安値安定への合意がなされた。プラザ合意である。この合意が決まったのがベーカー提案の発表されるちょうど一カ月前であったのは、けっして偶然ではない。両者は双子の赤字を改善するための車の両輪だった。

プラザ合意の結論をみると、アメリカの思惑どおり「主要非ドル通貨の対ドル・レートのある程度の一層の秩序ある上昇が望ましいことに合意した」と明記されている。

この「秩序ある(orderly)」上昇を主張したその人こそ、ヴォルカーであった。当時のイギリスの大蔵大臣であったN・ローソンは、ドルの「フリー・フォール」を防ぐためにもヴォルカーはこの文言にこだわったと回顧している(Lawson 1992: 536)。途上国、先進国を巻き込みながら、アメリカは自国の経済利益の最大化を試みていったのである。

ブレイディの新債務戦略と負担の転嫁

一九八七年ころになると、アメリカの金融界は立ち直りをみせはじめていた。[2] 同年五月には、中南米向け融資を最終的に処理するために、シティバンクが貸倒引当金の大規模な積み立てを開始し、このあと、各行がこれに追随する動きをみせるようになった。中南米諸国の債務の軽減・免除がいよいよ可能となる経済環境が整いはじめたのである。

だが一方、中南米の情勢は不安定であった。各国で大統領選挙が行われる予定であった一九八九年、ベネズエラでは三〇〇人を超える死者を生んだ「カラカス暴動」が勃発するなど、中南米の政情は不安定の度を増しつつあった。

経済面でも物価の激しい上昇が各国を襲った。とりわけ、アルゼンチンでは、八八年四月にデフォルトが宣言され、翌年には年率五〇〇〇%ともいわれるハイパーインフレが発生するという事態に直面していた。

当時、債務国への新規融資は「ニュー・マネー」と呼ばれていた。だが、すでに貸しつけられている「オールド・マネー」を処理しない限り、ニュー・マネーは債務の返済に向けられるから、ニュー・マネーがアメリカの輸出拡大に結びつくことは難しい。そこで、N・ブレイディ米財務長官は、支払不能危機アプローチに立ちながら、中南米債務問題の本格的な解消に乗り出した。

一九八九年三月、ブレイディは、債務削減や金利軽減に応じた銀行に対するIMF・世銀の債務保証、反対に、これに応じなかった銀行への三年間の元利支払の停止、そして、日本を中心とする先進国の公的借款の拡充、IMFの増資などを柱とする新債務戦略を発表した。ブレイディ提案である。

ブレイディ提案を受けた金融機関の行動を見てみよう(毛利 二〇〇一：一三九―一四五)。メキシコ向けの債務削減パッケージを見てみると、(1)元本を三五％削減し、メキシコ政府が新規発行する国債と交換、(2)金利を六・二五％に削減し、既存債権と同額の国債と交換、(3)融資残高の二五％に相当する額を新たに融資、という三つのオプションがあった。

これに対し、四〇〇を超える参加銀行の選択は、(1)が四割、(2)が五割、(3)が一割という結果であった。当時、先進国のあちこちでバブル経済が起こり、資産価格の上昇が見込まれていた。ほとんどの金融機関は、元本削減と金利減免、すなわち途上国融資からの撤退に傾きつつあった。

債務削減のために元本や金利を削減する際、旧債権と交換される新規国債の信用を高め、元利支払を担保するための補完策がとられた。その信用補完総額は七一・三億ドルにのぼったが、そのうち、IMF一七・三億ドル、世銀二〇・一億ドル、日本輸出入銀行が二〇・五億ドル、メキシコ政府の外貨取り崩し一三・四億ドルとされた。

以上の救済パッケージは、アメリカを中心とする金融機関の持つ債権を債券化し、その元利保証をIMFや世銀がおこなうことで、米系金融機関の貸し倒れのリスクを肩代わりしようとするものであった(井上 一九九〇)。にもかかわらず、アメリカ自身がその資金を直接拠出することはなく、二つの国際金融機関と日本で全体の約八割の資金を提供したのである。

興味深い事実がある。じつは、ブレイディ提案がなされる前段として、宮澤喜一蔵相が提案した「宮澤構想」というものが存在していた。

その内容は、(1)債務国がIMFの中期構造調整プログラムを受け入れる、(2)債務の一部を債券化し、債券化されない部分は債権銀行が利払いを五―一〇年間免除する、(3)債務国は外貨準備などを特別勘定に積み立て、債券化の元本保証や将来の元利返済に備える、(4)IMFが現在より長期の資金を供給する、というものだった。

当時の内海孚《まこと》大蔵省国際金融局長が回顧したように、ブレイディ提案は「何のことはない、非常に宮澤プランに近い」ものであった(財総研『昭和六一年~平成元年の国際金融局行政』)。アメリカは、日本に国際政治の主導権を握られることを警戒し、その提案を退けつつ、いくつかの点を微修正しながらブレイディ提案として公表したのである。

ブレイディ提案の発表を前に、アメリカ側の代表者が来日し、内容について詳細な検討をおこなった。この段階で、途上国への資金環流計画の一環として、日本輸出入銀行に一〇〇億ドルの融資がおこなえないかという打診がアメリカ政府からなされた。だが、日本政府は、宮澤構想で同行の融資の申し出に対して反対された経緯もあって、これを拒否した。

そこで示されたのが政治的な見返り、国際的な発言力の相対的な増大への手だてであった。当時、IMF第九次増資が問題となっていたが、日本はIMF内での発言権を確保すべく出資の増額を求めていた。これに対し、日本の政治力の増大を警戒したアメリカ議会やイギリスは、ことあるごとにその火消しに走り、増資の必要性のなさを訴えていた(一九八七年四月四日付、九月二六日付日本経済新聞)。

だが、ブレイディ提案のなかには「IMFの第九次増資は年末までにコンセンサスができることを希望する」との文言が盛り込まれることとなった。日米貿易摩擦解消のために三五〇億ドルの追加資金還流計画が提案されたアルシュ・サミットでも「我々は、国際通貨基金第九次増資の決議を本年末までに採択するために必要な作業を完了するとの決定を歓迎する」との文章がくわえられている。アメリカからの見返りは明白だった。

この結果、一九九二年に実施された第九次増資では、出資比率が上昇し、日本は先進国第二位の出資国という地位に躍り出た。ただし、重要事項への拒否権を持つ一五%の出資比率を確保しているのは依然としてアメリカのみであり、日本の発言力の増大は、あくまでも、アメリカにとって許容可能なものに過ぎなかった(一九八九年四月三日付日本経済新聞)。こうして、アメリカ政府は、巧みに日本政府から財源と合意を引き出しつつ、米系金融機関の救済スキームを整えていったのである。

連鎖する危機とＩＭＦ・世銀路線の破綻

再度確認しておけば、メキシコに端を発した中南米債務危機をきっかけとして、アメリカの債務削減戦略は、途上国の経済成長を促す方向へと重点を移していった。

そのプロセスでは、(1)ＩＭＦが債務削減の基本戦略を定め、債務国とコンディショナリティについて交渉する、(2)そのうえで、短期融資にあたるスタンドバイ協定や中・長期融資にあたる拡大信用供与措置などで対応する、(3)これを受けてリスケジュールや追加融資についての議論をおこなう、という手続きが確立していった。

重要なのは、以上のようにＩＭＦが途上国の成長重視へと大きく舵を切っていくなか、世銀もこれに足並みをそろえ、両者の間に協業体制が構築されていった点である。

本来、中・長期的な構造調整のための融資は、ＩＭＦの業務ではなく、世銀の業務であった。その意味で、一九七四年に中・長期的なニーズに応えるための拡大信用供与措置がＩＭＦに設定されたことは、世銀の業務とＩＭＦの業務が密接にかかわるようになったことを意味していた。

逆に、一九八〇年、世銀も構造調整融資を開始している。世銀は長期プロジェクト融資を基本としていたが、ＩＭＦの業務範囲に近い、輸入に必要な資金の融資もあわせて実行するようになったのである。構造調整融資の世銀融資に占める割合は八〇年代には二五％に達したが、融資の際、世銀もＩＭＦと同様のコンディショナリティを設定した点からも双方の接近が理解できる。

ＩＭＦと世銀が協業体制を整えるのと軌を一にするように、一九八〇年代末から九〇年代にかけて、ワシントンＤＣに拠点を置くＩＭＦ、世銀、アメリカ政府、民間シンクタンクの間で、債務削減戦略をめぐる一定の合意・ネットワークが形成されるようになった。Ｊ・ウィリアムソンはこれを「ワシントン・コンセンサス」と名づけた(Williamson 1994)。

ワシントン・コンセンサスは、財政規律の確保、保健・教育・インフラ等への優先的な資源配分、課税ベースの拡大と限界税率の引き下げ、金融の自由化、単一為替レートの設定、貿易の自由化、外国企業の参入障壁の撤廃、民営化、規制緩和、私的財産権の確保など、新自由主義的なフレームワークにもとづいた成長促進策から成り立っていた。

財政緊縮、市場原理、自由化、規制緩和が経済成長を生むという、新自由主義的、供給重視のロジックであり、これが、一九八〇年代に世界を席巻した、サプライサイドの経済政策を反映したものであった点は明白である。そして、このワシントン・コンセンサスを媒介として、アメリカのクリントン政権が日本に内政干渉をくわえたことは、第一章で論じられたとおりである。だが、ここでひとつの疑問が生じる。中南米諸国において、アメリカの国際戦略に対抗し、ワシントン・コンセンサスを覆すような政策選択はできなかったのだろうか。

すでに指摘したように、インフレ抑制のための緊縮財政と金利の引き上げは、マイナス成長と失業率の上昇をもたらした。くわえて、輸入原材料の減少や公共料金の引き上げが物価の抑制を妨げた。債務国のなかから強い反発が起きたであろうことは容易に想像がつく。

事実、IMF、世銀、自国政府への政治的反発は強まっていた。だが、ほとんどの国が軍事政権下にあった中南米では、反対派への弾圧はもちろん、時には暗殺や強制収容所への収容さえもが公然とおこなわれた。人びとの権力への抵抗はいつの時代も容易なことではない。

一方、一九八〇年代になると多くの国々で軍事政権は打倒され、民主化が実現した。しかし、それでもワシントン・コンセンサスへの反発には限界があった。

ひとつには、そもそも経済が停滞し、政治が不安定化するなかで、IMFや世銀の意向に逆らうことは自殺行為に等しかった。また、ソ連が崩壊し、東西冷戦体制が終焉を迎えたことで、ワシントン・コンセンサスに対峙しうるイデオロギー的な対抗軸を提示することも難しかった。

経済危機と冷戦の終結という状況のなかで、それ以前の従属理論や構造学派といったマルクス主義に基礎をもつ経済理論は、債務国のなかでも思想的敗北を余儀なくされた。健全なマクロ経済の理念から逸脱し、また、外国からの投資への敵対的態度を示すような経済政策を実行することは政府にとって不可能に近かったのである(Naim 2000: 511–512)。

これ以降、ワシントン・コンセンサスにささえられたグローバル化戦略、すなわち「グローバリズム」は、新興国における金融市場、エマージング・マーケットに自由化を迫るようになっていく。巨額の国際資本移動の只中にいたアメリカには、経常収支の赤字を上回るような資本流入が生じた。これらの資金は、アメリカ国内で急成長を遂げつつあったヘッジファンド等をてことして、エマージング・マーケットに還流するという国際的な資金循環を生み出した。

一九九〇年代をつうじて多くの途上国はバブルに沸いた。だが、同時に、実体経済の微妙な変化さえ市場は見逃してくれなくなった。貿易収支の悪化と外貨の減少によって、一気にヘッジファンドがバーツの売り浴びせをおこなって発生したアジア通貨危機はその典型である。こうして、為替の下落、これをきっかけとする短期資本の流出が、新興国経済を直撃する不安定な構造ができあがった。

途上国政府は為替の下落にドル売りで対抗した。だが、最終的に外貨準備が底をつき、為替の暴落、金融・資本市場の崩壊、インフレ・財政破綻の勃発という負の連鎖に見舞われた。

世界経済の不安定下のもと、一九九二年のポンド危機以降、通貨危機が相次いで勃発する。九四年にふたたび起きた中南米債務危機、九八年のロシア・ルーブル危機、九七―九八年のアジア通貨危機、九九年のブラジル・レアル危機と、世界中に金融危機が伝播していった。その過程では、アメリカの利害と密接にかかわる新自由主義的な経済改革プランが、各国に画一的に押しつけられた。

こうして、アメリカの世界戦略に対してグローバリズム批判が先進各国で強まるなか、世界経済は大きな転換点を迎えることとなる。

2 「大いなる安定」から「大いなる不安定」へ

大いなる安定という幻想

アメリカのグローバリズムが広がりを見せた理由を考えるとき、国際金融の不安定化とは反対に、世界的な経済の安定がアメリカの政策を正当化した事実を見逃すわけにはいかない。

世界経済において注目すべきだったのは、一九八〇年代の半ば以降、さまざまな経済活動においてその変動率がはっきりと低下するようになったことである。この事実は、J・ストックとM・ワトソンの研究によって「大いなる安定(The Great Moderation)」と名づけられた(Stock and Watson 2003)。ストックらによれば、一九八〇年代のアメリカでは、消費や投資、輸出入といったGDPを構成する指標、また、生産、雇用、物価、市場金利といった経済諸指標の変動率が大きく低下した。背景にあったのは、経済の構造的な変化、物価安定を重視した金融政策へのシフト、そして原材料価格の上昇というコストショックが発生しなかった幸運(good luck)であった。

こうした「大いなる安定」は、安定化の時期にこそズレはあるものの、日本も含めた先進各国で同様に観察された(Stock and Watson 2003, Summers 2005)。

だが、このような評価は幻想に過ぎなかった。というのも「大いなる安定」の道は「破局的な不安定」へとつながっていたからである。以下、国際的な資金循環と資産バブルの両面からこの問題について考えてみよう。

一九九〇年代の後半ころから、アメリカを中心に、イギリス、そしてギリシャ、イタリア、スペイン、ポルトガルからなる南欧諸国が大規模な経常収支の赤字に直面した。これらの資金不足をファイナンスしていたのは、日本、中国、そして石油産出国といった経常収支黒字国であった。この世界的な経常収支、資本収支の不均衡を「グローバル・インバランス」とよぶ。

当時、世界の経常収支赤字の八割を占めていたのはアメリカである。一九九〇年代の後半、アメリカでは長期の経済ブームであるニュー・エコノミーが終局にさしかかりつつあった。九八年のLTCM(Long-Term Capital Management)危機に対応した急激な利下げがITバブルを生み出し、ブームの延命を可能としたが、二〇〇一年第3四半期頃から経済の減速が明確になっていった。

連邦準備制度理事会(Federal Reserve Board: FRB)は、大恐慌期以来の大胆な利下げへと乗り出した。二〇〇四年の半ばまでこの緩和基調は継続されたが、そのプロセスで発生したのが住宅バブルである。アメリカ国内の不動産価格の上昇は、国際金融市場に滞留する資金を同国経済へと引き寄せる原動力となった。

FRBは二〇〇四年から〇六年にかけて金利を引上げていった。だが、興味深いことにアジアから流入していた資金は、米国債などの安全資産に向かった。アジア通貨危機の経験からリスク資産への投資が控えられたからである。そのため、FRBの利上げにもかかわらず、長期金利はほとんど上昇せず、住宅バブルが二〇〇六年ころまで継続する素地が準備されることとなった(ボワイエ 二〇一一:一五二―一五四、植田 二〇一〇:一六―一七)。

アメリカへの資金還流には日本の金融緩和政策もかかわっていた。

デフレ経済からの脱却をめざして、二〇〇一年に日本で量的緩和政策が開始され、国内では空前の低金利が実現していた。内外の投資家は、きわめて安価に円を調達することができたが、これをドルに転換し、アメリカでの投資に振り向ける「円キャリー取引」が〇四年頃から活発化し、アメリカへの資金環流を支えたのである。

じつは、住宅ローン証券化商品に代表されるような金融商品へと資金を振り向け、住宅バブルに直接関与していったのは欧州の金融機関であった。オイルマネーを国際的に仲介していた欧州、とりわけイギリスの金融機関は、高収益をめざしてアメリカのサブプライム関連の金融商品への投資を積極的におこなっていった。なお、この点は、次項で取りあげる。

また、欧州自身も、資産バブルに沸いていた(European Commission 2009: Chap.1)。欧州の金利は、アメリカよりも相対的に高かった。それゆえ、低いコストで資金を調達できるドルや円をユーロへと切り替えるキャリー取引がここでも活発化し、アメリカと同様、欧州の金融市場へも資金が流れ込んだのである。

二〇〇一年以降、ユーロの対ドル相場は上昇していった。ユーロ高は財の輸入価格を下落させたから、物価の上昇傾向が弱まり、アメリカと歩幅をあわせるように欧州でも金融緩和政策が取られていった。こうして欧州でも資産価格の上昇がもたらされていった。

資産バブルを原動力とするアメリカへの資金環流が続く一方、インフレの終焉ともいうべき状況が生み出されていた。中国を中心とする新興国、いわゆるＢＲＩＣｓでは、農村部の安い労働力を輸出セクターが吸い上げるかたちで製造業の生産を後押しした。その結果、安価な商品が先進国に流入し、世界的なデフレ現象が引き起こされた。このことはさらなる金融緩和をもたらした。

インフレなき経済にささえられた経済成長、すなわち「大いなる安定」の時代は、それじたいが金融緩和、そして資産バブルを継続させる基礎条件の一部を構成していたのである。

サブプライム問題はどのようにして起きたのか

物価と金利が安定するなかで成長を謳歌する「大いなる安定」の時代は、アメリカの双子の赤字が巨大化し、同国への資金環流が大きな課題となる時代と重なっていた。そして、国際的な資金偏在と途上国の安価な製品輸出に支えられ、大いなる安定は実現され、持続された。だが、資産バブルに支えられた経済は、大きな収縮のリスクを同時に抱え込んでいた。

アメリカの住宅バブルを考えるうえで、難解ではあるが、避けて通ることができないのが、一九七〇年代に始まった「証券化」問題である(ルービニほか 二〇一〇：第三章、祝迫 二〇一〇)。

一九七〇年代、政府抵当金庫(通称ジニーメイ)が複数の住宅ローン(モーゲージ・ローン)をまとめ、それらをプールし裏づけとすることで、最初の証券を発行したのがことの発端であった。

では、なぜこの証券化という手法は普及していったのだろうか。

住宅価格が上昇する局面を考えよう。住宅ローン会社や金融機関にしてみれば、組成したモーゲージ・ローンを証券化し、これを素早く売却することで、手数料収入を手にすることができる。しかも、ローンの返済を待つことなく、資金を前倒しで獲得することもできる。これらはさらなる住宅投資による収益追求を可能とする条件となる。

他方、証券を購入した者は、不動産の担保価値が増大していくから安心して投資ができるし、毎年、住宅所有者のローン返済を受け取ることができる。また、住宅の購入者も、住宅価格が値上がりすれば、価格上昇分を担保にして融資を受け、消費や資産の購入に資金を振り向けることができる。これはホーム・エクイティ・ローンと呼ばれる手法である。

こうして投資が投資を呼ぶ状態がうまれた。一九九〇年代から二〇〇〇年代にかけてこの証券化の手法は急速に拡大していった。金融機関は、住宅向けのモーゲージ・ローンのほか、商業用不動産のモーゲージ・ローン、クレジットカードや車のローン、時には学生ローンさえも証券化した。これらは資産担保証券(Asset Backed Security: ＡＢＳ)とよばれる。

もし、証券の買い手が、そのリスクを適切に評価できるのなら、何も問題ない。だが、金融機関は、証券化・売却ができれば、自分自身は債権が焦げつくリスクを回避できるから、リスクを監視するインセンティブをもたない。

次第に金融機関はローンの申請者に対する厳密な審査を行わなくなり、同時に、デフォルト率の高い、低所得層向けの住宅ローン貸付を急増させていった。これがサブプライム・ローンである。

サブプライム・ローンの多くは、住宅ローン担保証券(Residential Mortgage-Backed Securities: ＲＭＢＳ)というかたちで証券化された。ＲＭＢＳは、ＡＡＡ格のシニア、ＡＡ、Ａ、ＢＢＢ格のメザニン、ＢＢＢ格未満のエクイティという三つのクラス(トランシェ)に区分される。

そもそも低所得者向けのローンである。それでもＡＡＡ格のシニア・トランシェでＲＭＢＳが発行できたのは、損失が発生した場合の割当が最後とされたり、証券の額面以上の住宅ローンを担保としたりといった具合に、さまざまな信用補完がおこなわれたからであった。シニア・トランシェは全体の八割を占め、投資家の投資対象として高く評価された。

一方、メザニン・トランシェは、ABSと組み合わされることで再証券化され、債務担保証券(Collateralized Debt Obligation: CDO)として発行されていった。驚くべきことに、このCDOを、さらにトランシェに切り分け、新たなCDOとして発行する手法までが流行した。

サブプライム貸出市場では、二〇〇一年から〇六年にかけて、借り手の返済能力を保証する証拠書類のない貸付(Low or No Document)のシェアが二八・五%から五〇・八%へと急増していた。住宅市場はきわめてリスクの大きな、不安定な状況へと追いやられていたのであった(祝迫 二〇一〇:七一—七三)。

こうした住宅バブルが可能だったのは、金融派生商品の普及だけが理由ではない。その背後に存在していたのは多くの「モラル・ハザード」だった(ルービニほか 二〇一〇:第三章)。

結果的かつ形式的にいえば、ムーディーズやフィッチ、スタンダード&プアーズなどの格付機関がリスクを適切に評価し、危険な投資に警鐘をならすべきだった。だが、格付機関は証券の発行主体から報酬をもらっている。その発行主体は格付機関を選ぶことができるため、格付機関は、報酬を求めて高い格付をつけるという傾向があった。

また、金融機関の幹部やトレーダーの報酬には各年のボーナスが織り込まれた。とりわけ、基本給に対するボーナスの割合は巨額化しており、ゴールドマンサックスやリーマンなどの主要投資銀行のボーナス総額は、二〇〇五年の二五〇億ドルから〇七年の三八〇億ドルへと増大していた。

短期的に収益をあげれば、たとえ企業が倒産しようとも一生遊んで暮らせる報酬を得られるわけだ。彼らがリスクに鈍感になるのも無理はなかった。

「影の銀行システム(Shadow Banking System)」という問題もある。アメリカでは金融派生商品が次々と開発され、監督局の規制が後手にまわりがちであった。そのなかで、証券化のための運用会社や証券会社、ヘッジファンド、株式ファンドといった金融業は、規制の対象外とされつつも、銀行と同様、リスク資産に対して大規模な投資をおこなっていた。これら影の銀行が高い収益を求めて、リスクの高い投資を選好したのも自然なことだった。

だが、二〇〇六年に入ると、住宅価格の上昇にかげりがみえはじめ、サブプライム・ローンの延滞率も急上昇しはじめる。影の銀行は大手金融機関から調達する短期資金で投資をおこなっていたが、サブプライム・ローンの債務不履行が増大するにつれ、金融機関は一斉に融資を控えるようになっていった。

翌年三月末には五〇社を超えるノンバンクが破綻し、六月には大手投資銀行のベアー・スターンズ傘下のヘッジファンド二社が倒産する。さらに日本や欧州で利上げの機運が高まるなか、夏に入ると住宅価格の下落傾向が鮮明になってきた。こうして緊張度が極限まで高められた国際金融市場において、サブプライム問題が重大な懸念材料として浮上したのである。

欧州債務危機へ

サブプライム危機が発生する直前の時期、欧州の金融市場では、長期にわたって預金が急速に増大し、低いリスク・プレミアム、豊富な流動性、資産価格の上昇を享受していた。だが一方で、不動産バブルが発生し、短期借り・長期貸しとレバレッジ取引の膨張とによって、金融機関は資産市場の価格調整に敏感に反応する一種の「緊張状態」に陥っていた。

二〇〇七年の夏に住宅価格の下落がはじまったとき、金融機関は資金調達に苦しみ、短期の債務をどのように借換えていくかという問題に直面するようになっていた。

そのなかで事件は起きた。サブプライム・ローン関連の証券化商品の買い手がつかなかったことから、手許の資金不足に苦しんだフランスの最大手銀行BNPパリバが、投資家のファンド解約の要求を拒否するという事態が発生したのである。「パリバ・ショック」である。

欧州の金融市場に信用不安が急速に広がっていった。ただ、この段階では、依然として欧州の政策担当者は、一時的な流動性問題としてこの金融市場の不安定化を理解していた(European Commission 2009)。しかし、二〇〇八年三月にベアー・スターンズが、九月にリーマン・ブラザーズが破綻したことによって、彼らは認識を大きく修正しなければならなくなる。

とうとう「大いなる安定」の時代は崩壊した。

まず、株式市場でパニックが起こった。金融機関の資産価値は消失し、投資家はアメリカやドイツ、日本の発行する国債などのソブリン債へと資金をシフトさせた。

金融機関は信用の収縮を余儀なくされ、経済活動が急速に縮小し、貸付も控えられたことで、さらなる信用収縮が生み出された。資産価格の下落は世界中で雪だるま式に膨れあがり、貿易信用の縮小は、国際貿易を停滞させ、企業の収益を減少させた。

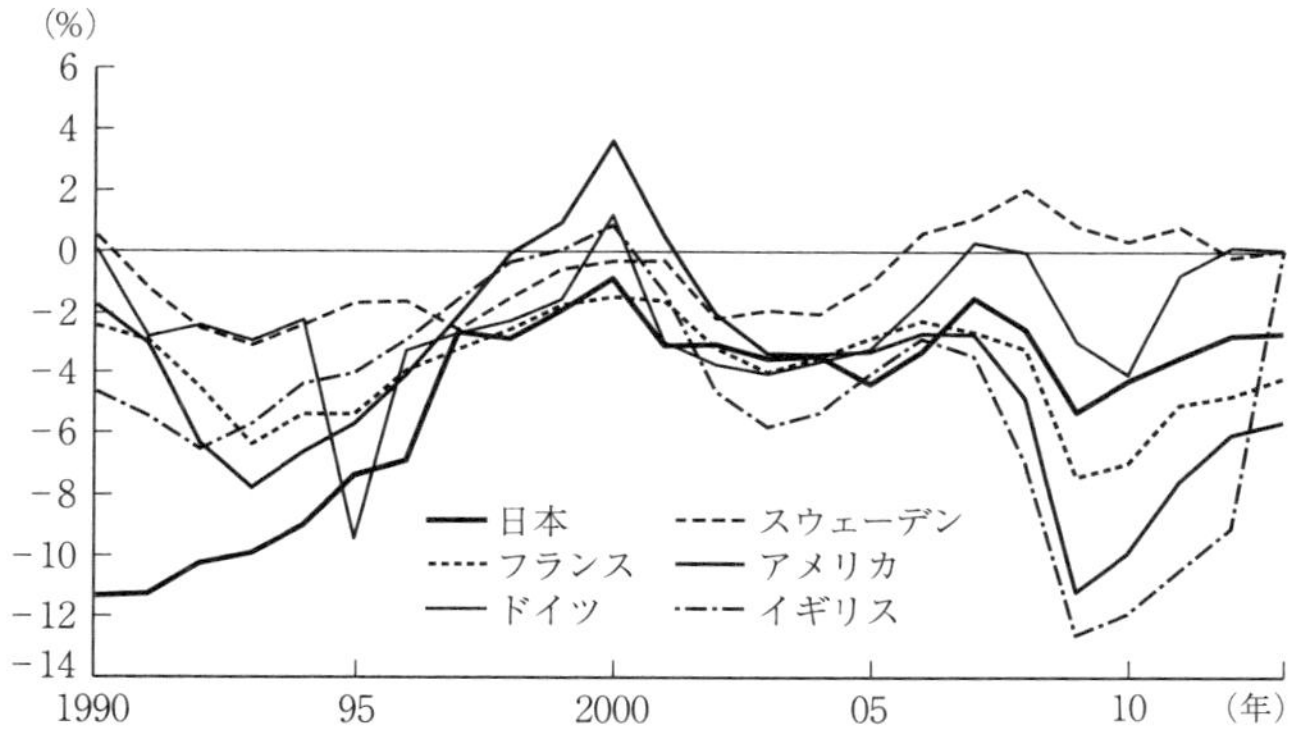

出所：OECD, *National Accounts at a Glance* より作成.

図 3-1　一般政府フローの財政収支(対 GDP 比)の動向

経済不安を解消すべく、先進各国は、それまでの緊縮的なスタンスを一変させ、大規模な景気刺激策に乗り出した。**図 3-1**をみれば一目で分かるように、二〇〇九年以降、各国の財政状況は明らかに悪化していった。

そしてこのプロセスでさらなる事件が起きた。ギリシャの粉飾会計問題である。

ギリシャでは、二〇〇九年一〇月の総選挙で、野党第一党であった全ギリシャ社会主義運動が勝利し、カラマンリス政権からパパンドレウ政権へと政権交代が起きた。〇六年のギリシャの財政赤字は対GDP比二・九%と公表され、のちに述べる「安定成長協定」で定められた対GDP比三%の枠内に収まっていた。だが、政権交代に際して前政権の粉飾行為が暴露され、統計が修正されてしまう。

政府債務残高は、安定成長協定で定められた対GDP比六〇%を大幅に超える九七%に達していることが明らかになった。二〇〇八年の財政赤字は、当初の対GDP比五・〇%から七・七%に修正され、二〇〇九年の財政赤字の見通しも三・七％から一二・五％と当初の三倍以上も引上げられた。

統計の信頼性に大きな疑義をもたれたギリシャのソブリン債は暴落し、格付も引下げられた。しかも、国債の発行時には高い金利を要求され、そのことが債務不履行のリスクを高めたから、ますます格付が引下げられるという悪循環が生み出された。

さらに問題だったのは、欧州に固有の通貨システムが危機を連鎖的に拡大させたことである。ユーロ圏外の通貨、たとえばイギリスのポンドについて考えよう。国債を売って得られたポンドはイギリス国内で再投資されるか、他国通貨に交換される。前者であれば、問題はないし、後者であれば、ポンドは下落し、イギリスの輸出を増大させ、景況も改善する。あるいは、イギリスは借金の返済のために自国通貨を発行することもできるし、中央銀行が自由に国債を買いささえることもできる。

一方、ユーロ圏では、国債を売って得られる資金は当然ユーロである。とりわけ、ギリシャのような債務危機が発生した場合、資金は他国の安全資産へと流出するから、為替の減価が生じないまま、国内のマネーサプライだけが減少する。また、ユーロの発行権は各国に委ねられていないし、欧州中央銀行の政策判断も各国の政治システムから独立している。国債の買いささえも簡単ではない。

ギリシャの債務危機は、財政状況を不安視された国ぐにから安全資産への資本逃避を招き、緊縮政策の実施とあいまって、債務国経済に深刻な停滞をもたらした。

不動産バブルの崩壊によって、民間金融機関のデフォルトリスクが高まったアイルランドでは、金融機関の救済コストが問題視された。また、長期の経済停滞から財政赤字の増大が予想され、政府・民間ともに借入を外資に依存してきたポルトガルでも国債価格が下落した。さらに、デフォルトの懸念は、公的債務の大きなイタリア、スペインへも波及した。

こうして欧州債務危機は偉大なる実験ともいうべきEUの将来に大きな影を落とすこととなる。この点は最後にもう一度立ち返ることとしよう。

グローバリズムの帰結

二〇一〇年五月、EUでは、欧州金融安定ファシリティが創設され、最大七五〇〇億ユーロの財政支援策が打ち出された。その後、IMFや世銀による融資、欧州安定メカニズムの合意等を経て、欧州債務危機はひとまず落ち着きをみせている。

だが本質的な意味で事態は改善していない。

まず、危機を起こした経済環境が変わっていない。第二章で論じたように、労働分配率が低下し、消費が伸びにくい経済の構図は同じままだ。それどころか、危機以降、非正規雇用化、失業の長期化が明確になっている。また、生産体制のグローバル化、新興国による低価格の製品輸出という状況も同じだ。さらに一時的現象ではあるが、景気の大幅な後退が消費を手控えさせ、貯蓄率を上昇させるという動きも起きている。ようするにデフレ・レジームからの脱却は不十分なままなのである。

また、リーマンショックからすでに六年以上がたっているが、どのタイミングで、どの程度の利上げに踏み切るか、各国の中央銀行は頭を悩ませている。この状況もまだしばらくは続く。

アメリカでは、FRBのJ・L・イエレン議長のもとで「出口戦略」が模索され、量的緩和政策からの離脱が決定された。

だが、量的緩和政策によって多額の国債買入れが進んだ結果、四兆ドルを超えるマネタリーベースが供給されている。急激な金融引き締めは債券市場に与える影響が大きい。国債償還資金の再投資の停止、小刻みな利上げが今後の課題だが、しばらくは相対的にみて低い金利が継続される。

先進国全体を見ても事情は似たり寄ったりである。各国で高齢化が進展し、消費需要が伸びにくくなっている。各国の金融当局が規制を強め、欧州を中心とする資産圧縮も進んでいる。中央銀行が大胆に金利を引上げるにはしばらく時間が必要である。

状況が変わらなければ、同じことが起きる可能性がある。実際、ふたたび活発な資本移動が生み出される危険性が指摘されている。アメリカでは低格付債市場の活況が取りざたされ、イエレン議長も二〇一四年六月の記者会見で「レバレッジローンや融資条件、高利回り債の信用スプレッドの縮小などを注視している」と発言し、注目を集めた。

構造的な問題もある。アメリカの利上げは同国への資金環流を再びうむ。これが経常収支の悪化を資本収支の黒字で補うようになった最近の一部中南米諸国やアジア新興国からの資金流出につながれば、国際金融市場はふたたび不安定化することとなる。

もう一点。金融危機を繰り返したにもかかわらず、IMFを中心とするアメリカの世界戦略の見直しが、遅々として進んでいない点も問題である。

アジアやロシアでの通貨危機の経験を受け、J・スティグリッツは、(1)IMFの本来の目的と照らし合わせれば、景気後退の恐怖におびえる国々に景気浮揚のための資金を融資すべきであり、(2)市場原理主義によりながら為替市場にだけは大規模な介入を繰り返し、(3)緊縮政策が輸入を減少させ、それが他国経済に波及する事実を無視していると批判した（スティグリッツ 二〇〇二：第八章）。

以上の批判のポイントは、ＩＭＦの救済措置が理論的な一貫性を欠いていた点にある。その背景としてスティグリッツは、ＩＭＦ幹部の多くが金融界の出身者であり、ＩＭＦを離れたあと大手金融機関にふたたび雇用されている事実に触れつつ、ＩＭＦの実態を「民間セクターの債権者のための政策を実施する機関」だと断じた。彼にいわせれば「投機家の略奪から、あるいは急に気持ちを変えた短期の貸し手や投資家の略奪から国を守る方法」こそがもっとも重要なのであった。

その後、リーマンショックや欧州債務危機を契機として、ＩＭＦの改革問題が人びとの耳目を集めた。論点は大きく分けると、⑴融資条件の見直し、財源の基盤強化、⑵監督機能の強化、⑶ガバナンス改革をつうじた途上国の発言権強化、に整理することができる。

二〇一〇年、ＩＭＦの最高意思決定機関である総務会において、各国の出資割当額とガバナンスにかんする抜本的改革パッケージが承認された。出資割当の総額は倍増し、新興国の議決権シェアを拡充する改革案であった。

ところが、自国の経済的利害と密接にかかわり、国際政治上の発言権を左右しかねないこの提案に対し、アメリカ政府は改革案の批准を拒んだ。

ＩＭＦ改革はアメリカを中心とする国際金融秩序の改革につながる。そのあゆみのおぼつかなさは、その他の先進国や新興国を苛立たせるに十分であった。二〇一四年四月に出された二〇カ国財務大臣・中央銀行総裁会議声明をみてみよう。その内容は衝撃的でさえある。

二〇一〇年改革の実施は、引き続き我々の最優先課題であり、我々は米国に、最も早い機会に、これらの改革を批准することを促す……もし二〇一〇年改革が本年末までに批准されなければ、我々はＩＭＦに対し、既存の作業を基に、次のステップについての選択肢を策定することを求め、ＩＭＦＣ〔国際通貨金融委員会〕と協働して、選択肢の議論のスケジュールを決める。

アメリカを中心とした世界経済の秩序は明らかに限界に差しかかろうとしている。

3　欧州型福祉国家の苦闘と挑戦

財政への機械的な歯止め

金融の自由化と資本移動の活発化、これらを推進しようとするグローバリズムは、結局のところ、基軸通貨ドルの信認を高めることに最大のねらいがあった。

だが同時に、グローバリズムは複雑な反作用も生みだした。欧州各国は、この国際的な経済変動に巻き込まれた一方、ドルとの緊張関係のもと、アメリカ中心の国際通貨体制に対する対抗軸をより強く意識しはじめたからである。

以上の核心が欧州の通貨統合であり、その帰結が「通貨高権」と「租税高権」の緊張をともなう反発である。本節ではこの問題に光をあて、欧州の通貨統合が各国の統治のあり方に与えた影響、すなわち欧州型福祉国家の変容について考えてみたい。

一九九九年にスタートした経済通貨統合(Economic and Monetary Union: EMU)では、EU加盟国のうち、デンマーク、スウェーデン、イギリスが新通貨ユーロを導入しなかった。そのため、ユーロ導入国から構成される欧州中央銀行(European Central Bank: ECB)、EU加盟の全中央銀行から構成される欧州中央銀行制度(European System of Central Banks: ESCB)、両者が併存するかたちで、欧州の新しい通貨システムはスタートした。

ECB、ESCBの第一の目的は、物価の安定である。この目的に反しないという限定のもとで、EUの金融政策の策定、外国為替操作、加盟国の外貨準備の保有・管理、決済システムの円滑な運営をおこなうことが許される。

物価の安定がなぜ重要だったのか。それは、一部の国においてインフレが起きると、これが新たに導入されたユーロの価値下落を生み、健全な経済運営を行っている国へとマイナスの影響が波及する可能性があったからである。

財政赤字の増大は、インフレをうながし、自国通貨の価格を下落させる。ゆえに超国家的な中央銀行が作られたことと同じ意味で、各国の財政政策に対しても規律を求める必要があった。こうして、一九九〇年代の欧州では、財政に対する規律づけが重要な政策課題として浮上した。その成果が九三年に発効した「マーストリヒト条約(Maastricht Treaty)」であり、九七年欧州理事会決議「安定成長協定(Stability and Growth Pact)」である。

マーストリヒト条約では、長期金利が、物価上昇率の加盟国中最低三カ国の平均値から二%以内であること、財政赤字の対GDP比を三%以内、政府債務残高の対GDP比を六〇%以内に抑制することなどを「経済収斂基準」として設定し、この基準を九七年までに達成することを通貨統合への参加条件として各国に課した(内閣府 二〇〇二)。

一方、通貨統合に参加した後の財政規律を示したのが「安定成長協定」である。協定では、マーストリヒト条約と同様、ユーロ導入国に財政赤字を対GDP比で三%以下、政府債務を対GDP比で六〇%以下に抑制するよう求めた。

この目標を実現するため、ユーロ加盟国には「財政安定計画」を、非加盟国にも「収斂計画」を閣僚理事会と欧州委員会に提出することを義務づけている。両者の中身はほとんど同じだが、中期財政目標、経済の見通し、目標達成のための具体的手段を記入しなければならない。閣僚理事会は、各国から提供された情報や欧州委員会からの報告を通じて、プログラムの実施状況を監視することとなっている。

財政状況が中期目標から著しく乖離していると理事会が判断した場合は、委員会の勧告をもとに、過剰な赤字を回避するための「早期警告」をおこなう。その後、財政赤字が一時的なものではないと欧州委員会が判断すれば、理事会に対して勧告を実施し、理事会がこれに同意した場合に、赤字是正の該当国に対して最長四カ月以内に有効な対策をとること、通常一年以内に赤字を是正することを勧告する。

以上の措置によっても該当国が有効な対策を施さない場合、理事会はその判断から一カ月以内に必要な措置を講じるよう「通告」をおこない、通告から二カ月以内に該当国への「制裁」を決定する。制裁が決定されると、欧州委員会に対して無利子預金の預託が義務づけられる。預託額は、GDPの

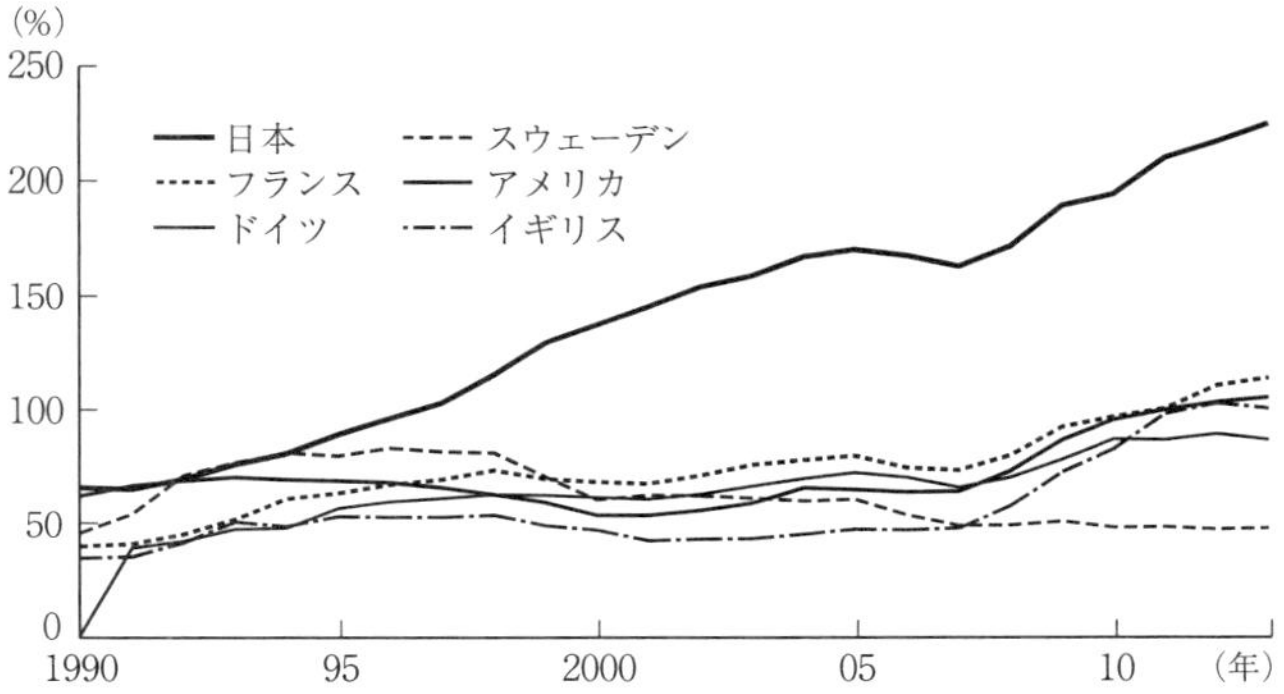

出所：OECD, "Economic Outlook No.95" より作成.

図 3‒2　先進国の政府債務(対 GDP 比)の動向

○・二％から○・五％の範囲で決定され、二年たっても過剰な赤字が是正されないとき、預託金はそのまま没収されることとなる。

スウェーデン——現物給付を守るために現金給付を削減する

このように、グローバリゼーションが進展するなかで成立へと足を踏みだしていった新通貨ユーロは、一九九〇年代、そして二〇〇〇年代以降も強力な財政規律を各国に課すこととなった。先進各国では社会保障を中心とする当然増経費が財政に強い膨張圧力をくわえていたが、欧州各国の政府債務は、**図3‒2**にあるように、おおよそ対ＧＤＰ比六〇％近辺に収斂していた。

興味深いのは、この間、日本では急激に政府債務が累増していた点である。

政府は一九九五年に財政危機宣言を出し、それ以降、財政規律強化の方向に政策の舵を切っていった。九七年に財政構造改革法が制定され、そのなかでは、ＥＵの財政基準をまねて、財政赤字を対ＧＤＰ比三％以下、政府債務の対

GDP比を六〇%以下に抑制することとされた。だが、早くも翌年には同法は凍結され、以後、政府債務は急増していくこととなるのである。

複数の国が参画する共通通貨を導入し、その価値維持に強い政治的プライオリティが置かれた欧州諸国と、それを表面的に模倣した日本との間に財政規律への緊張感の違いをみいだすことは容易い。だが、より強調しておきたいことは、財政の健全性だけではなく、財政の性格、その中身にも重要な違いが生まれた点である。

図3-3を見てみよう。これは一九八〇年と二〇一〇年の先進国における社会支出の推移を見たものである。いずれの国でも医療や育児・保育施設等のサービスからなる「現物給付」を増大させていることがわかる。

一方、年金、失業手当、児童手当などの「現金給付」を見てみると、欧州各国と比較して、日本の伸びが際だって大きいことに気づく。

このことは何を意味するのか。ここで、欧州型福祉国家の典型であるふたつのモデル、すなわち、北欧の普遍主義モデルの代表であるスウェーデン、大陸の保守主義モデルの代表であるドイツに注目してみよう。一九九〇年代からリーマン危機直前の時期にかけて、厳しい財政規律に置かれた欧州型福祉国家がどのような再編プロセスをたどったのか、確認するためである。

スウェーデンが高福祉高負担の典型国であることは周知の事実であろう。しかしながら、じつは、一九九〇年代をつうじてもっとも社会保障の削減に努めてきた国もほかならぬスウェーデンであった（岡本 二〇〇七、伊集ほか 二〇一三）。

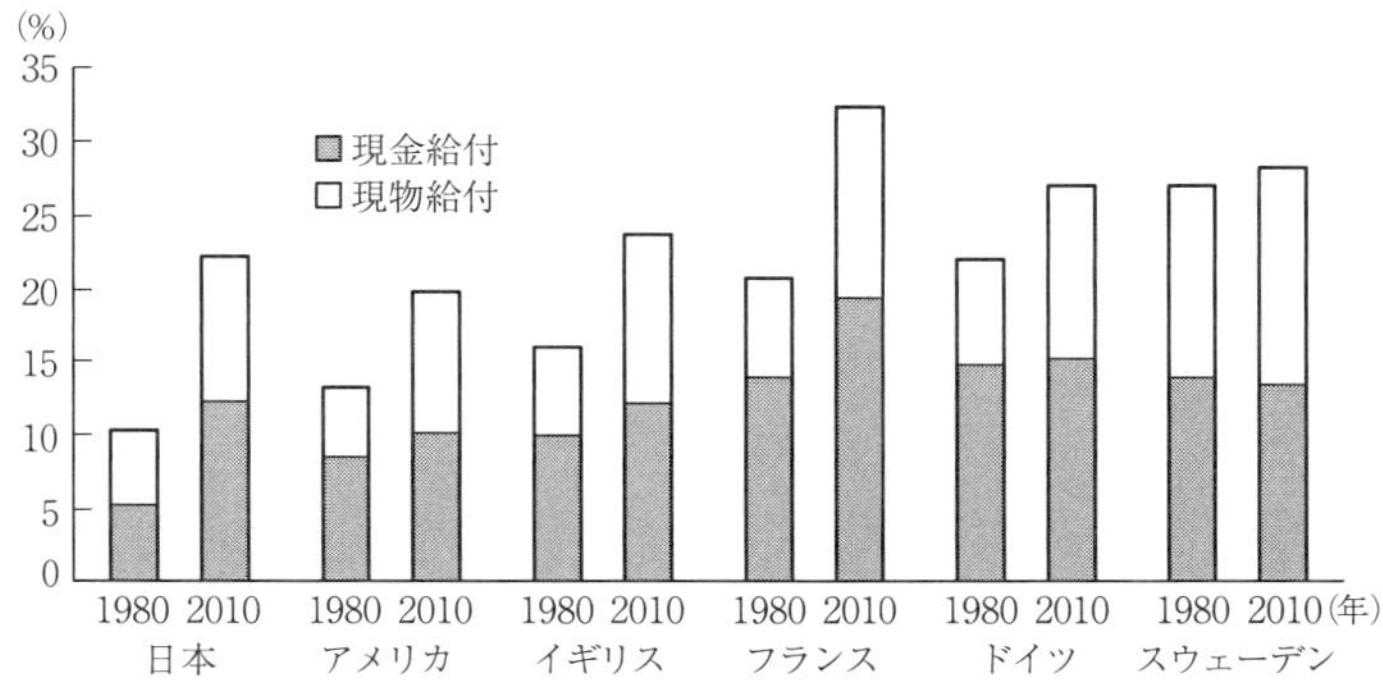

出所：OECD, *Social Expenditure Statistics* より作成.

図 3–3　先進国における現金給付と現物給付の動き(対 GDP 比)

スウェーデンでは、一九九〇年のバブル崩壊後、金融機関が巨額の不良債権を抱え込み、その経営破綻が深刻な問題となっていた。さらに、九二年秋には、ドイツの高金利を背景にマルク買いが進められ、スウェーデンは自国通貨防衛のため、九月に一時的に短期金利を五〇〇%にまで引上げなければならないという事態に直面した。

金融危機は当然のように経済状況を悪化させた。一九九〇年から九三年にかけて実質GDP伸び率は急速に低下し、とりわけ九一年以降は、三年連続でマイナス成長を記録した。失業率も、九〇年から九三年にかけて一・七%から八・二%へと増大し、債務残高の対GDP比も四二・七%から七三・七%へと急増した。

経済状況、財政状況の急速な悪化が進むなか、一九九四年九月に国政の総選挙が実施された。この選挙では、国民の関心が経済問題に集中し、どの政党の財政再建策がもっとも効果的であるかということがおもな争点となった。

財政再建が重視された背景にあったのは、マーストリヒト基準の問題である。スウェーデンは一九九五年にEUに加盟したものの、最終的に通貨統合には参加せずに現在にいたっている。

だが、当時は通貨統合への将来参加の可能性が模索されており、その資格を満たすために「経済収斂計画(Convergence Program)」が策定された。同計画では、一九九七年までに一般政府の財政赤字を対GDP比で三%以内に抑えること、九八年にはこれを解消することが盛り込まれた。

単独過半数にはおよばなかったが、勝利を収めたのは社民党であった。政権発足直後の一九九四年一一月に歳出削減と増税を組み合わせた財政再建策を発表し、そのなかで、(1)需要に悪影響をもたらさないよう一定期間をかけて政策を実施すること、(2)再分配の観点から高所得者層により大きな負担を求めること、(3)削減は、教育、医療、社会福祉等の現物給付より家計への現金給付を優先することの三つの原則が示された。

以上の方針を受け、一九九四年から九五年にかけて、さまざまな社会保障の削減策が打ち出された。主だったものとしては、在宅保育手当の廃止や児童手当の多子加算の縮小、年金給付額の引下げや物価スライドの抑制、失業手当や傷病手当の給付率の引下げなどがあげられる。

これらのうち、ここでは年金改革を取りあげてみよう(岩間 二〇〇四、厚生労働省 二〇〇二)。

年金改革をめぐっては、一九九一年に議論が開始され、法案が成立したのは九八年(実施は九九年)のことである。背景にあったのは、経済成長率の低下と高齢化による年金給付費の増大という他国と同様の問題だったが、足かけ八年もの年月を費やして大改革が実現されたことになる。

図3-4にあるように、従来の制度では、現役時代の所得とは関係なく保障される基礎年金と、所得に比例して年金額を増大させる所得比例の付加年金の二階建てが基本であり、これと所得比例年金

を受給できない人に対する補足年金とが組み合わされていた。

一九九九年改革では一階部分の基礎年金が廃止され、所得比例年金に一本化された。生涯所得と年金額の連動を強めることで、現役世代の労働意欲を刺激しつつ、他方で、最低保障年金を新設し、年金の受給権のない人への所得保障年金を税でまかなったのである。

被保険者の負担は最大一八・五%の社会保険料で固定されることとなった。これらは労使折半、すなわち半分を労働者が負担することとなっている。従来、一九・八六%であった保険料から比べると全体として負担は軽減されているが、旧制度の負担のうち一八・八六%は企業側の負担であった。その意味で、労働者の保険料負担を引上げる一方、税を用いて低所得層向けの所得保障年金を拡充させたことになる。

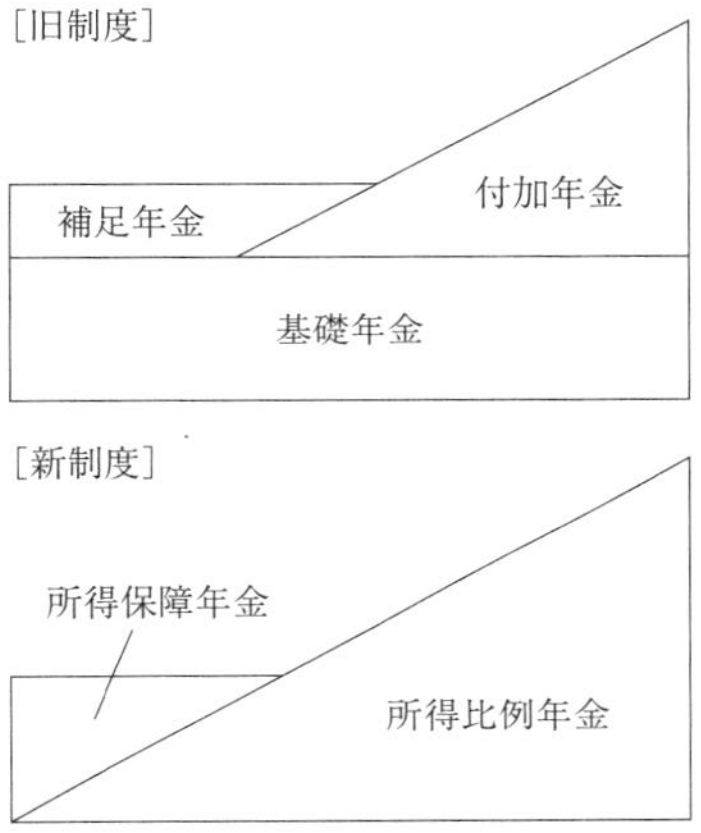

図 3-4　スウェーデンの年金制度改革

また、旧制度における基礎年金部分の保険料五・八六%は、すべて企業側の負担であった。したがって、働くことさえできれば、基礎年金は誰もがもらえたわけである。だが、新制度では、働くことができず、生活保護の受給者とならざるをえない人びとにも年金の受給権を与えた。この点こそが画期的だったのであり、税を財源とする最低保障年金の革新性をみてとることができる。

この「所得がない状態」というのは、貧しいだけではなく、乳幼児を養育する者、軍隊に服務する者、奨学金を得て勉学する学生といったさまざまな状況がありうる。これらの人びとに対しても一定の名目上の所得を設定し、年金権を付与することとされたのである。

他方、財源面からみれば、この改革では、物価上昇スライドから名目賃金スライドへの変更がおこなわれ、出生率低下による被保険者数の減少、積立金の運用収益の減少等により年金財政が悪化した場合に、国会の議を経ずに給付を調整できる財政均衡メカニズムが導入された。痛みと喜びを分かち合う改革だと評価できるだろう。

きわめて大胆かつ包括的な改革の結果、年金や家族給付を中心とする現金給付の対GDP比は、一九九〇年の一六・一％から九三年にかけて一八・七％へと増大したあと、GDPの伸びもあって減少傾向に転じ、リーマン危機以前の二〇〇七年には、一二・八％にまで低下した。OECD加盟国全体の平均値が一一・一％から一〇・九％へと微減したことと比べて、いかに大胆な歳出抑制が図られたかを知ることができる。

一方、現物給付の対GDP比を見ておくと、同じ時期に一二・五％から一三・五％へと増大している。OECD全体が六・〇％から七・九％へと推移したことと比べれば控えめな増大というべきである。だが、依然としてきわめて充実した社会保障水準にあることは間違いないし、経済危機に直面するなかで大胆に社会保障の削減を実施しつつ、現物給付については拡充を試みた点は注目に値する。(3)

ドイツ――ビスマルク型社会保障からの脱却への模索

欧州諸国でもっとも劇的な社会変動を経験したのはドイツだろう。

ドイツの場合、再統一による旧東ドイツ支援のための財政コストが心配されただけではなく、欧州各国のなかでも際だっていた女性の労働参加率の上昇と高齢化が財政に不断の膨張圧力をくわえていた。[4] マーストリヒト基準をクリアするために財政支出をコントロールすることが求められた一方、新たな財政ニーズへの対応が求められるという難しい状況にドイツは置かれていたのである。

新たなセイフティネットの形成という観点からみて印象的なのは年金改革である。

ドイツでは一九七二年に給付水準を引上げる改革が実施された。だが、八〇年代に進展した高齢化と失業率の増大を受けて、大きく給付水準抑制の方向へと舵が切られ、九二年の歴史的な年金改革(可決は八九年)に続き、九六年、九九年、二〇〇一年と立て続けに制度改正が行われた。

この過程で問題となったのは、ビスマルク型として知られ、「社会保険国家」とも呼ばれるドイツの社会保障のあり方であった。

ビスマルク型公的年金制度では、所得に応じて社会保険料の負担が決まり、所得に比例して給付が決定される。いわゆる賃金代替型の所得比例年金である。一九八〇年の時点で、ドイツの年金は、給付の対GDP比という意味では先進国最高の水準にあった。だが、退職後の確かな生活保障が高齢化や早期退職をうながし、受給者のニーズを強めた一方、八〇年代には経済が停滞し、就労を前提とした社会保険料負担が大きな社会問題となりつつあった。

また、ビスマルク型公的年金制度では、現役時の賃金が退職後の生活水準を決定づける。現役世代の不平等が老後にも持ち越されたわけだが、これにくわえて、女性の高学歴化による社会進出が進むなか、フルタイム労働につけない女性の所得保障も無視できない問題となってきた。さらに、女性の就労は、家族機能の縮小や晩婚化・少子化と結びつき、現役世代の社会保険料負担を深刻化させると考えられた。

このように、一九九二年改革にいたる過程は、まさに伝統的なドイツの生活保障の前提にあった社会経済的な諸要因が動揺をはじめた時期であり、また、新たな生活保障への模索がはじまる時期と重なっていた。

一九八〇年代のドイツでは、彼らの社会的価値、社会保障の理念を根底から覆すような提案が次々に発表された。とりわけ、あらゆる生活状況において、生存が市民権として実質的に保障されるよう、所得審査を課さず、保険料の拠出も前提としない、あらゆる人を受給者とする「普遍主義」にもとづく「基本保障構想」が多くの論者によって取りあげられた点は注目に値する(小野 一九九六)。

結果的には、一九九二年改革で基本保障という提案がそのまま実現されたわけではなかった。

だが、一方では、給付開始年齢の引上げ、賃金スライドから可処分所得スライドへの変更[5]などの改正によって、世代間の連帯強化を図りながら給付の引下げがおこなわれ、他方で、保険料負担のない期間、たとえば介護期間を保険料拠出期間として新たに認め、育児期間も従前より拡充して認められるという女性の就労を念頭に置いた改正がこの改革で実現された。

一九九二年改革以降も、年金改革をめぐる議論のなかで、子育て世帯の年金拠出を軽減させる案、あるいはこれに反対して子育て支援を税財源で充実させようとする案などが矢継ぎ早に提案された。一九九九年改革、二〇〇一年改革では年金における子育て支援措置が拡充され、特に〇一年改革では、年金が低額であるものなどに税財源で給付を行う「基礎保障」も導入された（小椰 二〇〇六、岩間 二〇〇四）。

このようにドイツでは、高齢化を背景とする世代間連帯の強化と女性の就労を側面からささえるための制度改正が実施された。ただ、話を複雑にしたのは、グローバリゼーションと通貨統合の圧力のもと、新自由主義的な改革路線をつうじて社会保障が抑制されるなかで、新たな生活保障の方向性が議論されねばならなかったことである。

改革の結果、年金の給付水準は、かなり抑制された。リーマンショック直前の二〇〇七年でみれば、フランスやイタリアの後塵を拝し、日本とそれほど変わらない地位にまで年金の対ＧＤＰ比を落としている。

だが、そのなかにあって、女性の就労や高齢化という社会変動に対する改革が次々と打ち出された点は正しく評価されねばならない。とりわけ、これらの社会変動は現物給付の改革に反映された。それがもっとも明確にあらわれたのが医療保険制度改革である。

医療制度に関しては、一九八九年改革以降、患者負担の引上げや総枠抑制制度の導入など、大きな改革が続けて実施されている。

元来、公的医療は、地域企業や同業者が主体となり、九〇年代初頭に一二〇〇以上も存在した疾病金庫によって運営されていた。だが、これらの改革をつうじて、疾病金庫間の経営効率性をめぐる競争がうながされ、疾病金庫間の財政調整、税財源の投入、そして疾病金庫への統一的保険料率の適用等の改正が次々とおこなわれていったのである。

この改革の評価は二分している(倉田 二〇〇九、土田 二〇一一)。疾病金庫間の競争を強調し、自己責任が突出しているとみる議論がある一方、金庫内から国民全体へと連帯の単位が拡張されたと好意的にみる向きもある。

確かに厳しい財政制約のなかで競争原理が導入されたことは事実である。また、すでに指摘したように、ドイツでは雇用の非正規化が大胆に進められた点も見逃せない。

だが、これらを認めてもなお、ビスマルク型の社会保険方式の根底がゆらぎ、保険料の払えるものだけが救われる社会保険方式から、すべての人を受給者とする税方式への移行という意味で、普遍主義的な政策の方向性が示されたことは間違いない。

たとえば、ハルツⅣ改革の名称で知られる労働市場改革では、州・地方政府の財政負担を連邦に集中させながら、税を財源とする大胆な失業者対策が打ちだされた。育児・保育や養老・介護のサービスに関しても同様である。一九九一年には、三歳以上の就学前幼児が保育施設に通う権利が保障され、各州に保育施設の整備が義務づけられ、九一年、九六年には児童手当の拡充が、九四年には介護保険の導入がそれぞれ実現している(魚住 二〇〇七、福田 二〇一三)。

スウェーデンとドイツの税制改正

以上のように、北欧型普遍主義モデルとして知られるスウェーデン、大陸型保守主義モデルとして知られるドイツ、いずれにおいても、グローバリゼーションの圧力を受け、財政規律の強化が鋭く要求されるなかで、現金給付から現物給付へとセイフティネットの張替えがおこなわれていった。

公的部門の機能再編という観点からみて重要なのは、これらの改革の結果、財政をつうじた所得再分配機能がどのように変化したのかという点であろう。再分配の問題を考える場合、社会保障をつうじた格差是正効果とともに考えておくべきなのは、税をつうじた格差是正効果である。税に関してはスウェーデンとドイツとでは対照的な制度改正をおこなっている。

スウェーデンの一九九〇年代の税制改正は目を見張るものがある。「世紀の税制改革」と謳われた九一年改革では二元的所得税が導入された。これは、勤労所得と利子や配当からなる資本所得の分離を図ったうえで、前者に累進税率、後者に前者の最低税率を適用しつつ、資本所得税率と法人税率を等しくするというものである。これらは、勤労所得に再分配と財源調達を、資本所得に中立性と実効性をそれぞれ割り当てるという発想にもとづいている。

この二元的所得税の導入とあわせ、国の所得税率を五―四二%の四段階から二〇%に一本化して引下げる(6)、付加価値税の税率を引上げる、二酸化炭素税、硫黄税からなる環境税を導入するといった具合に、大胆きわまりない税制改正がパッケージとして実施された。

一目で分かるように、スウェーデンでは、所得税の累進性を緩和しつつ、株式の配当や利子といった資本所得への税を軽課し、さらには逆進性の強い付加価値税の増税、環境税の導入をおこなったわけであるから、税をつうじた再分配効果が減退することは当然である。しかも、富裕層への象徴的な課税である相続税と富裕税がそれぞれ二〇〇四年、〇七年に廃止されている。

ただし、注意すべきは、これらの事実がスウェーデンの福祉国家の衰退を意味するわけではないことである。

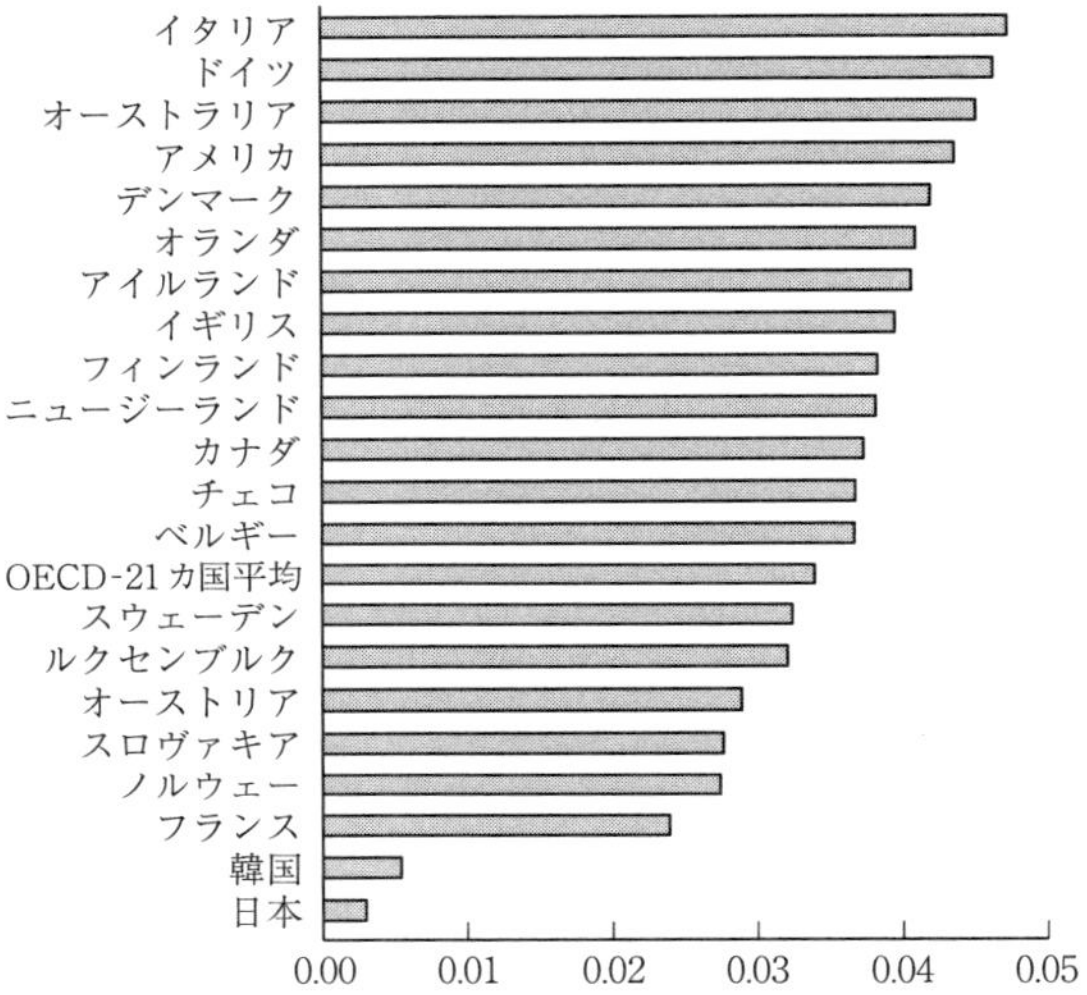

出所：OECD, *Growing Uneqaul?* より作成.
注：所得の不平等改善度の定義については出所文献の p.112 を参照.

図 3–5　税を通じた不平等の改善度

確かに全体としてみれば、一九九〇年代をつうじてスウェーデンではジニ係数や貧困率が悪化した(OECD 2008, Palme 2006)。しかも、**図3–5**に示されるように、税による再分配効果はOECDの平均値さえ下回っており、そのことが格差の拡大に少なからず寄与していることも事実である。

だが、税とは反対に、給付による再分配機能はむしろ強化された(松田 二〇〇八、OECD 2008)。実際**図3–6**に示されているように、スウェーデンの財政は給付面で依然として強力な再分配効果を保持していることがわかる。財政の健全化、政府機能の縮小によって格差の拡大が予想されるなか、税と社会保障を組み合わせながら、全体としての再分配機能を維持するための懸命の努力がおこなわれているのである。

一方、ドイツの税制改正の焦点は付加価値税の増大と企業負担の軽減にあった。

ドイツでは一九六八年の付加価値税の導入以来、税制改正のたびに一%ずつ小刻みに増税が実施されてきた。九〇年代も同様で、九三年、九八年にそれぞれ税率が一%ずつあげられている。ちなみに、前者は最低税率を一五%でそろえることを求めるECの第六次修正指令を受けたものであり、後者は公的年金に対する連邦補助金の財源とされた。

以上との関連から注目されるのは、二〇〇七年に失業保険料を引き下げ、財政収支を改善させるため、付加価値税率を一六%から一九%へと三%引き上げる大規模な改正がおこなわれた点である。三%の増税のうち、一%が失業保険料率を六・五%から四・五%へと引き下げるために用いられ、残りが財政再建のために充てられることとなった(鎌倉 二〇〇八)。

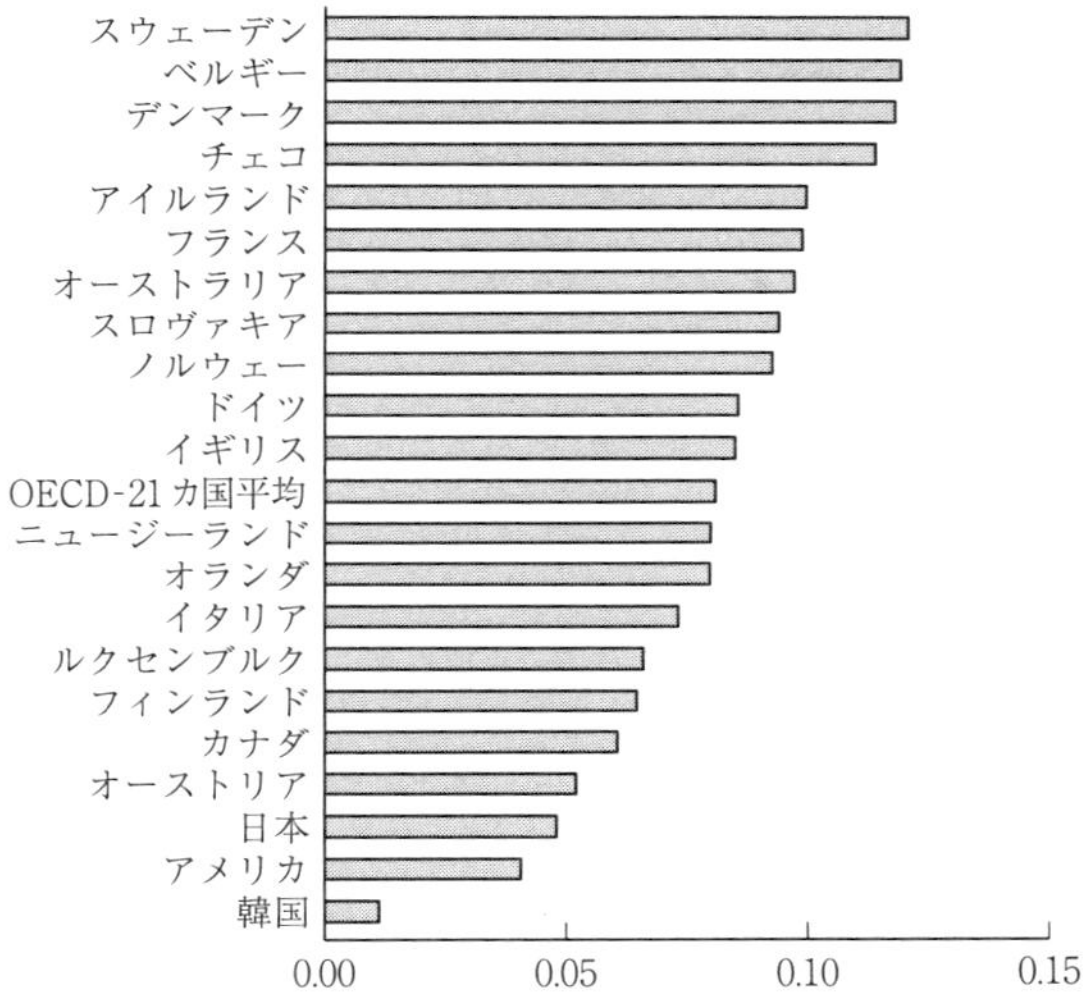

出所：同前.

図 3-6 給付を通じた不平等の改善度

一方、法人税はかなり思い切った改革が実施された。一九九〇年代をつうじて二度の税率引き下げが実施されているが、衝撃的だったのは、二〇〇一年改革によって、五二%から三八%へと大幅な税率の引き下げがおこなわれたことである。この結果、ドイツ法人所得課税の対GDP比を見てみると、ＯＥＣＤの最低水準にまでこの数値が低下することとなった。

このようにドイツでは企業負担を劇的に軽減させせつつ、付加価値税を増大させることで、薄く広く人びとの負担水準を引き上げていくという選択が取られた。さらにいえば一九九九年から二〇〇三年にかけて、連続的に環境税制改革がおこなわれてきたから、税の逆進性はさらに強められた。

だが、ここで注意しておきたいのは、所得税の動向である。

ドイツは、イギリスとならんで、欧州各国のなかでも累進性の強い所得税制を採用してきた(関野二〇一四：一四―一五)。二〇〇〇年の所得税減税によって、富裕層の税負担が軽減されたが、二〇〇五年選挙では、所得税の最高税率の引上げが争点化した。最終的に、付加価値税が引上げられた〇七年改革において、所得税の最高税率は三％引上げられている。付加価値税の逆進性問題に対して、所得税による富裕層への課税強化でその不満を解消するという措置がとられたわけである。

ドイツにかんして、全体的な税による再分配機能は、どのような水準にあるのだろうか。**図3－5**によれば、先進国のなかで税による再分配効果がもっとも強いのはイタリアであり、これにドイツが続いている。企業負担の軽減、付加価値税のウェイトの増大という大きな流れの一方で、税による再分配効果が依然として維持されている点は強調に値する。

最後に総合的な評価をおこなっておきたい。主要先進国どうしの比較をおこなうと、スウェーデンとドイツ、双方が依然として強い再分配効果を保つことに成功している。社会保障の縮減にもがき苦しみながらも、税と支出を有機的に結びつけ、全体としての再分配機能を維持したのである。

ＯＥＣＤの*Social and Welfare Statistics*を用いて、政府による所得再分配前と再分配後の所得不平等の改善率をみてみよう。すると、データのばらつきから二〇〇五年前後の比較となるが、主要先進国のなかで、スウェーデンとドイツの財政は他のOECD諸国を大きく上回る強力な再分配機能を持っていることを知ることができる。とりわけ日本やアメリカとの違いは際立っている。

全体として欧州各国において貧困率が上昇し、ジニ係数が悪化しつつある点は、序章でも指摘した通りである。だが、財政規律の強化というグローバリゼーションがもたらした制約のもと、税と社会保障のバランスを変化させ、セイフティネットを巧みに張り替えながら、生活保障機能の維持が試みられたのである。この点は終章において日本との比較を念頭にふたたび議論したい。

欧州債務危機後の欧州政治の不安定化

グローバリゼーションの嵐のなかで欧州諸国は公共部門の再構築に果敢に取り組んだ。だが、同時に、欧州債務危機は欧州の秩序を動揺させ、ドイツとその他の欧州各国の緊張関係を生み出した。

一九九九年のユーロ導入は、長期の経済停滞に苦しんでいたドイツにとって、まさに福音だった。ユーロの導入は、マルク時代とくらべ、為替相場が下落することを意味していた。また、景気が好転すると普通は為替レートが高くなり輸出が抑制されるが、ユーロの場合は、加盟国全体の景気が反映されるため、必ずしもドイツの為替高・輸出減に結びつかなかった。

生産体制のグローバル化、労働コストの引下げにくわえ、ユーロの導入によって、輸出を伸長させる格好の条件が整った。国際収支統計をみればわかるように、ドイツ経済の一人勝ちは誰の目にも明らかであった。二〇〇二年を画期としてドイツは経常収支を急激に黒字化させ、同時に、輸出依存度も劇的なほどに上昇していった。

最終的に、ドイツ一国の経常収支の黒字額は、ＥＵ全体の経常収支の黒字額をはるかに上回るほどに大きくなった。欧州の病人とまでいわれたドイツの経済の復活の理由、それはユーロの導入と密接に関わっていた(内閣府 二〇一一Ｂ)。日本では、法人減税を推進する文脈のなかで、法人税率を引下げたことがドイツ復活の原因だとしばしば主張される。だがそれはまったく表面的な理解である。

問題はドイツの幸福がＥＵの幸福と調和するとは限らないことである。実際、ギリシャの救済をめぐって、最大の負担者となるドイツ国民からギリシャの財政再建努力の生温《なまぬる》さに厳しい批判が寄せられた一方、周辺諸国では、ナチス時代の第三帝国に続く「第四帝国」(*Daily Mail*: August 17, 2011)の台頭さえ騒がれるようになった。とりわけ、二〇一二年一〇月にドイツのＡ・メルケル首相が各国の予算に介入する権限をＥＵに付与すべきだと発言したことから、事態は、混迷を極めた。

「誰が、信頼でき、傲慢で、哀れみ深いのか?」と尋ねたピュー研究所の調査がある。その中で多くの国から信頼を勝ちとりながら、もっとも尊大で、哀れみに欠ける国家だと認識されているのがドイツであること、そして、そのなかで唯一信頼できる国家と認めなかったのがギリシャであることは、ＥＵの最近の雰囲気を良く伝えてくれる。

以上の人びとの印象は、二つの大戦をつうじてドイツが抱えた「負の遺産」を背景とするものかもしれない。だが国と国との連帯の難しさが財政問題をつうじて浮かびあがっているという現実は、私たちに大きな示唆を与えてくれる。

財政社会学者Ｇ・シュメルダースによれば、通貨の発行権である通貨高権と、税の徴収権である租税高権から財政は成り立っている（シュメルダース 一九五七）。
ＥＣＢの成立に示されたように、ＥＵ諸国は通貨高権を手放すという歴史的な決断をした。だが、国民国家の経済の根幹にある租税高権にかんしては、税率の調整等が論じられることはあるものの、いまだに各国に留め置かれたままである。

ここに欧州統合の難しさが凝縮されている。通常、租税高権によって徴収された税は、議会をとおしてその国の人びとの生存・生活のために用いられる。それゆえ、納税、そして税を用いた分配は、人間の連帯や何らかの同質性を基礎として成り立っているはずである。

人間と人間の連帯や同質性を財政的にあらわしたもののひとつが「財政調整」である。

ここにひとつの国民国家があるとしよう。そこで、同じ国民としての同胞意識が成立していれば、ある地域からあがる税収が他の地域のために使用されること、すなわち財政力を調整することは基本的には受け入れられるであろう。だが、この意識が成立しなければ、財政調整は受け入れられない。

ギリシャ問題の本質は、ドイツであがった税収が他の国ぐにの救済、ときには、怠惰で自堕落と考えられる国ぐにの救済に用いられることに対する徹底的な反発だということである。連帯のないところでは租税高権を用いて財政力を調整することはできないのである。

現実の数字をみてみると、欧州各国間の連帯の難しさは明確になる。ＥＵ予算のなかで財政調整の役割を担うのは、構造基金および結束基金である。両者はＥＵ予算の約三五％を占めており、二〇〇七―二〇一三年予算では三〇七六億ユーロという規模で予算が計上された。

近年、ＥＵの財政調整機能は強化されつつある。だが、年平均の額、四四〇億ユーロを円に換算すれば約六・二兆円であり、これは日本の地方交付税の四割程度に過ぎない。日本の財政調整の四割の額で、日本の四倍を超える人口の経済力格差を、しかも国家間の所得格差がきわめて大きいなかでこれを是正することができるとは思えない。

国どうしの連帯が十分に成立していないことは、この財政調整制度の不十分さに端的にあらわれている。そして、この連帯の困難さ、租税高権を手放せない国民国家の限界こそが、ギリシャをはじめとする債務国の財政危機、欧州内の対立として、顕在化したのである。

アメリカのグローバリズムは国際秩序に大きな変動をもたらした。そして、ドイツとその他の国ぐにの間で激しい政治対立が生み出された。これらは、EUが経済的、政治的統合を一歩ずつ進める現実の一方で、社会と社会を結合するには多大な努力を必要とすることを示している。

同時に明らかになったことは、グローバリゼーションは、豊かな人びととそうでない人びと、ある地域と他の地域、ある国とほかの国、それぞれの「本質的な関係のありよう」を私たちに問いかけているということ、そしてその重要な一面が財政という公的な制度をつうじて詳《つまび》らかになっているということである。財政をつうじた社会の連帯。次章では、グローバリゼーションの対極にある地方自治体に焦点を合わせ、この問題を検討することとしよう。

第四章　なぜ財政危機が問題なのか？

この章で考えたいのは、人間と人間のつながり、すなわち「社会」が成立するための経済的条件である。この問いに接近するために、本章では地方自治体の破綻問題を取りあげる。

グローバリゼーションが政府を骨抜きにし、公共領域への侵食を進め、生活の経済的基礎を掘り崩すなか、地域共同体は、身近な人びとどうしのつながりを土台とした最後の社会防衛の空間となっている。それゆえ、地方自治体が破綻することは、学校、警察、消防、上下水道、ゴミ処理、公共交通機関、私たちが日常的に享受しているおびただしい数の公共サービスが提供されなくなることと同時に、経済の容赦ない膨張に対して、私たちが安心して生きていく場所を失うことをも意味する。

地方自治体の破綻は生活の破綻と直結している。だからだろう、厳しい財政状況に苦しむ私たちは、デトロイト市のような財政破綻の問題が浮上すると、ことあるごとに「日本の地方自治体が危ない」と騒ぎたてる。

だが日本とデトロイト市との単純なアナロジーに意味はない。自治体の財政が危機的状況に陥るとき、それはムダな支出があるのかないのか、債務の支払いが可能か否かという、いわば小手先の問題を大きく超える難問が横たわっている。それは欧州債務危機でも鋭くあらわれた「連帯の危機」という問題である。この章では、経済膨張が押し進める社会の解体という観点からもっとも重要な問題、連帯の危機について、地方財政と財政調整をキーワードに考えていく。

1 デトロイトの財政はなぜ破綻したのか(1)

デトロイト破綻への道のり

二〇一三年七月一八日、デトロイト市(以下、デトロイト)が米国連邦破産法第九章の適用を連邦裁判所に申請した。事実上の「財政破綻」である。私たちは、幼い頃から自動車産業の世界的拠点として、デトロイトの名を記憶に刻んできた。その大都市が破綻したわけである。アメリカの財政破綻史上、最大規模のできごとであり、この知らせはまたたく間に世界を駆け巡った。

二〇一二年四月五日、長期的な社会と経済の停滞を背景に、市議会、デトロイト市長、ミシガン州知事らが「財政安定合意(Financial Stability Agreement)」に署名した。

この合意は、州が地方政府の財政状況を監視するために設けられた「地方政府財政責任法(Local Government Fiscal Responsibility Act: 以下、責任法)」にもとづいている。地方政府が危機的な財政状況に直面した際、州が技術面、運営面での支援をおこないつつ、監督を強めることができる旨、この法は定めている。(2)責任法の規定により、地方政府の財政監督、助言をおこなう組織として「財政諮問委員会(Financial Advisory Board)」が設置されたあと、二〇一二年一二月、ミシガン州知事のR・スナイダーは、州のフィナンシャル・レビュー・チームを設けることを決定した。

このチームの役割は何だろうか。州は、地方政府の財政破綻申請を連邦裁判所におこなうかどうかを判断する「緊急財政管理官(Emergency Financial Manager)」を任命できる。管理官は、これとあわせて州の財務省に設置される委員会の承認を経て、連邦裁判所へ財政破綻を申請する。フィナンシャル・レビュー・チームは、この緊急財政管理官の必要の有無を判断するために、当該地方政府の財政状況を調査するために設置される。

二〇一三年二月、スナイダーは、デトロイトが解決不可能な危機的財政状況にあるとのフィナンシャル・レビュー・チームの報告を受け、三月、財政非常事態宣言をだした。同月、緊急財政管理官としてK・オーアを指名し、五月一二日、オーアは「財務および経営計画(Financial and Operating Plan)」を提出した。この計画書によって、デトロイトの深刻な財政状況が明らかにされ、同市が収入以上に支出していること、キャッシュフロー基準で考えれば、明らかに支払い不能状態にあることが断定された。

デトロイトでは、二〇〇八年度から一二年度にかけて、借金で穴埋めのできなかった決算上の財政赤字を示す歳出超過額が平均一億ドルに達していた。長期債の発行額も〇八年度の七五〇〇万ドルから、一〇年度に二億五〇〇〇万ドル、一三年度に一億三七〇〇万ドルと推移し、市の年金基金への拠出が遅れるという事態も起きていた。

キャッシュフロー面で見てみると、二〇一二年度予算では一億一五〇〇万ドルの不足が発生し、バンク・オブ・アメリカからの八〇〇〇万ドルの借入等によって、かろうじて危機が回避された。だが、一三年四月の時点で市の手許現金は六四〇〇万ドルである一方、支出義務は二億二六〇〇万ドルに達しており、一億六二〇〇万ドルのキャッシュフロー不足が発生した。

このように、いっそうの支出の遅れが避けられない状態であり、格付会社の評価も全米の都市で最低水準に転落した。デトロイトはキャッシュフローの危機に直面していたのである。

オーアは債務者や労働組合等との調整をおこなった。だがこれが不調に終わったことから、連邦裁判所に破綻を申請する決意を固めた。こうして二〇一三年七月、破綻は申請された。その後、一二月三日、この申請に対して、連邦裁判所が破産法適用を認める判断を下した。

一八〇億ドル以上と言われる債務のうち、退職者向け支出が約半分を占めており、そのうち三五億ドルが年金、五七―六四億ドルが医療給付であった（*Huffington Post Detroit: July 22, 2013*）。これらの社会保障給付は、真っ先に削減対象となると考えられ、同様に債務の縮減が迫られるであろう銀行も含め、利害関係者の強い反発を生んだ。申請の違法性をめぐる訴訟が起こされ、結局、連邦裁判所が棄却したものの、ミシガン州地裁が、一時、違法判決を下すという一幕もあった。

衰退の一途を歩んだデトロイト

こうした財政危機はどのようにして起きたのだろうか。

デトロイト経済を支えたのは自動車産業であった。リーマン危機をきっかけに、いわゆるビッグスリー（GM・クライスラー・フォード）のうちの二社が破産法の適用を受ける事態に陥ったことからも分かるように、近年のデトロイト経済は苦境をきわめていた。直感的にいえば、財政危機の理由は経済の停滞ということになるだろう。

だが、その衰退は、リーマン危機のずっと以前から始まっていた。まずは、人口の動きからみてみよう。一九五〇年に一八五万人を誇ったデトロイトの人口は、一貫して低下を続けた。日本の自動車業界との競争が厳しくなった七〇年代、世界的な金融危機がアメリカ経済を直撃した二〇〇〇年代、それぞれ急激な減少を記録した後、現在では七〇万人を割り込むところにまで人口は落ち込んでいる。

失業率も全米最悪のレベルである。常時二桁を超えており、歴史的な好況に沸いた一九九〇年代後半こそ六%台に回復したが、二〇〇〇年代に入ると上昇軌道に戻っていった。とりわけ、リーマン危機後の〇九年には二七・八%を記録、破綻申請直前の時期にも一八%という高い水準で推移していた。

人口流出と高い失業率――二つの「慢性の病」は財政を悪化させた。「財務および経営計画」によると、所得税収は、二〇〇〇年一月と比較して、一二年一月には約四割減少した。州と税収を分け合うレベニュー・シェアリングも同じ時期に五割近く減少した。

ミシガン州では責任法の規定により、年金の支払い遅延、債務不履行といった一四の条件のうち、一つあるいは複数に該当した場合、州から地方政府への介入、行政監督が実施される。さらに、のちに述べる「納税者の反乱」を契機として、ミシガンの州憲法に財産税収入の上限が設定された(ACIR 1995: 7)。こうして、デトロイトは、州からの介入を避けるために、収入が減少していくのとあわせて支出を抑制させなければならなくなったのである。

経済と財政の悪化は、市民生活を驚くほど劣化させていった。いくつかのデータで補いながら、二〇一三年七月一九日付ロサンゼルス・タイムス全国版の記事を紹介しよう。

記事は、デトロイトでは、不法侵入が日常茶飯事であると伝える。ある市民が強盗を恐れ、自宅に鍵つきの金網フェンスをつけた。だが、不審者はフェンスを蹴破って侵入し、屋根のアンテナを盗もうとした。不審者の顔は笑っている。なぜなら、死体でもでない限り、警察は人手不足で簡単にやってこられないことを知っているからである。

デトロイト市予算の四六%は公的な治安維持のために使われている。だが、犯罪発生率は人口二〇万人以上の都市で最悪であり、全米平均の五倍に及ぶ。犯罪の解決率も八・七%に過ぎない。予算が決定的に不足しているのである。

犯罪の多い地域では火災も多くなる。デトロイトでは年に一万一〇〇〇件もの火災が起きている。人口が二〇倍近い東京の年間火災件数でさえ、約五〇〇〇―六〇〇〇件程度であるから、想像を絶する件数である。一方、消防施設の老朽化は目を覆うばかりであり、標準的な消防機器は十分に整っておらず、南西地区の消防署では、二台の消防車のうち一台からは水さえ出ないという。犯罪と火災が多発する地域に人びとが好んで住むはずもない。廃棄された家屋は七万八〇〇〇軒に達する。

このように、かつての世界的な自動車生産拠点に住んだ人びとの生活は、壊滅的な状況へと追いやられていた。このニュースは日本でも大々的に取り上げられ、これを対岸の火事とすべきではないという議論が巷にあふれた。

だが注意しよう。デトロイト市民の直面した危機を「経済の衰退」という切り口だけで単純化してしまえば、私たちは決定的な誤りへと導かれてしまう。

人種差別というデトロイトの病

デトロイト破綻問題の実態に迫るには、同市の歴史を追跡するのが一番近道である。

デトロイトが自動車都市への変貌を遂げたのは、二〇世紀初頭のことである。国内に爆発的な自動車需要が生まれたこと、五大湖を活かした豊富な電力に恵まれたこと、そして、鉄道と海運が接続する場所であり、自動車生産に欠かせない石炭と鉄の輸送、国内の自動車市場への搬出が容易であったこと、これらの条件が自動車王H・フォードをデトロイトに引き寄せたのであった。まさに自動車産業を発展させるためにあるような立地だった。

市の経済発展は、アフリカン・アメリカンの移入とあゆみを共にしてきた。すでに第一次世界大戦期にそれははじまっていたが、一九三〇年代にコットンフィールドで農場の囲い込みや機械化が進んだことによって、過剰労働者がデトロイトに流れ込むようになった。

だが、第二次世界大戦期以降、自動車産業は郊外への施設拡張に転じていく。しかもそれは、デトロイトの郊外部、五大湖周辺に止まるものではなかった。カリフォルニア州やテキサス州、カンザス州といった遠隔地をも含んだ施設の移転であった。

なぜ郊外化が進んだのだろうか。理由のひとつは、自動車の供給能力を増大させるために、大規模で安価な用地の取得が不可欠だったことがある。もうひとつの理由は、自動車産業の経営者たちが、アフリカン・アメリカンの流入とともに勢いを増した労働組合の影響力を嫌い、労働コストの安い地域をめざして、施設の移転を決意したためであった。この施設の郊外化・遠隔地化は、デトロイトに住む多くのアフリカン・アメリカン労働者に堪え難い苦痛を与えることとなっていく。

アフリカン・アメリカン労働者は、伝統的に、人種差別という「社会の壁」に苦しめられていた。

熟練技術を身につけた者であっても、常に白人よりも低い賃金と高い失業率に甘んじるしかなかった。これに郊外化・遠隔地化の動きがくわわったわけである。

低賃金を強いられたアフリカン・アメリカン労働者は、住宅だけではなく、自動車の購入も容易ではなかった。それにもかかわらず、デトロイト郊外は、公共交通機関が整備されていなかったから、郊外部での就業は彼らにとって著しく困難であった。デトロイトの市内には、貧しいアフリカン・アメリカンが集住するようになっていった。彼らの子どもたちは、教育の機会にも恵まれなかったから、デトロイトのスラム化、貧困の再生産は加速度的に進んでいった。

さらに不幸は重なった。デトロイトの自動車産業は組合組織率が高く、賃下げが難しかったから、経営者たちは、賃金の低いアフリカン・アメリカン労働者の雇用を増やし、労組と対決姿勢を強めていったのである。このことは、組合の内外で、白人労働者とアフリカン・アメリカン労働者との対立を激化させた。緊張が高まるなか、とうとう一九六七年にアフリカン・アメリカンによる暴動が起きた。デトロイト暴動である。これに嫌気した自動車関連企業、そして白人労働者が、七〇年代以降、工場の移転や郊外への転居をさらに進めていくようになった。

ここで確認しておこう。「郊外化」とは「大都市圏人口の拡大」を意味していた。デトロイト大都市圏の人口は、一九七〇年代まで増勢を示し、その後も横ばいで推移していた。それにもかかわらず、デトロイト市の人口は減少の一途をたどっていったわけである。

これは、まさに、白人の郊外への流出の結果であった。デトロイトにおいて、一九五〇年に一対五の比率であったアフリカン・アメリカンと白人の人口比率は、七〇年に三対四となり、二〇一〇年には一〇対一という信じられない比率に変化するのである(小林 二〇一三)。

デトロイト市内での慢性的な高失業率、治安の悪化は、さらなる白人労働者や企業の流出を招いた。市内では、貧困層を救済するための支出が避けられなくなったから、負担を余儀なくされる白人労働者の郊外への流出は当然の帰結でもあった。

だが、中間層、富裕層の郊外への流出は、市の所得税収を激減させた。また不動産の価値が減少したため、財産税収も悪化した。さらに、人口の減少は州や連邦からの補助金の削減を生んだ。財政収入の減少は、さらなる公共サービスの劣化、治安の悪化をもたらした。白人労働者と企業の流出がさらなる流出を生むという悪循環が生まれたのである。

デトロイトの衰退の根底にあったのは、人間と人間の間に打ち込まれた残酷なまでの楔《くさび》であった。そして、これは郊外に住む白人と、デトロイト市に閉じ込められたアフリカン・アメリカンの対立、いわば、地域と地域の対立でもあった。

弱者を救済することを拒否してデトロイトを離れた人びとにとって、いくら財政が破綻したとはいえ、デトロイトを救済する気になるだろうか。地域と地域の連帯が成立しないなか、近郊市も含めた州全体でデトロイト救済への合意を形成することができるだろうか。人間どうしの憎しみに表現される社会的な危機が経済的な衰退と結合し、財政の危機がもたらされた。財政を危機へと誘ったのは、つながることを拒んだ社会であった。

2　財政破綻を生み出した「租税抵抗」

破綻をめぐる「通説」の限界

つながることを拒んだ社会を象徴する財政危機――この視点は、デトロイトの事例だけにあてはまる見かたではない。アメリカ社会の根底に横たわる危機の深層を抉《えぐ》るうえでも重要な視点である。

私たちの常識からすると信じられない話だが、アメリカでは、たびたび地方政府の破綻申請が起きている。二〇一一年以降に限っても、セントラルフォールズ市、ボイシ郡、ジェファーソン郡、ハリスバーグ市、ストックトン市、マンモスレイクス町、サンバーナーディーノ市と多くの地方政府が財政破綻を申請した。

私たちが日本の自治体破綻問題を考えるとき、いくつかのありがちな説明がある。だが、それらの議論は、多くの点で的を外している。近年、破綻申請が立て続けに起きているカリフォルニア州を例に、この問題を考えてみたい。

私たちがよく耳にするのは、経済の長期停滞と人口流出を財政破綻の理由とする議論である。スナイダー州知事がデトロイトの破綻を「衰退の六〇年」の結果だと述べたように、確かにこの見かたには一理ある。だが「錆ついた工業地帯(Rust Belt)」として知られる、デトロイトと同じような経済苦境に苦しんだ地方政府は多数あるが、破綻を回避できた地方政府も多い。あるいは、アトランタのように、アフリカン・アメリカンの移住や、自動車産業の衰退を経験しながらも、順調な経済成長を遂げた地域さえある。

そもそも、カリフォルニア州で破綻申請した都市は、「錆ついた工業地帯」に属する衰退工業都市群とは明らかに様相が異なっていた。マンモスレイクスは人口が少ないながらも、スキーリゾートや避暑地として知られていた。ストックトンとサンバーナーディーノは、ロサンゼルスに近く、二〇〇〇年代には住宅価格の高騰に沸いた。いずれもデトロイトのような人口減少を経験していない。それどころか、ともに二〇〇〇年代に人口を増やしていた。つまり、経済が衰退していなくても、財政は破綻しうるわけだ。

もうひとつの見かた、日本でもしばしば主張される、多額の公務員向け給付に代表される「ムダ」が財政を圧迫するという議論はどうだろうか。この視点も財政破綻をうまく説明できない。

まず、職員の退職後年金が多額に達し、それが大きな財政負担となっていた点は、多くの地方政府に共通する問題だった。実際、年金の負担をめぐって、全米のあちこちで公務員労組と知事の対立が激化していた(労働政策研究・研修機構 二〇一二)。

正確にいえば、手厚い年金が存在したことは事実である。連邦の退職・遺族・障害保険の受取は単身世帯で月額一二〇〇ドル、その他の年金も加えて、月額二六〇〇ドル程度といわれている。これに対し、上級職の受取が平均額を吊り上げているとの指摘があるものの、カリフォルニア州で公務員の退職年金を運用する公的基金「カルパース(CalPERS)」は、月額二六〇〇ドルの給付を提供し、退職・遺族・障害保険とあわせ、四〇〇〇ドル程度を給付していた(前田 二〇一三)。

だが、問題の本質は、給付の多寡にはない。カリフォルニア州で退職年金の積立不足を補ってきたのは、カルパースによる巨額の運用収益である。カルパースは、公的基金だったが、新興国の株式やヘッジファンド等、ハイリスク・ハイリターンの積極的な資産運用をおこなってきた。このことがゆたかな年金給付を可能とした一方、サブプライム危機、リーマン危機による収益減が、年金給付の増大と重なって、もろに地方政府財政を直撃したのである。

投資が好調な時にはこのようなシステムは持続可能であろう。いや、それ以前に、年金給付の額がいくら大きすぎてもそもそも問題とされない。好調な投資実績が公務員向け年金給付をささえているに過ぎないからである。だが、安全性に欠ける投資に依存した「不安定」な財政だったからこそ、年金の給付が膨らんだし、投資環境の悪化があからさまに破綻の引き金となった。

年金をはじめとする公的な給付を、税ではなく、金融・資本市場への投資に委ねてしまったのはなぜか。それこそがより問題の本質に迫る重要な問いなのである。

租税抵抗が生み出した脆弱な財政システム

その答えは人びとの「租税抵抗」のうちにある。[3] カリフォルニア州の地方政府の重要な財源、それは、他の地方政府と同じように、財産税だった。財産所有者は所得面でも富裕層に属する場合が多い。所得税も含めて、地方政府は、伝統的に土地所有者や一戸建て所有者に財源の多くを頼ってきた。

戦前、そして戦後しばらくの間、カリフォルニア州では、財産税の増税に対する抵抗がほとんどなかったといわれる。その背後にあったのが、徴税当局の政治的配慮である。税率の引上げによる税負担の増大を資産価値の上昇が上回るよう、人為的に資産価値を低めに評価することで、資産保有者に暗黙の補助金を提供してきたのである。

だが、裁判所が地方政府に法の遵守をうながすようになり、時価にしたがって財産に公平な課税をおこなうことを勧告しはじめた一九六〇年代以降、以上の政治的配慮を維持することは難しくなった。この結果、カリフォルニア州では一年で税負担が二倍から三倍に跳ねあがる事態が生じた。

住宅所有の危機に直面した中間層は、激しい嘆願運動、抗議集会、反税ストライキを組織していった。これは「納税者の反乱」と呼ばれる。

抗議団体は、州の全域で、住宅への課税を制限するための憲法修正を求めるキャンペーンを展開した。同時に、低所得層、とりわけカリフォルニア州に多数存在したマイノリティに対する批判を浸透させていった。その過程では"No Free Lunch!(ただ飯を食わせるな)"が運動の合い言葉となった。

急激な税負担の増大は、低所得層への反発と重なり合いながら、カリフォルニア州全土を揺るがした。そして、中・高所得層の抵抗は、歴史的な勝利を彼らにもたらした。彼らの提案は一九七八年に住民投票で是認され法律となった。これが「提案一三号(proposition 13)」である(小泉 二〇一二、大寺 二〇〇二)。

提案一三号では画期的な改正が行われた。まず、財産税の税率は、評価額の一%を上限とすることとされた。次に、これを超えて課税する場合は、住民が投票で合意したとき、債務償還に限ってのみ認められることとなった。また、評価額の引上げは、年二%以下とすることが定められた。価格の騰貴を続けていた不動産の所有者にとって、驚くべき政治的果実がもたらされたのである。

この法案は、共和党のキャンペーンにささえられながら、全米各州の憲法に次々と伝播した。先にみたミシガン州の財産税への課税制限もこの流れのなかでおこなわれた改正だった。

これらの措置が地方政府にとって決定的だったのは、彼らが財源を確保するうえで、非常に面倒な制約を課されることとなった点である。地方政府が新しい税を導入しようと思えば、まず、有権者に投票で可否を問わなければならなくなった。選挙と別にこうした投票が行われることで、増税への批判的風潮は格段に強まった。さらに、アメリカではディストリクト等の区域の管理者を投票で選ぶから、低い租税負担を訴えるものが優先して選ばれるようになっていった。

また、財産税を課税している自治体は、役所、警察署、消防署、教育施設、図書館等への公共投資の財源を目的とする一般財源保証債の発行が認められていた。この起債は財産税を拠りどころとしていることから、低い利回りでの資金を調達できるようにしていたが、財産税に課税制限が設けられたことで、一般財源保証債は事実上の運用停止状態に追い込まれた。

弾力的な財源確保が難しくなったカリフォルニア州では、所得税、売上税といった財産税以上に経済の変動で税収が動く不安定な財源への依存が強まっていった。同時に、財政の金融・資本市場への投資はそれ以前からもおこなわれていたが、限られた財源を補塡するため、いっそう積極的な投資が進められるようになった。不安定な財政の基礎には租税抵抗があったのである。

資本市場への過度の依存が財政を破綻させた事例として、もっとも広く知られているのが、一九九四年に申請をおこなったオレンジ郡である。オレンジ郡では、「納税者の反乱」以降、慢性的な収入不足に苦しめられていたが、これをいわゆるエキゾチック金融商品(先物・オプション等のデリバティブや、それを駆使して組成される証券化商品)への投機で穴埋めしていた。そして、債券市場の暴落した九四年にとうとう財政破綻宣言に追い込まれてしまうのである。

租税抵抗が生み出した財産税の制限は、バブルや経済危機の原因でもあった。住宅投資を軸に好況に沸いた二〇〇〇年代のアメリカ経済にあって、カリフォルニア州は、ロサンゼルス、サンディエゴ、サンフランシスコを中心に全米でトップクラスの住宅価格指数の変動率を記録していた(経済産業省二〇〇九:第一章第二節)。

その際、財産税が制限されたことによって、不動産が有利な投資対象として浮上し、住宅投資需要が刺激されて、州全体の住宅価格を上昇させた。供給面でも同様であった。提案一三号によって極めて有利な税制上の優遇措置が提供されたため、カリフォルニア州に住む長期の住宅所有者は売却を回避し、供給不足が生じたのである。

二〇一一年以降に次々と破綻していったカリフォルニア州の諸都市は、こうした住宅バブルに沸いた地域であった。オレンジ郡や二〇〇七年に破綻したヴァレーホ市も含め、これらの都市は、すでに地価が十分に高騰した大都市圏から、車で一時間程度の場所にあり、格好の投資対象とみなされた。

高い投資収益が保障された時代には、ゆたかな年金も合理的な給付とみなされえた。しかし、投機的バブルがはじけた二〇〇六年以降、深刻な不動産価格の暴落、建設業界の不況、そして税収の不振に地方政府は苦しめられることとなった。こうした不安定性の基礎にあったのが、中間層の反乱、租税抵抗という政治的、社会的反発だったのである。

政治的断片化の問題

さらに問いは続く。以上の政治的、社会的反発は、なぜ、どのように生まれたのだろうか。一つの説明は、すでに述べたように、中間層の租税負担の軽減、低所得層への負担転嫁を求める激烈な抵抗であった。だが、マイノリティ、低所得層が批判のターゲットとされた背景には、州・連邦レベルでこの批判を権力闘争の道具にしようとする政治戦術が存在した。

R・レーガンを筆頭に、多くの共和党の指導者たちは、集団間に人種的な分断を作ることで支持率を高める戦術を取ってきた。そして、提案一三号が可決されたときのカリフォルニア州知事こそがレーガンであった。彼はそうした戦術の有効性を明確に認識していた。クルーグマンはいう。

> レーガンが見出したのは、「保守派ムーブメント」の真の大衆支持基盤であった。
> レーガンにそれが可能だったのは、小さな政府という政治レトリックを使い、あからさまに人種差別的にならずに黒人解放運動に対する白人の反発をくすぐることができたからである。福祉のだまし取りを攻撃すれば、そのだまし取りをしていた者たちが誰なのかは知れたことだった。納税者の税金を無駄にしていた役人の大群を痛烈に非難すれば、福祉に自分たちの血税がつぎ込まれていると思い込んでいた有権者の不満を刺激できた。そしてその福祉の恩恵を受けていたのが、誰かは周知のことであった。(クルーグマン 二〇〇八：八〇―八一)

二〇一〇年の選挙以降、「大不況(Great Recession)」から経済が緩やかに回復するなか、ティー・

パーティー運動も反税を旗印としながら、レーガンと同様の戦略をとった。

彼らは、社会保障やメディケアの受給者、教育の受益者、都市再開発の受益者、環境改革の受益者等の間に楔を打ち込もうとしてきた。財政をめぐる政治的対立の基礎には、小さな政府を政争の手段とすることで巧みに支持を集めてきた共和党の政治戦術があったのである。

さらに、この政治的な分断化は、アメリカに固有の地方自治制度の断片性によってもささえられていた。アメリカには、都市やカウンティ、学校区、運輸区、消防区、水道区、公的企業等の行政単位が多数存在している。これらの存在が首尾一貫した地域政府の形成を妨げるのと同時に、個人や企業、組織化された集団が、個別に利益を追い求める行動をとることを合理化してきた。統一された政治的意思決定が難しく、交通渋滞や環境汚染、土地開発の乱立、公共サービスの非効率といった問題を頻発させてきたのである(大寺二〇〇一)。

実際、ロサンゼルスの大都市圏は、人口が一七八〇万人を超え、五つの郡、七〇を超える基礎自治体、おびただしい数の特別区が存在する。デトロイト大都市圏も同様である。こうした財政の制度的、政治的断片性は、財政を非効率化した。そして、郊外区域の中心市への反発を基盤とする伝統的、対立的気運が煽りたてられ、大都市圏のなかでの社会の分断がもたらされた。先にみたデトロイトと近郊市の対立は、まさにこの問題が顕在化したものであった。

アメリカ社会を覆う分断性は、ある地域の財政的困難に対する他の地域の支援、すなわち地域間の再分配、連帯を難しくする。のちに詳しく述べるように、日本の場合、地方交付税による地域間所得再分配を通じて、財政力の弱い自治体の救済、財政危機の回避を実現してきた。

だが、アメリカではこのような制度が連邦レベルで根づかなかった。その基礎では、地域レベルで行政単位間の連帯よりも、対立的、競争的関係を築くことが合理的となる制度設計、伝統的価値観が形成されていたからである。この特徴を的確にとらえたのがレーガンの政治戦術にほかならない。

さて、本節では、カリフォルニア州に焦点を当てながら、財政破綻の根底に横たわる問題を考えて来た。同州には同州固有の問題があるし、デトロイトの場合、カリフォルニア州とは異なり、長期的な経済衰退が大きな足かせであったことは事実である。

だが、中・高所得層の反発によって財産税の増税が困難となり、これに経済不況が重なって急速に税収が減少した点は同じであった。また、貧弱な税収構造が、年金をはじめとする金融・資本市場への依存を生み、経済危機による資産価値の暴落が財政を直撃したという点も同じであった。そして、提案一三号が低所得層、マイノリティへの反発を背景としたように、デトロイトにも深刻な人種間対立が存在したし、こうした社会対立が政治的、行政的な断片性によって増幅された。

結局、アメリカにおける地方の財政危機の根底にあったのは、連帯の危機、政治的対立の深化、そしてそれらが醸成した租税抵抗だった。経済的な停滞を取りあげて財政危機を語る人びとは、経済の復活以外に突破口を見いだそうとはしない。だがそれは完全に間違った処方箋であるし、この過ちを繰り返したのが「失われた二〇年」の日本であり、「衰退の六〇年」にもがき苦しんだデトロイトであった。

経済衰退に、深刻な社会的、政治的対立が複合化され、同期されることで、財政の危機はあらわれる。財政の危機とは鋭く社会全体の危機を表現している。

3　日本の地方自治体は「危ない」のか？

破綻する前に再建する

以上の見かたを正面から受け止めれば、財政危機が叫ばれて久しい日本においても、経済の長期停滞だけではなく、社会的、政治的な行き詰まりがあるのではないか、という疑問がたちどころに浮かぶ。この包括的な検討は終章に譲る。以下では、まず日本の自治体破綻問題について、アメリカとの比較をおこない、国と地方、都市圏と地方圏の対立に焦点を合わせながら、日本の社会的、政治的な閉塞状況に限定して考察することとしたい。

デトロイトの惨状が私たちに思い出させるのは、苦しい財政事情、過疎化の進行、衰退する地域経済に苦しむ日本の自治体の「いま」である。とりわけ「自治体消滅」が叫ばれる昨今、デトロイトの問題はいっそうのリアリティをもって私たちに問いを投げかけてくる。

だが、まず確認しておきたいのは、制度上、日本における自治体は破綻しないということである。日本の破綻法制は、米国のそれとまったく異なっている。デトロイトの事例に明らかなように、アメリカでは、一般的には、地方政府が破綻状態にあると判断されたのちに、連邦破産法第九章の適用を申請し、それが法的に認められれば財政破綻ということになる(4)。そのうえで、債務の削減交渉や公共サービスの抑制、増税等が実施される。

一方、日本の場合、自治体が破綻しないように、財政状況がある程度悪化した段階で、早期の是正措置をとる。

日本の破綻法制について見てみよう。「地方財政再建促進特別措置法（旧再建法）」が制定されたのは、日本経済が高度成長に向かいはじめた一九五五年のことである。

自治体財政は、占領期に、初等教育や警察等の新たな財政負担を求められた一方、国からの財政移転が削減されたことで窮状に陥っていた。一九五四年頃から、毎月の給与支払いが危ぶまれる自治体が出るようになり、自治体は、ヤミ起債、税外負担の強化と、あらゆる手だてを講じて、財源の確保に努めた。融資する条件として、国から移転される財源の概算交付額を担保に要求する銀行までもがあらわれるという始末であった（柴田 一九七五：一四二―一四三）。

当時の自治庁（現総務省）は、国による財政措置を検討しつつも、赤字を棚上げし、整理する制度の整備を急がねばならなかった。こうして準備されたのが旧再建法である。

旧再建法では、一九五四年度に歳入欠陥が発生した自治体を財政再建団体と位置づけた。それ以降の赤字団体の財政再建には、旧再建法の規定を準用したことから、これらの団体は、準用財政再建団体と呼ばれた。両者にはいくつかの点で運用上の相違がある。以下、前者を本再建、後者を準用再建と区別しつつ、旧再建法の中身を整理しておこう。

旧再建法は、一九五四年度に歳入不足が生じ、翌年度の歳入を繰上げたり、債務の支払いを翌年度に繰延べた自治体に対して、(1)財政再建計画を策定させ、(2)七年以内の収入および支出の均衡を図ることを求めた。(3)特に必要と認められる再建団体に対しては、標準税率（後述）を超える課税、(4)さらに財政再建債の発行を認め、(5)このうち利子率三・五％を超える部分への利子補給をおこなうこととした。ちなみに、(4)(5)については、準用再建団体には適用されない。

一方、財政再建団体が厳格に健全化を実行するとは限らない。そこで(6)所管大臣が実際の財政運営が再建計画に適合しないと認めた場合、予算の執行を停止できるようにし、(7)それでも事態が改善しないときは、財政再建債の利子補給を停止する措置が設けられた。なお、準用再建団体では、実質赤字比率(**表4–1**参照)が一定割合に達している自治体は、地方債の起債じたいが禁止されることとされた。

旧再建法のもとでは、八八五団体が再建団体となり、本再建が五八八、準用再建が二九七という状況であった。そして、この財政再建のレジームが大きく様変わりするのが二〇〇七年「地方公共団体の財政の健全化に関する法律(健全化法)」以降である。この制度変更の背景にはあとに述べる「夕張問題」がある。

旧再建法のもとでは、一般・特別会計の収支の純計が赤字になったときに、自治体が再建団体の申請をおこなうことになっていたから、第三セクターや公営企業の赤字は見逃されていた。また実質赤字比率のみが指標であったから、その他の指標による判断が難しかったし、財政状況が悪化し始めた早い段階で健全化を促す手段もなかった。これらの問題点を改善するために制定されたのが健全化法である(総務省HP(http://www.soumu.go.jp/iken/zaisei/kenzenka/index1.html)、小西 二〇一二)。

健全化法では**表4–1**にあるような四つの指標が設定された。そして、かつての本再建、準用再建に該当する財政再生団体を判断する「財政再生基準」の前段に「早期健全化基準」を設けた。明確で多様な数値基準をもって、自治体が危機的財政状況に陥る前に、国が収支の改善を促す仕組みに変わ

表 4-1　健全化法の基本的な指標

（単位：いずれも％）

	早期健全化基準	財政再生基準
実質赤字比率	市町村 11.25–15，道府県 3.75	市町村 20，道府県 5
連結実質赤字比率	市町村 16.25–20，道府県 8.75	市町村 30，道府県 15
実質公債費比率	全自治体 25	全自治体 35
将来負担比率	市町村 350，道府県 400	なし

注：実質赤字比率＝一般会計に生じる赤字の財政規模に対する割合
連結実質赤字比率＝全会計に生じる赤字の財政規模に対する割合
実質公債費比率＝借入金の返済額の財政規模に対する割合
将来負担比率＝現在抱える負債の大きさの財政規模に対する割合
以上と別に，公営企業会計には資金不足比率を設けている．

ったわけである。これらの指標で、第三セクターや公社、公営企業も含めて早期是正が可能となった点は大きな変更であった。

破綻しない自治体を支えるセイフティネット

以上の事実を念頭に平成二四年度(二〇一二年度)決算を見てみよう。じつは、早期健全化基準以上の自治体は二団体、財政再生基準以上の自治体は一団体しかない。しかも後者は、健全化法以前に再建団体となった夕張市であり、かつ自動的に前者に含まれている。

また、平成年代に範囲を広げても、旧再建法のもとでは福岡県の赤池町が準用再建団体となっただけであるから、いわゆる自治体破綻は、きわめてまれなものであることが分かる。過日、千葉県富津市が二〇一八年度に財政再生団体に転落する恐れがあると報道されたが、この報道じたい、健全化の指標をつうじて破綻しそうな団体が事前に発見されたということを意味している。

繰り返しをいとわずにいえば、旧再建法であれ、健全化法であれ、日本の破綻法制のスキームは、破綻しそうな自治体を立て直すための制度である。したがって、「自治体が破綻する」という表現は、少なくとも制度的にはあり得ない話だし、自治体がさまざまな脱法的な手段を講じようとも[5]、デトロイトやカリフォルニア州等で見られたような事態は日本では基本的に想定できないのである。

だが、細かい指標を通じて自治体の財政状態が理解できること、それじたいは、日本の破綻法制のごく表面的な特徴に過ぎない。より重要なのは、アメリカと違い、危機的な財政状況に自治体が陥らないよう財政面でのセイフティネットを幾重にも用意していることである。

その根幹にあるのが「地方交付税」である。

国は、各自治体における合理的な財政ニーズを算定するために「基準財政需要」を計算する。そして各自治体における標準的な一般財源額である「基準財政収入」を計算し、両者の差額を国が保障するというのが交付税の基本理念である。

地方交付税の総額は、国税五税、すなわち所得税、法人税、消費税、酒税、たばこ税の一定割合である。これを、差額のある自治体、つまり財源が不足すると考えられる、財政力の弱い自治体に配分する。財政力を調整しつつ、国からみた合理的な財政需要が自治体全体では満たされているという意味で「マクロの財源保障」も同時におこなわれているわけである。

ただし、実際には、国税五税の一定割合が地方の財源不足の総額とピッタリ一致するとは限らない。国は地方財政計画というマクロの財政計画を作成し、全自治体の歳出超過額合計について地方交付税や起債で補充し、予算をマクロで均衡させる。基準財政需要と基準財政収入の差額は、それをすべて埋めるためではなく、交付税総額をどう配分するかという基準として用いられる。

交付税は、地方の財源不足を個別に全額保障するものではないから、個別の自治体を見ると、借金の累積が進む。最悪の場合、返済のための財源を確保できない団体も出てくるかもしれない。

そこで、国は、行き過ぎた債務の発生を防止するために、地方債発行を協議制とし、国の同意が得られた場合にのみ政府資金を割り当て、その元利償還金を交付税の基準財政需要に繰入れ、財源面で面倒を見ることにしている。確かに自治体が望めば勝手に起債できるが、高い金利でかつ政府の財政支援も得られないという意味で、経済合理性に欠ける選択となる。さらに、健全化法では、自治体の実質公債費比率が基準値を超えた場合、国が起債を制限することとしている。

交付税は課税とも深く関係している。じつは、日本ではアメリカより厳格な課税制限が行われてきた。地方自治体が課税する際、それ以外に税率を設定することを認めない「一定税率」と、自治体が通常拠るべき税率である「標準税率」がある。このうち、標準税率を超えて課税する場合の上限である「制限税率」を設けている場合と、設けない場合とがある。

標準税率はあくまでも拠るべき税率だから、これに従う必要はない。だが、標準税率以下で課税をおこなっている自治体は数えるほどしかないのが現状である[6]。日本の地方税は、一定税率と標準税率で括られるものが多いため、まったく自由に課税をおこなうことは難しい。

乏しい税率決定権の背景には、地域間の税率格差を嫌った国の政策方針があった(高端 二〇一四)。国が課税制限を厳しくするとすれば、当然、地方には、増大する財政需要との差額を補塡する必要が出てくる。アメリカでは納税者の反乱をきっかけに、財政の金融・資本市場への依存が強められていった。しかし、日本の場合、自由な起債や投資によって財源不足を補うことは難しかった。そこで要請されたのが地方交付税の増額である。

さらに、オイルショック以降、経済の成長が鈍化していくと、公共投資を中心とする財政支出が増大していった。公共投資の実施主体は地方自治体である。それゆえ、国の経済政策を実現させるためには、地方の財政支出が不可欠であり、国は借金してでも地方が必要となる財源を地方交付税で保障するほかなかった。

国税の一定割合とされた交付税であるが、その割合はたびたび引上げられた。国の財政が厳しさを増した一九七五年以降をみても、再建団体の数は一七でしかない。地方自治体の財政破綻のリスクを国が引き取ることで、地方財政の危機を回避し、これと破綻法制が重なり合って、「破綻しない自治体」という神話が作られてきたのである。

日本とアメリカの分かれ道

以上の制度が形成されるプロセスにおいて、国が自らの施策に地方を動員したこと、その結果、国の地方への財源保障義務が生じたことは、あらためて確認されるべきだろう。この交付税の歴史がアメリカの政府間財政関係との決定的な相違を生み出している。

国は、戦後の経済政策の一環として、地方自治体に支出の拡大を求めた。その際、定率補助では補助されない部分、いわゆる補助裏に関して、これを負担する能力を持つ自治体とそうでない自治体とが生まれてしまうと、統一的なマクロの経済運営ができなくなる。そこで、一九六〇年代以降、差等補助と呼ばれる一部団体への補助率のかさ上げが常態化していった(高端 二〇一四)。

ところが、一九八〇年代には、国の財政事情から補助金が削減された。そこで、これを埋めるための地方債発行が認められ、その元利償還金を交付税によって保障するという措置が相次いで取られた。課税制限の強化も、国の施策を実施する際に、自治体間に税率格差が生じることが政治的に不都合だったことが大きな原因である。国が地方の財源を手当てするということは、国の施策に地方を動員するということと表裏一体の問題であった。

ただし、地方の財政格差を抑えようとする「平等志向」は、より多くの要因から形成されていた。まず、敗戦から立ち上がる過程では、国民の多くが貧しさや苦しみを分かち合えたから、地域・所得階層間の再分配への合意形成が容易だったし、経済の立て直しのために地方を動員することも正当化できた。また、終章で述べるように、中間層向け減税が繰り返され、大都市圏の住民も地方圏の住民への財源配分を受け入れられた。こうした社会契約こそが地域間の連帯を支えたのである。

アメリカは日本とまったく異なる道を歩んだ。アメリカでは地方自治が重視される。連邦は交付税のような財源保障システムも、州・地方政府に対する早期是正措置も持っていない。連邦破産法第九章にも、連邦による財政支援は明記されていない。

地方政府は州の創造物とみなされている。だが、地方政府の自治が日本よりもはるかに尊重されている。連邦と同様、州もまた地方政府の財源を保障せず、代わりに州法で均衡財政ルールや起債制限を地方政府に求めている。州の財政が厳しくなれば、大胆に地方政府への補助金は削減される。デトロイト破綻の理由の一端もまさにこの点にあった(労働政策研究・研修機構 二〇一三)。

正確を期していえば、ニューヨーク市の破綻のように、連邦や州が救済に乗り出す場合もある。だが、二〇〇九年にカリフォルニア州が財政危機宣言を出した際には、オバマ大統領は、救済をおこなわないことを断言した。オレンジ郡の破綻申請の際にも、カリフォルニア州は財政支援を拒んだ。

アメリカでは州の権限が決定的に強い。これを侵害しないよう、連邦は、州や地方政府の自治・行政権への介入に慎重な態度を示し、州は地方政府に独自の対応を取る。日本が地方自治体を経済政策に巻き込む一方で、その財源を保障し、破綻の前に再建を試みてきたのとは対照的である。

こうしたアメリカの自治的風土が生み出したひとつの帰結は、破綻することによって、年金等の債務縮減や金融機関との調整を可能にしたということである。実際、計画倒産に近い事例がアメリカにはあり、破綻を選んだ方が、財政負担を合理的に軽減できる側面がある。

連邦や州からの確実な支援が保障されないなかで、破綻を選び、債務を帳消しにするアメリカ。国の支援と保護のもと破綻する前に再建を追い求める日本。アメリカの財政破綻をめぐる環境と日本のそれとの懸隔は大きい。デトロイトの破綻から日本の自治体破綻の可能性を直接引き出そうとする議論は、その意味で大きな誤りを犯している。

4　「夕張問題」が私たちに語りかけるもの

夕張市「破綻」の背景

地方交付税を中心とした、国と地方の政府間財政関係が、自治体の財政的安定性を保証していることは、格付会社のレポートにも明らかである。例えば、二〇一一年八月、日本国債の格付けと連動して地方債も格下げとなった。その理由をムーディーズはこう説明する。

日本の地方財政分野における制度的枠組みは、地方自治体の財政活動への監視・関与、地方交付税制度、また財政力の弱い地方自治体への様々な支援など、非常に充実している。日本政府は地方財政に強く関与していることから、地方自治体レベルでの信用上の課題は、早い段階で対処されると想定している。

また、日本の地方交付税制度は財政調整機能および財源保障機能を有しており、中央政府の強い関与とともに、地方自治体が極めて困難な財政状況に陥ることを阻止している。ムーディーズは、地方自治体が財政的困難に直面した場合、日本政府が支援を提供する可能性は極めて高いと想定しており、この極めて高い支援の可能性は、地方自治体の格付において重要な要素となっている。(7)

この叙述を反対側から照射すれば、国による自治体の財源保障が弱体化したとき、日本の自治体の財政危機が浮かびあがるかもしれないということでもある。そして、この危険性が実際に起こりうることをはっきりとあらわしたのが「夕張問題」に他ならない。

二〇〇七年三月一日、旧再建法に則って、北海道夕張市(以下、夕張)と総務省との間で財政再建計画の協議がなされ、六日、総務大臣はこれに同意した。福岡県赤池町の準用指定から一五年ぶりのことであり、旧再建法のもとでの最後の再建団体、それが夕張ということになる。

デトロイトの破綻申請によって「自治体破綻」が注目された理由のひとつは、デトロイト問題がこの夕張の記憶と重なったからだろう。事実、炭坑の閉山によって人口流出が続き、高齢化が生活保護等の財政負担を増大させた経緯はデトロイトと瓜二つである。

夕張問題の背景は、アメリカの事例と同様、複雑である。まず指摘すべきは、北海道作成『夕張市の財政運営に関する調査』が断言したように、「不適正な財務処理手法により赤字の実態を表面化せずに拡大させたことが、二五〇億円を超える膨大な実質赤字を生じさせた最大の要因」だった点である。

夕張問題を考える際のキーワードは、「ジャンプ方式」である。これは悪化した財政状態を隠すために用いられた手法である。

各年度の予算では、四月から三月までの会計年度が終了した後、五月末まで債権債務の確定のため現金の出し入れを行う出納整理期間がある。夕張はこの期間を利用して自転車操業を続けていた。具体的に見てみよう。自治体の予算では、毎年度、他会計の財源不足を補うかたちで、一般会計から他会計へ資金の繰出しを行う。この繰出金は、通常年度内に処理されるが、夕張はこれを貸付金として扱い、金融機関からの借金で資金を手当して、出納整理期間内に特別会計へと貸付けを行っていた。

むろん、一般会計が借金で貸付けを行えば、その分一般会計の収支は悪化する。だが、夕張では、出納整理期間(四月—五月)に「次年度」予算が始まっていることを利用し、特別会計の次年度予算から前年度の一般会計への借金返済を行って帳尻を合わせた。

特別会計側から見れば、本来の財源不足にくわえ、金利も含めた一般会計への借金返済を迫られることから、債務は急激に増えていくこととなる。だが、この操作が繰返され、金融機関からの一時借入金が雪だるま式に増えていったのである。

ジャンプ方式は、上下水道や病院、健康保険等の各特別会計に、さらには「炭坑から観光へ」を標ぼうして設置された第三セクターや地方公社にも用いられた。この明らかな粉飾予算が、夕張の債務を静かに、そして劇的に増大させていったのである。

なぜ、赤字が膨らんだのか?

債務が膨らみ、隠蔽が必要とされた背景は何だろうか(梅原 二〇一〇、辻道 二〇一〇、金子・高端編 二〇〇八、読売新聞東京本社北海道支社夕張支局 二〇〇八)。財政危機の根底に、相次いだ炭坑の閉山、ピーク時の一〇万八〇〇〇人から問題発覚前の一万三〇〇〇人へと急激に落ち込んだ人口等、見逃すことのできない経済問題があったことは間違いない。

理論的に考えれば、人口が急減すれば、それにあわせて必要とされる公共サービスも減少するだろうし、生活保護費が急増したといっても、国がその四分の三を負担しており、全額が夕張の負担となるわけではない。だが、それでも急激な債務の増大は生じた。

まず、人口の激減に対応して組織をスリム化するメカニズムを欠いており、総人件費の削減ができなかったことが大きかった。公務員給与はどの自治体でも問題とされるが、夕張では、人口一人当たり職員数、人件費ともに、同一レベルの自治体の二倍に達していた。まさに別格である。

また、公立病院や公共上下水道等のストックについては、人口減少とともに設備を縮小することが難しく、維持費がかかる一方で、人口流出により使用料収入は激減した。さらに、中田鉄治市長のもとでは、起死回生の策として観光事業が大々的に展開されたが、景気の低迷によって、運営上の赤字はもちろん、施設整備費の返済すらままならない状況が続いた。

これに民主主義の機能不全が重なった。夕張の財政危機は、突然に訪れたものではない。ヤミ起債は一九八二年に既に行われており(二〇〇六年八月三〇日付北海道新聞)、ジャンプ方式も一九九二年度にははじめられていたようである。危機の兆候はあらわれていたわけだが、常態化が進む粉飾行為を、総務省幹部、道職員、市職員、市議会議員のいずれもが認識していながら、事態はそのまま放置された。

「黙殺」はなぜ起きたのか。ひとつには、出納整理期間を活用した財務処理は「不適切」ではあったが、それは「違法」とはいいきれず、問題がある程度明確に認識されたあとも、国や道が直接的な介入を躊躇せざるを得なかったことがあげられる。

とはいえ、夕張市粉飾行為は、実態的には、明らかに財源不足を補てんするための借入であった。それは、歳出と歳入の時期的なズレを調整する、本来の意味での一時借入とはいえなかったから、夕張の行為は、各会計年度の歳出をその年度の歳入でまかなうことを規定した地方自治法に抵触する可能性を秘めたものであった。

以上の意味で、国や道の監督責任は、問われてしかるべきである。だが、夕張問題は、ひとり夕張の隠蔽体質や総務省、道の怠慢で説明しつくされる問題でもなかった。夕張に莫大な財政負担を生む施設の買収を迫り、他方で一時借入を支えたのは、経済界であった。

古くは三井グループの北海道炭礦汽船が問題の端緒を開いたが、財政破綻の決定打となったのは、二〇〇五年に経営破綻した松下グループの松下興産からの借入であった。

経済界は、雇用が失われれば人口が流出すると迫ることで、夕張に住宅施設、上下水道施設、病院、リゾート施設等、多くの不良資産を押しつけていった。その売却要求は熾烈であった。

たとえば、夕張は、松下興産に対して、いったん資産を売却したのち、買い戻しを余儀なくされた。その際、松下興産は、施設の無期限閉鎖をちらつかせ、夕張に施設の買入れを迫り、地元の商工会議所もリゾート施設の存続を求め、市の人口を上回る一万五〇八一人分の署名を集めて圧力をくわえた。夕張は買収財源に窮した。というのも、この財源への起債が総務省から認められなかったからである。そこで、松下興産のメインバンクであるみずほ銀行が、夕張への全額融資、つまり事実上の「ヤミ起債」をおこなった。その他の金融機関も含め、融資元がジャンプ方式についてまったく無知であったはずがない。衰退に苦しむ夕張は経済界の圧力に屈した。同時に、経済の長期停滞に苦しむ経済界が、短期的な利潤獲得を優先させ、夕張の危機を深化させたのであった。

こうした経済界の圧力が生まれたのは、夕張自身が、五つの公社・第三セクターを備え、四つの観光関連施設への投資をおこなってきたためである。投資収益に依存した財政という意味では、アメリカの地方政府に類似している。収益活動を本旨としない自治体に「経営」という用語を充てるのはそもそもミスリーディングなのだが、こうした「経営」に全面的に依拠していったのが夕張だった。

だが、話はさらにねじれている。夕張も含めた自治体の「経営」を直接、間接に後押ししたのは国だからだ。そもそも、炭坑の開発も閉山も国のエネルギー政策が原因であった。その後、産炭地域振興のための交付金で国は人口減少を補完してきたが、これが廃止された二〇〇二年度、夕張はスキー場とホテルの買収に乗り出し、〇五年度に市の実質赤字を倍増させることとなった。

また、夕張の観光・開発路線は、国が推進したリゾート開発政策ともかかわっていた。夕張が観光開発に乗り出したのは一九七〇年代であるが、八七年に成立した「総合保養地域整備法(いわゆるリゾート法)」以降、国を挙げた開発政策の流れに乗るように観光施設の建設が拡張されていった。

そして、夕張財政がショートしたダメ押しは、二〇〇四年に実施された三位一体改革の地方交付税大幅削減であった。人口減少にともない交付税は長期的に低下の趨勢にあった。これへの対応が遅れる一方、小泉政権下の緊縮財政路線のもと、〇三年度の四九億八〇〇〇万円から〇四年度には四五億九〇〇〇万円、〇五年度には四三億六〇〇〇万円へと交付税額が急減していった(いずれも決算額)。綱渡りが続くなか、急激な交付税の削減が最後の止めを刺したのであった。

地方交付税のゆらぎと「つながること」への抵抗

以上が示すのは、少しずつやせ細っていく産炭地域が、国の財政支援によって延命されて来た歴史であり、経済の再生に血道を上げた政治、そこで生まれる利潤に食らいつく経済界、明確な違法性を見いだせず黙認してきた上位政府、危機を隠蔽する夕張行政、さまざまな問題点が幾重にも重なり合うことで、夕張の財政はカギ括弧つきの「破綻」に追い込まれたのであった。

確かに、健全化法以降、自治体破綻の危険性は相当コントロールされている。自治体が国の同意なしに高い金利で地方債を発行している事例は今のところ見られないし、アメリカのような投機性の高い金融商品への投資は、総務省が行政指導をおこない、未然に防いでいる。インフラの老朽化や自然災害が予期せぬ事故を引き起こし、自治体が巨額の負債を負うといった不測の事態がないとはいえないが、それが地方財政の「破綻」にまでつながるとは考えにくい。

だが、このいわゆる破綻がひとまず回避されたとしても、日本社会の根幹にある問題が解消されたわけではない。

まず、戦後の国の経済政策のあり方が岐路に立たされ、厳しい財政事情によって政策の方向転換を余儀なくされるなかで、必要とされる財政の支援に耐える力を国が失ったことが根本にある。そして、その最終的な尻拭いが、夕張による粉飾、隠蔽によってなされていた。財政状況がいよいよ厳しさを増し、国の責任放棄が進むとすれば、夕張と同様の問題がふたたび生じてもおかしくない。

しかし、この責任放棄を、ひとり霞ヶ関の官僚や政治家の無能さに帰すのは誤りである。

より本質的なのは、国の財政事情が著しく悪化するなかで、財政力の弱い自治体に財源を配分することへの人びとの合意じたいが揺らぎはじめているという事実である。デトロイトと同じく、地域間の「つながり」が成り立たなくなりつつあること、この点こそ、夕張問題が私たちに問いかける問題なのである。

地方交付税の歴史を振り返ると、交付税が「連帯のつなぎ目」であったことを知ることができる。

戦後における地方交付税の役割、それは成長と再分配の両立である。再度確認すれば、地方経済をささえてきたのは公共投資であり、その財源を保障したのが交付税である。交付税の財源である国税五税にかんして、これらの税収が主に帰属したのは都市部であった。それを財政力の弱い自治体に分配した。その意味で、交付税は、地域間再分配のための制度であった。

一方、一人当たり県民所得で見ると分かるように、都市圏の住民は、地方圏の住民よりも所得が大きい。つまり、地域間の再分配は所得再分配とも密接に関わっている。いわば地域間・所得階層間再分配をつうじてさらなる成長を生み出してきたわけだ。どの地域に住んでも仕事があり、同じような生活ができる。このことが私たちの「同胞意識」の基礎にあり、交付税こそがこの意識をささえてきたのである。

戦後の日本財政のあゆみは、交付税の弱体化が地域間の緊張を生み出してきた事実を物語る。

まず、都市と地方の生活基盤に大きな差のあった高度経済成長期から一九七〇年代にかけて、地域間の格差は是正されていった。だが、国の債務が増え、予算の圧縮、減税の停止が避けられなくなる八〇年代には、交付税が削減の対象とされつつ、公共投資の都市への配分が増やされ、地域間の格差は増大した。

一九九〇年代になると、政府は経済の長期停滞に苦しみ、自治体を経済政策へと動員しつつ、巨額の公共投資をおこなっていった。この動員の代償として、国には地方への財源保障の責任が強く求められる一方、ふたたび地域間の格差は縮小に向かった。国は、借金を辞さずに交付税を増額した。この財源を確保するため、特別会計からの借入を増やしてまで積極的に交付税の充実に踏み切った。ちょうどこれと並行して、九〇年代には、空前の大減税が実施された。

確かに巨額の借金が積みあがった。だが、それは都市と地方、低所得層と中・高所得層、そして国と地方がひとつにつながるための借金をいとわなかったことの裏返しでもあった。

標的とされる地方財政

だが、一九九〇年代の後半になると、状況は静かに変化していった。財務省は、国の財政赤字を削減するために「反交付税キャンペーン」を打ち出した。「日本は一定の歳出に必要な財源を計算して、必要なだけ配ると、これをやっているともう完全なモラルハザード」であり、「今まで、地方財政はある意味で聖域でしたが、いよいよ地方財政も取り上げるべきだ」という状況が生み出されたのである（財総研『平成一一年七月から同一二年六月までの主計局長当時の諸問題について』）。

二〇〇一年度予算から、交付税の財源不足を補てんするために、臨時財政対策債（臨財債）の発行が開始された。二分の一は国の負担、残り二分の一は地方負担で財源が手当てされる。本来の筋道であれば、交付税の財源不足は、国税五税からの繰入率を引上げることで対応するべきである。しかし、臨財債とは結局のところ負担の先送りであり、地方への負担転嫁でもあった。

国が負担する二分の一は、本来であれば、交付税で措置すべき部分を借金によってまかなっているに過ぎない。残りの地方負担については、元利償還費を交付税で措置することとしているが、小泉政権期のように交付税が削減の対象となれば、その他の支出が削られるだけのことである。こうした制度設計は、ますます地方への圧力を強めずにおかないし、同時に交付税への削減圧力も強まらずにはおかない。

もうひとつの問題もある。普通建設事業や災害復旧事業などの投資的経費に対しては、地方債を当てはめることができる。ところが、投資的経費が減少し、社会保障費を含む義務的経費のウェイトが大きくなっていくと、赤字地方債の発行が法的に禁止されているため、この部分は地方債で対応することが難しくなる。

臨財債とは、つまるところこの部分にはめ込まれた「赤字地方債」だった。そうであれば、国が財政の健全化を図ろうとすれば、いっそうのこと義務的経費を削るよう、地方への要求はエスカレートしていくだろう。

二〇〇〇年代は、地方自治体にとって行政改革の時代となった。地方公務員給与が人びとの批判のターゲットとされ、人件費の削減は、すべての自治体にとって、もはや至上命令であった。そして、第二次安倍政権では、とうとうこの人件費の削減へと自治体を導く手段として交付税が活用された。人件費の削減努力が交付税の配分額に反映されたのである。

また、公営企業や公共設備に対する民間的経営手法の導入が進められ、さらには事業・設備そのものの民営化も議論されるようになった。そのなかにはライフ・ラインともいうべき水道事業までもが含まれている。リーマンショック、東日本大震災を経て、地方の公共投資予算が増額されたが、それでもなお、地方自治体に行革を求める圧力は弱まることはなかったのである。

第二章で論じたように長期にわたる所得水準の低下が続いている。少子高齢化や女性の社会進出は、地方部への公共投資ではなく、都市部への対人社会サービスの強化を求める声となっている。都市部の中間層が地域間、所得間の再分配へ合意するための条件、別の表現を用いれば、都市部の中間層が

「寛容」でいられるための条件のほとんどが成立しなくなりつつある。そして、こうした共感の喪失を端的にあらわしているのが交付税への批判と削減、そしてこれによって財政が窮状に追い込まれた夕張問題なのである。

夕張問題は、単なる収支尻の問題、自治体の隠蔽体質の問題としてではなく、こうした大きな経済社会的な変動のなかで理解される必要がある。そして、このような「つながることへの抵抗」が強まるなかで「破綻」が論じられていること、この点にこそデトロイト問題との共通性がある。

都市中間層が寛容さを失い、これと国の財政危機が不気味に共鳴する時代を私たちは生きている。そして、こうした不気味な共鳴の通過点のひとつが「格差社会」だった。

格差社会が深刻なのは、格差が拡大するからだけではない。中間層が格差の是正に合意しなくなったという政治的、社会的な状況こそが決定的な問題である。社会的連帯の基礎には共通の理解・合意がなければならない。だが、この理解や合意が成り立たなくなるとき、社会は人間の群れへと転落する。私たちが直面しているのはこうした「統合の危機」にほかならない。

終章　経済の時代の終焉
——再分配と互酬のあたらしい同盟

1　経済の膨張の果てに

私たちは歴史のどこに立っているのか

先進国は新自由主義の虜になった。切り刻まれる政府、下がり続ける賃金、短期資本移動がもたらす経済の不安定化、地方財政の破滅と合意形成の危機——いずれを見ても、公と私の境界線は、明らかに前者を削り取るかたちで変容を遂げつつある。

日本もその例外ではなかった。いや、かつては北欧と並んで平等主義(egalitarianism)の典型といわれた私たちの国は、おそらくその速度がもっとも激しい国のひとつとなっている。このような現状を私たちはただ黙ってみているしかないのであろうか。

社会を統合する——人間がただ群れ集まれば社会ができるわけではないという、本書の根底にある考え方をもっともうまく表現する言葉、それが「社会統合」である。

社会統合は英語で social integration という。integration の語源は、全体を作るという意味のラテン語の integrare であり、部分や要素を集め、それらを全体へと結合することを意味している。つまり、人間と人間を結びつけることをつうじて、ただの個人の集合とは明らかに異なる「全体」という状態を作り出すこと、これが社会統合という考え方の核心である。「人間の集合」を何らかの価値を共有する「社会」に作り替えることだといいかえてもよい。

たとえば、経済的なゆたかさを誰もが享受できるようにし、人びとが価値を共有できるようにすること、それも確かに社会統合のひとつのあり方だろう。

だが、そもそも人間は経済的な尺度でのみ生きているわけではない。あるいは、経済的幸福を追求した結果、非経済的な意味での不幸がそれ以上に生み出されるとすれば、それは社会の統合を妨げるに違いない。

いや、それ以前に、経済人類学者K・ポランニーが指摘するように、「経済」は「経済的性質をもたない諸状況」のなかに埋め込まれていた(ポランニー 二〇〇五、二〇〇三、ポランニー 一九七五)。

そもそも経済とは何だろう。ポランニーによれば、「人間と自然の関係を基礎としながら、物質的な欲求を満たすために手段を提供すること」である。その手段の提供のしかたは、交換だけとはかぎらない。さまざまな原理によって動機づけられ、制度づけられうる。

ポランニーは、経済過程を支配するのは三つの統合のかたちだと考えた。それぞれの集団のパターンにしたがって相互に扶助する「互酬」、集団のなかで貨幣や財を一手に集め、それを法や習慣、中央の決定によって構成員に配分する「再分配」、市場のもとでの可逆的な、個人間・集団間での財・サービスの移動である「交換」、これら三つの統合形態を組み合わせながら、人間は経済行為をいとなみ、社会を形成してきたというのである。

もう少しわかりやすくいおう。私的領域を支配する経済は、交換の原理で成り立っていると考えられがちだ。だが、近代以前の村落共同体では、食料や家、道路などを構成員が協力しあいながら作り(＝互酬)、飢饉や自然災害が起きたときには、生存の危機に直面している人たちを助けてきた(＝再分配)。これらはすべて生活や生存のために必要な物質的欲望の充足、つまり経済行為なのである。

問題は、序章で述べたように、本来は交換になじまない土地、貨幣、労働までもが近代化の過程で交換の対象に組み込まれてしまい、経済が「経済的性質をもたない諸状況」から解き放たれ、「市場経済」として破壊的なまでに独自の運動をはじめたことである。

交換の原理が突出した市場経済は、人間を労働者に変え、これを都市部へと追いやることでコミュニティや人間のつながりを破壊し、集団による互酬や再分配を困難にした。人間のつながりが生存を支えていた私的領域は、競争と搾取が支配する市場経済が土台となる新たな私的領域へと姿を変えた。

近代以前の時期、人間は適度に自然から必要なものを採取し、自然の与える条件のなかで生きてきた。だが、市場経済は、その限界を超えて自然から搾取するよう、人間をうながした。

自然は後戻りできないところまで破壊され、人間らしい生は犠牲にされた。「経済的」効率を追求した社会は、信じられないほどの「社会的」非効率性を引き起こすようになっていったのだ。

だが、人間はこの激動の時代にあって、ただ漫然と市場経済の支配を受け入れてきたのではない。社会的非効率に対する有効な防御壁を私たちは作り出してきた。

市場経済の膨張があらわになり、互酬と再分配の危機が生じるなかで、この両者をすくい取るようにして発達してきたのが公的領域であり、その中核をなしたのが公共部門の経済である「財政」である。

財政は経済からこぼれ落ちていった互酬と再分配を組み合わせ、新しい公的領域を育むことで発展してきた。だからこそ、財政学では財政を公共部門の経済と定義する。そして、財政、具体的には予算の内容を話し合いによって決定するうえで重要な役割を果たしたのが、公的領域の政治基盤である議会制民主主義であった。

人びとが互酬によって維持してきたもの、現代的にいえば、消防や清掃、道路の建設・管理、水や森林の共同利用などにかんして、これを人びとに代わって提供してきたのが政府、とりわけ地方自治体の財政である。また、税を中央政府に集中させ、社会的弱者を中心に分配すること、つまり再分配が財政の役割であることも誰もが知っているだろう[1]。互酬を地方財政が、再分配を国家財政がそれぞれささえながら、市場経済と対峙するように発展してきたのが財政だったのである。

このような財政の本質は、財政が「危機の産物」であったことと深く関係している。

宗教改革が戦乱を巻き起こした一六世紀、そして、戦争が人びとを生存の危機へと追いやり、市場経済が生活のなかに広く浸透しはじめた一七世紀、この激動の時代が「租税国家(Tax State)」の形成期である。とりわけ「一七世紀の危機(the crisis of the 17th century)」の時代には、戦争を原動力として中央集権化が進み、財政や租税の規模も飛躍的に大きくなっていった(Hart 1995, Tilly 1985)。

その後の一八世紀半ばから一九世紀に続く産業革命期を経て、交換の領域は急激に拡大し、市場経済が人間の生活を飲み込んでいった。互酬と再分配の弱体化がすすむなか、一九世紀の終わり頃から少しずつ軍事費に置き換えられていったのが社会政策費であり、二〇世紀になると財政は決定的にその重要性を高めていくこととなる(ヒックス 一九六一)。

このように、財政とは人びとの共同の困難に対する「緩衝剤」であり、経済による破壊を食い止めるための社会の「結びの糸」であった。私的領域の膨張に対して、公的領域が財政をつうじて向き合い、バランスをとることで、社会は統合されてきたのである。

経済の膨張が急激であればあるほど、財政は巨大化し、危機に陥ることとなる。たとえば、経済成長がすすめば、富の偏在はいっそう増す。これを避けるために、財政は再分配機能を強めるが、このことは負担を増大させ、租税抵抗を引き起こす。互酬関係の崩壊は、当然、財政によるサービスの増大をまねく。要するに、経済が社会を解体させればさせるほど、それを補修するために、財政は赤字化する危険性をはらんでいるのである。

そしてとうとう、市場経済のダイナミズムが社会秩序を根底から揺り動かす事態が生まれた。人類史初の総力戦ともいうべき第一次世界大戦に震源をもつ、世界大恐慌の勃発である。これ以降、経済、政治、社会に占める財政の地位は決定的なものとなっていく。

大恐慌期の危機のさなか、人類は経済を「飼いならす(domesticate)」ための方法を模索した。ファシズム、社会主義、ニューディール、あらゆる方法で人間は経済を統制・管理しようと試みた。先進各国の財政は劇的なスピードで赤字を膨張させていった。それまでの金本位制度という箍《たが》をはずし、管理通貨制度という新たな通貨システムに切り替えてまで、財政は自らを増大させ、経済危機への対応を迫られた。

そのような激しい痛みのなかから生み出され、産声をあげたのが「ケインズ型福祉国家」である。ケインズ型福祉国家は、完全雇用と有効需要の創出をつうじた再分配に力点をおきながら、別の表現を使えば中央集権化をともないながら、「黄金の六〇年代」と呼ばれる成長と繁栄の時代を実現した。

しかし、これは決定的な選択であった。なぜならケインズ型福祉国家とは、財政が市場経済の作り出す社会的非効率性をコントロールするだけではなく、財政が市場経済と共存し、後者の成長と拡大をうながす責任を引き取ったことを意味していたからである。

管理通貨制度のもとで、財政と経済が急激にその規模を拡大させた。一方では、財政が経済の成長を後押しし、他方では、経済の成長が財政の財源を生み出した。巨大になった財政は経済との共依存をますます深化させていった。だがこのことは、片方の停滞がもう一方の停滞の原因となる相互依存的な不安定性をも同時に醸成することを意味していた。

オイルショックをきっかけとして低成長時代に突入すると、高い失業率、物価の高騰、社会保障費の増大を背景に財政赤字は急拡大していった。これ以降、ケインズ理論はたちどころに批判の標的とされていった。財政と経済の共依存を前提とするケインズ型福祉国家が経済の成長を生み出せない状況にあって、もはや財政は経済にとっての足かせ以外の何物でもなくなっていたのである。

こうして、戦後福祉国家モデルの批判者たちが考案したのは、財政を小さくし、経済を自由化させ、市場経済を野放しにすることで成長を再生産するという野心的な企てであった。

規制緩和と金融市場の自由化にささえられ、各国経済は、バブルを謳歌した。ふたたび幸福な時代が訪れたかに思われた。しかし、解き放たれた経済は、暴走をはじめた。中南米の債務危機に端を発し、途上国をも巻き込んだ金融危機を引き起こしたあと、リーマンショック、欧州債務危機へと連なっていく歴史的な経済的惨状が引き起こされた。

グローバリゼーションは社会を流動化させた。共同体の解体は決定的に進行し、互酬と再分配を受けもった各国の財政は、以前には考えられなかったような巨大な財政赤字を抱え込んだ。租税負担率はじりじりと増大し、完全雇用は労働の非正規化によって置き換えられた。財政と市場経済の共存を原理とするケインズ型福祉国家への回帰はもはや幻想であることが明らかになった。

いま、私たちは、「大不況(Great Depression)」という二度目の社会的危機に見舞われたのち、ケインズの不在という歴史状況のなかで、経済とどう向き合うかという難題を突きつけられている。

存在するのはふたつの可能性である。

ひとつは互酬と再分配のあたらしい同盟関係を作り出し、財政システムを再構築することで、経済をふたたび制御すること。もうひとつはこれを諦め、暴走する市場経済に屈服し、ひたすら自由化を追求すること、である。

経済の時代を終焉させ、ファシズムとも、社会主義とも、そしてケインズとも異なる人間の顔をした経済を取り戻すことができるか。あるいは、人間らしい生の断念か。いま、私たちが立たされているのは、このような歴史の岐路である。

日本の社会はどのような危機に直面しているのか

太平洋戦争の水準を超える財政赤字に苦しむ日本。財政という社会の「結びの糸」が綻んでいる以上、現在の日本社会には何らかの不安定な状況がもたらされているはずである。

いま私たちが直面している危機を一言でいいあらわすならば、それは「つながりの危機」である。第三章では、一九九〇年代以降、グローバリゼーションの荒波のなかで平等化機能を後退させつつも、再分配による統合機能を維持するために懸命の格闘をおこなった欧州の姿を論じた。一方、二〇〇〇年代なかばの比較のなかで、日本の税をつうじた再分配機能は先進国で最低であり、給付をつうじた再分配の機能も、韓国、アメリカに次ぐ低さであったと指摘した。

このような経済格差への鈍感さは、第二章で論じたように、労働者全体の所得水準が低くなる過程で生み出された。生活苦が中間層の「不寛容」を強めるなか、第二次安倍政権では、生活保護基準の引下げが断行された。生活保護基準は、課税最低限、賃金水準、社会保障給付の水準と連動する(尾藤二〇一三)。私たちは、格差社会があれほど騒がれたにもかかわらず、貧弱な財政の再分配機能をさらに弱めようとしている。中高所得層の低所得層に対する共感は失墜したというしかない。

所得階層間のつながりだけではない。第四章で述べた地域間のつながりも深刻である。三位一体の改革によって、都市住民が地方住民への厳しい決断を下したことは第四章で述べた。この傾向を増幅させるように、第二次安倍政権で議論されているのが、自治体の「生存」問題である。過疎・中山間地域をはじめとする「自治体消滅」がマスコミを賑わせ、三大都市圏の肥大化を食い止めようと、地方創生のかけ声のもと「地方中枢拠点都市」の創設が政府によって打ち出された。自治体の消滅を恐れる人びとは、拠点都市を人口流出の最後の防波堤、人口のダムと位置づけ、過疎地域へのサービス提供、投資から国は撤退すべきだと訴える(増田編二〇一四)。

論理はこうだ。まず、自治体消滅論の前提には、過疎地域における経済循環の崩壊、とまらない人口流出があり、人口減少を理由に過疎地域の経済再生が困難であることが印象づけられる。そのうえで、中枢都市を三大都市圏と対峙させ、前者の「地方性」を強調し、過疎地域から中枢都市への撤退を「分権」の観点から正当化するのである。

これまでの地方自治論とは明らかに次元を異にする発想である。農村の切り捨てと紙一重であることのきわどい議論が強い影響力をもち、実際の政治をダイナミックに動かしている事実は、都市部の人からみて、地方で生きる人びとの現実へのリアリティが失われつつあることを端的にあらわしている。

都市と農村という対立軸にくわえて、国と地方という対立軸も明確になった。

国の厳しい財政状況を改善するには、地方への財政支援を削ることが効果的な方法のひとつである。第四章で指摘したように、行革の名のもとで、公務員人件費の削減や公共施設等の民営化がすすめられ、これとあわせて交付税や補助金の削減が実施された。二〇〇〇年代には、国と地方のどちらがムダ遣いをしているかが大きな争点となり、また、三位一体の改革や消費税増税論議のなかでも、財源配分をめぐって、深刻な対立がもたらされた。

近年の財政改革ではっきりと浮かび上がった論点は、利益分配をめぐる世代間の対立である。

消費税の増税をめぐる議論のなかでは、社会保障の主たる受益者である高齢者に対して、彼らの租税負担を増やすことが「世代間公平」に適っているといわれた。一方、子ども手当の拡充に対しては、多くの高齢者が「子育てに金はいらない」と反発の声をあげ、「むしろ年金を増やすべきだ」と応じた。受益の奪い合い、負担の押しつけ合いの構図である。

このように、私たちの社会には、いたるところに分断の楔が打ち込まれている。まさに統合の危機ともいうべき状態である。

亀裂に満ちた社会を特徴づけるのは、人間への不信感である（山岸 二〇〇八、井手 二〇一三）。いくつかの国際調査が明らかにするように、日本人の他者や政府に対する信頼度は、先進国のなかできわめて低い位置にある。私たちが生きているのは弱者に無関心で、人間を信頼しない社会だということだ。そのような社会にあって、人びとが連帯し、他者のために税を支払おうとするはずがない。

日本の財政危機は、経済の暴走がきわまり、再分配と互酬への共感が崩れゆくなかで生じた「つながりの危機」を映しだしたものなのである。

2　民主党政権はなぜ歴史の舵を切り替えられなかったのか

民主党政権が乗り越えられなかった土建国家

小泉政権の末期には格差社会が問題となった。くわえて、世界的な経済危機を経験したことで、経済の膨張と対峙しようとする機運が急速に高まっていった。そのような政治的な緊張感のなか、二〇〇九年に誕生したのが民主党政権であった。だが、結局、同政権は、私たちの社会が直面する危機に対して有効な処方箋を提示できなかった。この挫折じたいを私たちは説明しなければならない。

民主党政権の政策を評価するうえで、同党のスタンスを象徴的に示したのが「コンクリートから人へ」であろう。確かに、公共投資よりも社会保障を重視するというメッセージは分かりやすかったし、時宜に適ったものであった。

だが、このキャッチフレーズは、ふたつの意味において、日本財政の限界を凝縮したものであった。ひとつめの問題は、戦後日本をささえてきた「土建国家レジーム」に代わる新しい利益分配メカニズムの構築に失敗したことである。

土建国家レジームとは、一九七〇年代の半ばごろに確立した、減税と公共投資を中核とした社会の統合方法である(井手 二〇一四、二〇一三)。だが、この性格を理解するためには、やや遠回りだが、高度経済成長期に生み出された利益分配メカニズムを理解しておく必要がある。

公共投資は、もともと戦後復興と失業対策をねらいとして開始された。だが、全国総合開発計画の策定をきっかけとして、一九六〇年代の半ばころから、次第に地方への予算配分が重視されるようになっていった。所得階層間、地域間の双方で再分配をささえたのが公共投資だった。

戦争に破れ、貧しさに喘いでいた日本人にとって、貧しい人への配慮は、国民的なコンセンサスとなった。また、政府は、高度経済成長期のほぼ毎年にわたって、中低所得層向けの所得減税を実施した。所得税の主な徴収地は三大都市圏であった。成長に支えられて所得が増え、毎年減税の恩恵を受けた都市の中間層にとって、地域間の水平的な再分配に反対する理由はない。第四章でも論じたように、減税と公共投資を柱として、所得階層間・地域間の連帯が成り立っていたのである。

高度経済成長期に生まれた利益の分配方法は、じつに鮮やかであった。政府は経済成長が生みだした豊富な税収を国民に戻し、財政の規模を抑えた。そして、増えゆく所得を減税で補強することで、子どもの教育、住宅の取得、老後の備えのために必要となる人びとの「貯蓄」を可能にした。(2)

こうして欧州とはまったく異なる日本の福祉国家の性格が刻印された。本来であれば、豊富な税収によって政府が充実させるような対人社会サービス、つまり、教育、福祉、医療、住宅などを、市場から「購入」することを前提とする福祉国家システムが形成されたのである。

日本の貯蓄率は先進国で最高の水準に達した。この貯蓄は、一方で企業の設備投資のために、他方で郵便貯金をおもな財源とする政府の投融資、すなわち財政投融資のために使われた。

財政投融資のかなりの部分は公共投資で占められており、第二の予算と呼ばれるまでに規模を増大させていった。だが、あくまでも予算外の資金であったから、小さな政府という基本線を損なうことはなかった。そして、企業の設備投資と、公共投資、減税が景気を強く刺激した。こうして、経済の成長が減税と公共投資を可能にし、そして両者がいっそうの経済成長を加速させて、さらなる税収と貯蓄を生むという、夢のような循環が作りだされたのである。

公共投資によってささえられた雇用と所得は、低所得層を生活保護の受給者ではなく、税や社会保険料の負担者へと変えた。低所得層の救済を公的扶助によっておこなうのではなく、労働の機会を与えることで実施してきたわけである。一九九〇年代に先進国を席巻したワークフェア・モデルの先駆けともいうべき、制度設計であった。

さらに、コミュニティの崩壊を食い止めたのも公共投資であった。第一章でも論じたように、一九六〇年代のなかばまでは、三大都市圏への激しい人口移動が起きていた。だが、公共投資の地方への配分が増やされることで、都市への人口移動は急速に縮小していった。ちなみに、緊縮財政が敷かれた八〇年代、二〇〇〇年代には東京への人口移動が明確に活発化する。

地域のコミュニティは、消防や警察、農地改良、さらには除雪にいたるまで、さまざまな行政サービスを政府に代わって提供した。さらには、公共投資が男性の雇用機会を提供し、農業所得を補完したことから、多くの地方部で、女性が専業主婦として育児・保育、養老・介護に専念することを可能にした。これらのことも小さな政府をささえる重要な要因として機能した。

このように、高度経済成長の背後には、国の再分配と地域の互酬を巧みに結びつけながら、小さな政府を維持しつつ、円滑な交換の発展を再生産していく仕組みが整えられていたのである。

公共投資の激減がもたらしたもの

私たちの利益分配メカニズムの前提にあったのは経済成長である。この前提が崩れる一九七〇年代の半ばころから、政府が成長のエンジンとなることで、高度経済成長期に培われた資金循環が再生産されていった。ようするに、政府が借金をし、公共投資と減税をおこなうことで、高度経済成長期の社会統合方法が維持されたのである。これが私のいう「土建国家レジーム」である。

だが、第二章で論じたように、日本経済は一九九〇年代に転機を迎える。社会面でも、二五歳から三四歳の女性の労働参加率が九〇年の五六・六%から二〇〇〇年の七二・三%へと増大し、高齢化率(六五歳以上人口割合)も一二・一%から一七・四%に増大した。女性の社会進出と少子高齢化がどの先進国よりもドラマティックに進行したのである。

人びとの財政需要は変わった。稼ぎ主である男性の所得を保障することではなく、少子高齢化や女性の就労をささえるための育児・保育、養老・介護、教育へとニーズは移っていった。そもそも、女性や高齢者にとって、建設労働は好ましい雇用機会の提供のあり方ではない。だが、こうした社会変動とは裏腹に、一九九〇年代に土建国家レジームは全面化していくこととなる。

小泉政権が公共投資の削減に全力をつくしたのも、民主党政権が「コンクリートから人へ」と訴えたのも、この社会変動にどのように対応するかという問題意識からであった。だが問題は、公共投資を社会保障へと置き換えることによって、公共投資を中核のひとつに据えた統合のメカニズムがどのように再編されるのかという点にあった。

だが、結局、この問題は議論されなかった。なぜなら、厳しい財政事情によって、予算削減が基本的なスタンスとして維持されたからである。そして、節約を第一の目的とした財政運営が生み出したのは、社会的基盤の弱体化であった。

まず、公共投資の減少とともに経営難に直面したのは建設業である。二〇〇一年からの一〇年間で、就労者数は六三二万人から四九八万人へと減少した。従業員給与の低下率も三二％に達した。ちなみに、全産業のそれは九％であったから、建設業の経費削減は熾烈を極めた。だが、それでも倒産した企業の二七％を占めたのは建設業だった。

建設業の衰退は農業の衰退と同じコインの裏表であった。一九九〇年代の後半、高齢化を反映して、かつての専業農家を意味する主業農家が大きく減少していた。その後、公共投資の削減が顕著になった二〇〇〇年代、兼業農家に分類される準主業農家や副業的農家が著しく減少した。公共投資の削減は兼業先をなくすことで農業を衰退させたのである。

建設業や農業の崩壊はコミュニティの破壊とつながっていた。建設業が寄付の担い手となっていた、祭りや花火大会等のイベントの多くが姿を消した。また、農家数の減少は、農業集落の衰退を生み、地域のコミュニティの基盤を崩壊させた。人びとの流出は加速するほかなかった。

さらに深刻だったのは、地域の互酬的関係が代替してきたさまざまな行政サービスを、政府が肩代わりしなければならなくなったことである。

耕作放棄地や荒廃の進む森林をどのようにするか。消防団や自警組織の役割を誰が担うのか。民間が撤退を決めた路線バスをどうするか。過疎地の高齢者の面倒を誰が見るのか。民主党の目玉施策のひとつに、農家の戸別所得補償があったが、これは、公共投資の削減が、農業従事者への直接的な所得保障を避けられなくしたことのあらわれでもあった。

さらに公共投資の抑制が雇用先の抑制と結びついたことはいうまでもない[3]。生活保護の受給者が一九九〇年代の後半から増大していくが、それは無年金の高齢者だけではなく、就労先の見つからない現役世代の生活保護受給をも急激に増大させていった。

そもそも、財政とは、支出の単なる寄せ集めではない。個々の経費が有機的に結びつきながら、その国の社会統合のあり方を決めている。しかも、土建国家レジームとは経済成長を再分配と互酬の結合によってささえるメカニズム・循環であった。公共投資はこの再分配と互酬の結節点であり、土建国家という日本の統治手法の核心に据えられていた。もし、新しい社会統合のあり方を構想しないとすれば、公共投資の削減は単なる統治システムの解体でしかない。

「コンクリートから人へ」という理念の帰結は、将来の国のあり方を問うことなく、予算の削減に邁進する政治であった。しかも、東日本大震災を転機として、私たちはふたたび土建国家に舞い戻ろうとしている。土建国家はあくまでも経済成長を前提とするモデルである。成長なき時代にあって、成長を生むために多額の借金をしてきた一九九〇年代の政策を思い出そう。成長を前提としない社会経済モデルを構想しなければ、過去の過ちを繰り返すだけである。

日本財政の歴史的特質

「コンクリートから人へ」のいまひとつの問題点は、日本の財政の抱える最大の問題点である「限定性」「分断性」を払拭できなかったことである。

土建国家レジームが残したのは量的に限定され、さまざまな利害関係者に分断された財政であった。日本の財政は社会保障費や教育費といった対人社会サービスが貧弱であることで知られている。それにくわえて、もう一点、驚くほど「特定の誰かの利益」によって財政が構成されている。

たとえば、年金や医療は保険料を支払える人の利益である。共稼ぎ世帯でなければ都市部では保育所の利用が難しい。介護サービスは高齢でかつ自己負担ができる人たちだけが受益者であり、後期高齢者医療制度はいうまでもなく七五歳以上の高齢者が利用する。所得審査が必要となる児童手当や生活保護、大学授業料の免除などは低所得層の利益だ。

こうした財政の限定性、分断性は、まさに歴史的な産物であった。

第一にあげるべきは、大蔵省が予算編成において総額重視の姿勢を貫いたことである。

日本の予算編成方法は、一九三〇年代の管理通貨制度への移行期、財政規模の急膨張期にその原型が形成されてきた(井手 二〇一二)。その後、一五年戦争、占領期、高度経済成長、オイルショックと、あらゆる局面において重要視されたのは、物価の上昇をどう抑えるかという問題であった。ゆえに、予算の総額を管理し、インフレを避けるという意味で「健全」な財政を実現することに、財政当局は腐心しつづけてきた。

高度経済成長期、政府は国民の租税負担を抑制するため、対国民所得比で二〇%以内に租税負担率を抑制する方針を定めた。税収が国民経済の一定の割合に抑えられ、借金も行わない。さらに二〇%を上回って国庫に納入された税は減税で国民に還付される。したがって、財政の規模も国民経済の一定割合に抑制されることとなる。

とりわけ、一九五〇年代から六〇年代にかけて、国際収支の天井が問題となっていた。これは、景気の過熱が輸入の増大をもたらし、外貨を不足させることで、輸入が困難になるという国際収支面からみた経済政策への制約を意味している。だから、いっそう、財政規模の抑制は、政府にとって重要な課題とみなされた。

財政に上限がはめられ、小さな政府を堅持しながら、公共投資が増大した。これに一九六〇年代以降は、国民皆年金・皆保険がくわわる。限られた予算のなかでは、社会保障や教育への支出が抑制されるしかないから、提供に人間を要し、コストの大きい現物給付は抑制された。さらに現金給付にも所得制限が設けられていったし、教育費にかんしても無償化は義務教育に限定され、高等教育の授業料免除も低所得層に限定して実施された。

また、小さな政府を堅持するために利用された財政投融資も日本の財政を特徴づけた。投資や融資をつうじておこなえるのは、公共投資かせいぜい企業金融くらいのものである。少なくとも、社会保障や教育を提供するのに財政投融資は適さない。福祉施設の建設や育英事業といったかたちでこれらの経費は補完されたが、欧州で見られるような対人社会サービスの充実とはまったく異なる道しか選択できなかったのである。

財政の限定性・分断性をもたらした第二の要因は、政治制度の問題である。

高度経済成長期、土建国家期の選挙制度は、先進国でもめずらしい「中選挙区制度」であった。中選挙区制度のもとでは、小選挙区制度と異なり、複数の候補者が当選する。一人が当選者となる場合は、たとえば、社会保障か、公共投資か、全員に給付するか、低所得層に限定して給付するかということが争点となるだろう。だが、複数の当選者が出る場合、とりわけ公共投資の増勢が顕著ななかでは、どの公共投資を地元に誘導するのかを候補者間で競い合うことが当選のためには合理的となる。

日本の政治では、業界団体の影響力が強く、官庁の割拠主義、いわゆるセクショナリズムも鮮明であった。これらの政治家と業界団体、そして官僚が結びついて形成されたのが「族議員政治」である。

地方への利益誘導を行う際、公共投資はきわめて使い勝手の良い予算であった。たとえば、道路であれば建設省、農業基盤整備であれば農林省、福祉施設整備であれば厚生省、文教施設整備であれば文部省、交通機関整備であれば運輸省というように、公共投資関連の予算は、各省予算を包括し、それぞれの対立を避けるかたちでバランスよく利益を分配することができた。

公共投資予算が各省の利害を包摂し、調整した一方で、社会保障や教育の場合は、厚生省や文部省といった個別省庁と結びついた族議員が利益獲得をめざすほかなかった。したがって、予算の総額確保が公共投資とくらべて難しかったし、限られた予算をあちこちに配るとすれば、予算の細分化、限定化も当然進むこととなる。この点も現物給付の抑制、所得制限の導入と結びついた。

第三の要因として、日本の保守政治を貫く「勤労思想」をあげておきたい。日本の財政の歴史を追いかけたとき、一貫して観察されるのは、社会保障や救済に対する厳しい見かたであった(井手 二〇一二)。

戦前に大規模な公共投資によって昭和恐慌からの脱出を成し遂げたのは、高橋是清である。高橋は「慈善の金額は勿論そう多額に上るべきではなく、又慈善の対象となる様なものがそう沢山あってはたまらない」「天変地異の場合は別であるが、本当に更生させる為の救済対策はなかなか難しいことである。農村に限らず、失業の問題でも無意味な救済はしてはならぬ」と述べ、安易な農村救済に懐疑的な態度を示していた。

占領期に公共事業予算の査定をおこなったのは大平正芳である。彼は経済再建のための公共事業が最重要であるとし、「遊んでいても喰える、病気になった責任も回避できるということになれば、これは確かに天国に違いないが、然しそれ丈に国民の活力と自己責任感が減退することになる」と述べ、働くことで所得を獲得することの重要性を強調している。

高度経済成長の立役者、池田勇人も同様である。池田は「救済資金をだして貧乏人を救うんだという考え方よりも、立ち上がらせてやるという考え方」が大事であり、占領期の社会政策は、「贅沢過ぎ」たと断罪した。そのうえで「人間の勤労の能率をよくし、生産性を高めるよう経済の基礎を拡充する必要」から公共事業を「重点的に採り上げられなければならない」と主張したのである。

日本の保守政治の底流を貫いていたのは、社会保障等による「救済」ではなく、公共事業で「働く機会を与える」という「勤労」の思想だった。だから、日本の福祉国家も、社会保障を満遍なく行き渡らせる欧州型のそれにはなり得なかった。反対に、経済成長と減税によって貯蓄をうながし、子どもの教育費、住宅の取得費、老後の生活費を自分でまかなうように誘導しつつ、その雇用を公共事業によって提供する道が選ばれたのである。

「人間の利益」という発想の欠如

こうした日本財政の限定性、分断性は、政治や社会のあり方に多大な影響を与えた。

私たちは、欧州諸国のように「人間の利益」について考える習慣、経験に乏しい。大学教育の無償化、医療の低負担化、家族給付の充実——これらは、すべて人間である以上は誰もが必要とする「人間の必要」であり、欧州では税をつうじてこれらを社会化することに努めてきた。

一方、日本人は、租税負担を回避し、財政の規模を抑制するなかで、個別集団が利益をいかに多く獲得するかを競い合ってきた。経済成長期であれ、国債累積期であれ、個別集団に総花的に予算を配分できるときはよい。しかし、予算の上限が厳しくなってくると、今度は、負担の押しつけ合いというかたちでこの日本的特質はあらわれることとなる。ここが問題なのだ。

社会保障の増大が避けられなくなる状況のなか、公共投資は、厳しい予算制約によって土俵の外に押し出された。それを正当化したのが「公共事業悪玉論」である。ようするに、公共事業から社会保障へと予算の「再配分」をおこなうために、「犯人探し」がおこなわれたのである(4)。

税の世界では、このような犯人探しは常態化していた。一九六〇年代は、再分配の観点から、富裕層に負担を求めることが公平だと考えられていた。しかし、七〇年代のなかばに毎年続いてきた所得減税が停止され、給与所得層の不満が強まると、農業従事者や自営業者にも負担を求めることが公平だと強調された。そして、すでに指摘したように、現在では高齢者をねらい撃ちにし、彼らに負担を求めることが公平だと謳われている。負担を逃れている犯人探しである。

こうした分断された政治の思考は、財政をめぐるわたしたちの発想のあちこちで発見することができる。誰もが次のような言葉を耳にしたことがあるはずだ。「生活保護を与えれば、低所得者は働く意欲を弱め、怠惰な生活を送る」「医療費を下げれば高齢者は健康なのに病院通いをする」「公務員は収入と雇用が安定しているので働かない」「地方の議員は誰もが経費の不正使用をおこなっている」と。

このように、いまの日本政治には、誰が負担していないか、誰がムダ遣いをしているかという犯人探しの思想がはびこっている。何が必要か、誰が有能かではなく、何が不要で、誰が無能であるかを問う政治である。そのような政治に有権者が失望し、投票を棄権するのも当然であるし、同時に、新たな利益分配を期待できない有権者がこの雰囲気を醸成していくという悪循環も生み出された。

しかも、この風潮を逆手に取ることで、自らの政治的影響力を劇的に拡大する政治が広まった。私の政策を批判する者はすべて抵抗勢力、自民党をぶっ壊す等々、仮想敵を作りだし、あざやかな犯人探しをやってみせたのが小泉政治であった。その成功は人びとの記憶に刻み込まれた。いまも投票率が減少の一途をたどるなか、小泉政治の再現を試みる政治家は後を絶たない。

民主党がリベラルな政治を標ぼうし、新しい社会的リスクと向き合おうとしたのであれば、こうした政治の閉塞状況をどのように突破しようとしたのかが問われなければならない。

だが「コンクリートから人へ」を謳った民主党は、同時に、事業仕分けを行い、ムダゼロを叫び、中期財政フレームによって三カ年の予算上限を画した。小泉政治の残滓というべきであるが、日本の財政に根強く残る財政の上限を意識する「再配分の政治」への強い志向をみてとることができる。

結局、民主党は、総額重視型の財政運営という足かせを外すことができなかった。それゆえ、限られた予算のなかで、自然増を余儀なくされる社会保障のために、公共投資を人身御供とすることに躊躇しなかった。そして、その限界のゆえに、また日本的な利益政治のあり方ゆえに、社会保障までもが奪い合いの場となった。こういう日本政治、日本財政の限界をきわめて象徴的に示したもの、それが「コンクリートから人へ」という表現だったのである。

だが、批判の鳴り止まない民主党政治のなかで、新しい政治への胎動が聞かれたことは、正しく評価すべきである。私が注目するのは、子ども手当、高校授業料の無償化、そして社会保障・税一体改革の三つである。

子ども手当や高校授業料の無償化が出色ともいうべきだったのは、これらが親の所得制限を設けないかたちで制度化されたことである。子どもの生存保障や教育は、明らかに「特定の誰かの利益」ではなく「人間の利益」である。これらをすべての人が受給者となるように制度設計したことは、日本の財政や政治を「奪い合い」から「分かち合い」へと解放する可能性を秘めていた。

分かち合いは、財政をつうじた連帯を考える際のキーワードである(神野 二〇一〇)。しかし、それは税という痛みの分かち合いをも意味する。その意味で注目されるのが、社会保障・税一体改革である。

第一章で論じたように、日本では総額重視の思考に強く制限され、減税の財源をさがすために増税をおこなうという、他に例を見ない、奇妙な財政運営を繰り返してきた。

だが、一体改革において、社会保障四経費の拡充という具体的な生活改善の提案をおこないつつ、それに必要な財源を求めるという税制改革案が実施されたのは、じつは日本の財政史上、画期的なことだった。利益を明示しながら、痛みを分かち合う政治への志向が示されたからである。これらの方向性はまちがいなく正しかった。

だが他方、農家の戸別所得補償のように、特定の集団を受益者とする現金給付の提供によって、農業従事者を救済するという政策もあった。なぜ農家だけが所得補償を受けられるのか。農家が他業種の経営者や、労働者の怨嗟の的となるという意味で、やはり分断型の政治は乗り越えられていない。

また、五％の消費税増税のうち財政再建に用いられるのが四％、社会保障の拡充は一％に過ぎないから、利益争いは当然のように激化した。国と地方が財源のぶんどり合戦を行い、受益も高齢者三経費に重点が置かれた。子育て支援は周辺に追いやられ、障がい者福祉にいたっては「地方が勝手にやっている事業」とさえみなされた。

このような限定性、分断性は、自民党政治の十八番だったはずである。だが、民主党政権に対する自民党の攻勢が強まるなか、子ども手当は親の所得制限が付された児童手当へ、高校授業料の無償化もモデル世帯で年収九一〇万円以下の世帯に対する就学支援金の制度へとそれぞれ様変わりした。「特定の誰かの利益」から「人間の利益」へという財政理念の転換は、あっけなく挫折したのである。

3　経済を制御する社会をめざして

成長神話の終着点としての右傾化

経済をどのように「飼いならすのか」という歴史の分岐点にありながら、戦後日本の政治経済の土台ともいうべき「土建国家レジーム」からの脱却に私たちは失敗した。そして、民主党政権の瓦解ののち、経済に従属した政策群が全面化していった。「アベノミクス」の登場である。

アベノミクスを見ていると、規制緩和と外資への市場開放、株価刺激策、法人税の大幅減税というように、サプライサイド重視の政策がずらっとならび、これに典型的なケインズ政策である公共投資と金融緩和がくわわっていることに気づく。新自由主義とケインズ主義、相反するふたつの概念をハイブリッドしつつ、成長実現のためにあらゆる政策を動員したということである。

アベノミクスは財政のもつ再分配機能を弱体化させた。このことは社会を不安定化させずにはおかない。そこで、一方では自民党の推進する「自助・共助・公助」に象徴されるように、再分配機能の劣化を地域の互酬関係で補完することが期待され、他方では道徳教育によって愛国心に訴え、国民の精神的団結を強化することがもくろまれている。

この状況は印象的である。財政の機能が弱まり、社会が不安定化するときには、財政の縮小が新自由主義によって正当化され、行政改革と右傾化が同時に進行する。その象徴が教育改革だからである。

日本で二〇〇〇年代をつうじて進められたのは、教育の新自由主義化、教育機会の不平等化であった。そして、これと並行して強調されたのが、愛国心や伝統、文化の重要性である。だが、この種の改革は、あくまでも行政改革の一環である。教育格差は広がらずにはおかないし、このことは序章で述べた所得格差につながる。

アメリカやイギリスでは、一九八〇年代、九〇年代に新自由主義的な政策と並行して教育改革がおこなわれ、ナショナル・カリキュラムの採用や全国テストの導入が進められていった。そして、その後、これらの国ぐにでは深刻な所得格差に直面している。日本が歩んできたのも、この両国とまったく同じ歴史であった(貴戸 二〇一四)。

新自由主義と右傾化した教育改革というパッケージは注目に値する。だが、戦前の日本において、戦争による生命の危機に人びとが直面する過程で、言論や思想の統制、教育のさらなる右傾化がすすめられたことは誰もが知っている。統合の危機に直面する政府が愛国心を刺激し、力づくで統合を図るという発想は、戦前と今日とに通底するものごとの考え方というべきである。

こうした統合の危機を右傾化で乗り越えるという判断を支持するか、しないかは、究極的には思想上の好みの問題であろう。だが、客観的事実として、自治体消滅論が喧伝され、地域創生を政策の柱にすえなければならなかったように、地域の互酬関係は明らかに形骸化しつつある。さらに、成長戦略の一環として女性の活用が追求されているが、このことは自助と共助を成立可能としてきた前提条件、すなわち専業主婦のいっそうの減少をまねかずにはおかない。

このように政策の体系性が崩壊をとげ、統合の不安定化が進むからこそ、それをみえなくするために、右傾化、保守化による統合が企てられざるをえないのである。こうなると、もはや、指導者や国民の思想的な好みの問題ではすまされなくなる。経済成長を過剰なまでに「目的化」し、その結果として生じる矛盾を糊塗するかたちで、政治的右傾化が進行しているに過ぎないからだ。大恐慌後の日本とまったく同じ歩みである。

あらゆる決定は、人びとの選択に委ねられている。だとすれば、このような時代状況だからこそ、政策的なオルタナティヴを示していき、選択肢のメニューを豊富にすることが大切である。

だが、その可能性を考える際に、どうしても避けて通れない問題がある。それは、なぜ日本人は成長神話から脱却できないのか、という問題である。成長神話に絡めとられた私たちという社会的、政治的基盤があるからこそ、アベノミクスは支持される。そして、成長を実現するためにあらゆる政策が動員され、その矛盾を覆い隠すように政治的右傾化が進んでいる。

土建国家レジーム論はその回答のひとつを準備する。

もう一度繰り返そう。私たちは、医療、教育、育児・保育、養老・介護、住宅等、生活に必要なサービスのかなりの部分を市場からの購入に頼っている。土建国家のもとでは小さな政府が維持され、減税と勤労の組み合わせによって貯蓄を可能にし、このことが、市場からの購入をつうじて生活の必要を満たしていくという行動様式の基礎を作った。

人間らしい生をまっとうするためには、私たちは所得を増やすしかない。失業したり、所得が減少したりすれば、家を失うだろうし、子どもの教育も、穏やかな老後も、すべて諦めなければならない。私たちが成長を追求するのも当然なのである。だからこそ、日本人にとって貯蓄は美徳であり、人生のセイフティネットそのものだったのだ。

ところが、OECDの統計によれば、一九八〇年には一五%を超えていた家計貯蓄率が二〇一三年には一%を割り込むところまで下落している。高齢化の進展を割り引いても劇的な減少であるし、さらにいえば、これは共稼ぎが進展するなかでの下落である。家事、育児、介護をささえてきた女性が「家離れ」を起こすなかで、生活不安が確実に進行している。少子化も当然のことというべきだろう。

人びとの生活不安こそが、現在の安倍政権をささえる原動力であり、その不安こそが、右傾化を人びとに甘受させる重要な素地を形づくっている。成長神話は「神話」ではないのだ。成長を希求しなければ生きていけない社会の根幹に財政があり、その財政が作りだした、絶望的だが客観的な状況、それが人びとの成長への志向なのである。

財政再建至上主義から財政を解き放つ

したがって、アベノミクスへのオルタナティヴは、土建国家レジームからの脱却であり、生活の防衛、不安の解消によって社会的なつながりを生み出すことにこそ、その原動力を求めるべきである。大恐慌期を経て、私たちは経済成長がなければ生きていけない社会、成長が「神話」化した社会を作ってきた。いま求められているのは、経済成長を前提としない社会、人間の顔をした経済である。

この問題に挑むときの跳躍点、それこそが「特定の誰かの利益」から「人間の利益」への価値の転換である。土建国家の中核に据えられ続けてきた理念の解体こそが、あたらしい社会のオルタナティヴを構想する際の大前提となる。

このふたつの利益を表現するのが「選別主義」と「普遍主義」である。所得や年齢等の制限によって受益者を「選別」するか、人間の生活にとって必要なものをすべての人びとに「普遍」的に提供するか、この違いである（井手 二〇一三）。

普遍主義が社会のつながりを強化するという発想は、なにも突飛なものではない。J・J・ルソーの『社会契約論』をみてみよう。ルソーは次のように指摘している。

> 個々人の利害の対立が社会の設立を必要としたとすれば、その設立を可能なものとしたのは、この同じ個々人の利益の一致だからだ。こうしたさまざまの利害の中にある共通なものこそ、社会のきずなを形づくるのである。そして、すべての利益がそこでは一致するような、何らかの点がないとすれば、どんな社会も、おそらく存在できないだろう。（ルソー 一九五四：四二、傍点は筆者）

ある人の必要とある人の必要があったとき、どちらがいっそう重要であるかを決めることは難しい。無理に決めようとすれば、両者の間に感情的な対立を生み出さずにはおかないだろう。それゆえに、みんなが必要とするものをみんなで提供し合うことが、もっとも社会の調和と安定をうむ、そうルソーは説いている。普遍主義の領域を少しずつ増やすことが連帯への近道だ、このようにいいかえてもよい。

これはルソーの単なる思いつきではない。近年の社会科学でも、普遍主義が人間の信頼関係を強化する可能性に多くの言及がなされている。(5)

そもそも人間は、「何を得ることができたか」という基準と同時に「どう取りあつかわれたか」という基準をもっている。重要なのは後者である。なぜなら、等しく取りあつかわれた結果ならば、十分に利益を獲得できなくとも「納得」が可能だが、不当なあつかいを受けた結果であれば、多くの利益をえても社会への「不信」は強まるかもしれないからだ。

したがって、審査における恣意性、申請者が詐欺をおこなう可能性、人間の差別的な取りあつかいを、可能な限り縮小することが人間のつながりを強めるための絶対条件となる。あらゆる人を受益者とする普遍主義は、この条件を適切に満たすこととなるし、反対にいえば、特定の受益者に利益が個別化、分断化されている日本の財政は、この条件を満たしていないことになる。

財政の普遍主義化――この遠い道のりにあって、必ず障害となってあらわれるのが「財政再建」ということばである。じつは、この財政再建というアイデアが広く浸透している現実のうちに、日本社会の危機の一端を垣間みることができる。

財政再建を英語に直訳すると fiscal reconstruction である。この言葉は、欧米の人びとにとって、理解不可能な言葉ではない。だが、彼らが一般に用いる言葉は fiscal consolidation である。

consolidation は「強化」「統合」を意味しているが、この言葉の基礎にあるのは、「共に」を意味する together(=com)と「固くすること」を意味する solid である。そして、この solid な状態が広くいきわたったときに形成されるのが solidarity すなわち「連帯」である。支出の削減と収支尻の数字合わせに血道をあげ、収支改善の基礎にある人間のつながりにまったく配慮しない社会、その社会の姿を反映したことば、それが財政「再建」なのである。

財政赤字を削減したいのであれば、支出を削るか、収入を増やすしかない。だが、日本は先進国のなかで最小の政府のひとつであり、支出の削減で財政収支を改善できる余地はたかが知れている。また、個別利害に分断されている日本の財政では、どこから削るかをめぐって深刻な対立が引き起こされてきた。議論の本筋は、税収をどのように増やすかという点におかれるべきである(佐藤・古市 二〇一四、井手 二〇一三)。

財政学の教科書ではまったく触れられない重要な事実がある。それは、租税への抵抗を緩和するための条件である。これには三つの条件がある。まず、他者が自分と同じように正しく税を納めていること。次に、集めた税を政府が正しく使っていること。最後に、前の世代の人びとが適切な判断のもとに借金をおこなっていること。これらの条件が示しているのは、人間への信頼が納税の基礎だということである。反対に、人間を疑う社会であれば、人びとは徹底的に税に抵抗するということでもある。

人間が人間を信頼する状態、すなわち人びとがつながるときにはじめて、豊富な税を集めることができ、財政の均衡を回復させる。ところが日本の財政「再建」論者はこの「合意への三条件」とはことごとく反対の主張を繰り返してきた。

かつては自営業者や農業従事者が、近年では高齢者が税を負担していないと批判し、その人たちへの課税を正当化してきた。事業仕分けに象徴されるように、政府のムダ遣いを暴くために惜しげもなく時間を費やしてきた。公共投資や年金など、一つ前の世代がいかに財政的な利益をむさぼってきたかを執拗に主張し続けた。まさに犯人探しの政治そのものであり、合意への三条件を切り崩すためのむなしい努力である。このような主張が支配的である限り、財政「再建」への道は遠く、険しい。

「再建」論者は、これまで多くの間違いを犯し、私たちにさまざまな誤解をあたえてきた。彼らは支出が増えると財政が破綻するという。

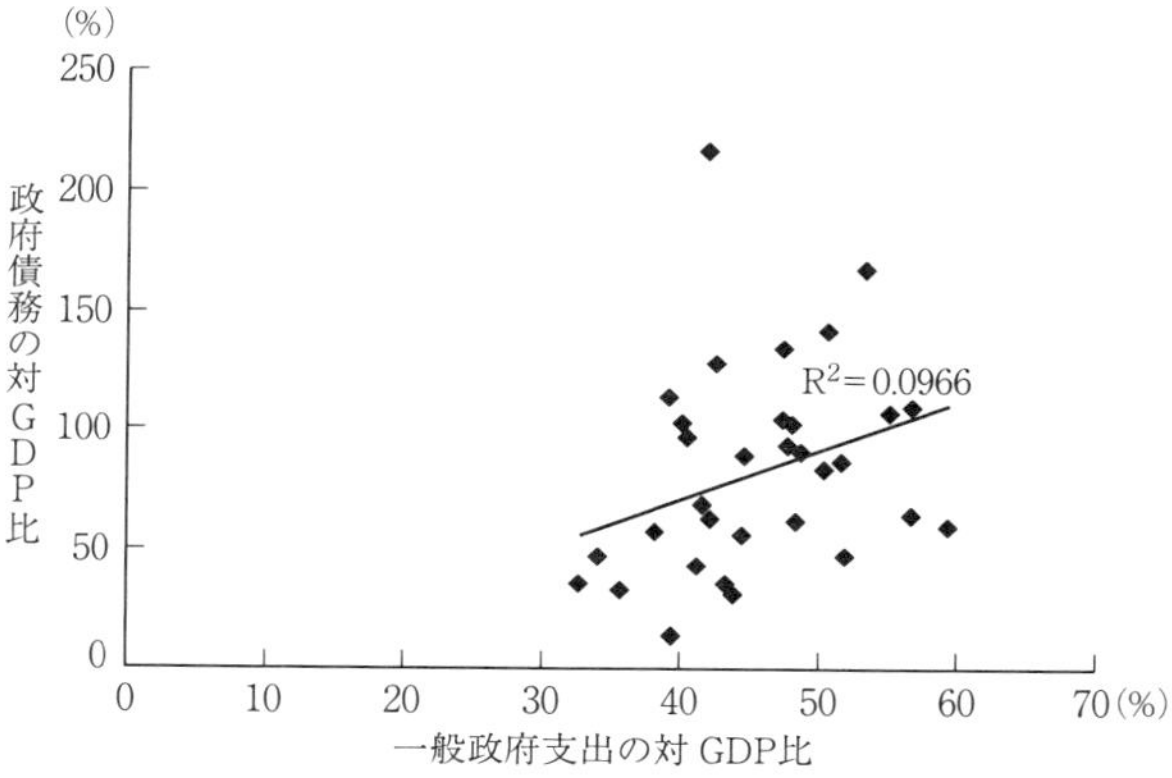

出所：OECD, "Economic Outlook No.95" および *National Accounts at a Glance* より作成.

図終-1　政府の規模と債務の大きさの関係

もちろん普遍主義化し、サービスの受給者を増やせば、財政支出は増える。だが**図終-1**が示すように、政府規模の大小と政府債務の大小には、統計的にみて、少なくとも直接的な関係があるとはいえない。日本やアメリカのように債務の大きな「小さな政府」もあれば、北欧諸国のように債務の小さな「大きな政府」もある。

ようするに、政府を小さくすれば財政が健全化するというのは、ひとつの幻想、それこそ神話なのである。人びとのより善い生を保障しようとする努力が財政を破綻させるのではない。この保障がないから人びとは納税に抵抗するのである。「再建」論者は財政危機のひとつの「原因」なのである。

また、「再建」論者は、支出を増やせば重税になると私たちをおどかす。たしかに普遍主義化すれば税は重くなる。だが、かわりに先進国のなかでもっとも重たい教育費負担から解放される。もし医療費を無償化すれば、生活保護の医療扶助費はゼロになる。住宅所有を政府が支援すれば、保育施設が無償化されれば、私たちの生活がどんなに楽になることか。税が重くなれば受益が増え、私的な経済負担は小さくなる。この重要な事実を彼らは無視し続けてきた。

結局は、生きていくために必要なお金を自分で貯蓄するのか、社会全体で貯蓄するのかという違いに過ぎない。前者は確かにすべて自分のためにお金を使える。ただし、怪我をしたり、病気になったり、あるいは解雇されることで仕事を失ったとき、子どもや親も含めて、生存の危機に直面することとなる。そのことにおびえ続けてきたのがこの「失われた二〇年」ではなかったか。

人間の人間らしい生のために、社会全体に資金を蓄えること、その使い道を正しく決定するために、民主主義とかかわっていくこと——これらは社会を効率化させるための大切な条件である。

歳出削減を至上命令としてきたこれまでの努力が生み出したのは、人間を疑うことが合理的な社会である。社会的なつながりを傷つけながら財政を「再建」することはできない。いや、それどころか、財政の本質である社会統合を危殆に陥らせ、経済による社会の破壊をいっそう助長させることとなる。

はじまった「近代の下降」

読者はひとつの疑問を感じるかもしれない。普遍主義が社会のつながりや共感を強化するのはよい。だが、つながりや共感が存在しなければ、そもそも普遍主義は実現が難しいのではないか、と。

だが、それは「ニワトリか、卵か」といった類の問題であり、あまり建設的な議論ではない。現実には、歴史の出発点に卵が置かれていたわけでも、いきなりニワトリが現れたわけでもない。

私たちは理想が極点にあると考えがちだ。しかし、思想の極とはひとつの考え方、つまり私にとっての理想に過ぎない。民主主義社会にあっては、社会の望ましい状況は極と極の「あいだ」のどこかにある。いま、求められているのは、その「よりよいあいだ」を見いだすために、社会に分断をうながす財政の対極となりうるオルタナティヴを示すことである。

私たちには、大恐慌期の人びととくらべ、有利な点がある。それは、財政をつうじて再分配と互酬が再強化され、経済の膨張の引き起こす諸問題を解決し、社会を統合してきたという人類の歴史を知っていることである。以下では、普遍主義をつうじて再分配と互酬の再生を図り、人間と人間の対立軸を解消することで、社会のつながりを強化していくという可能性について考えてみたい。

明治期の日本に色濃くあらわれたように、近代化の過程では、村落共同体のなかで「共同の作業」として担われてきた多様な必要、たとえば、衛生、消防、教育、土木といった互酬にもとづくサービスが、地方自治体によって吸いあげられてきた(大石ほか編 一九九一)。

しかし、経済の発展は自治体間の財政格差を生み、このことが国民の生活格差を生じさせた。大正期には自治体間の財政力格差が国政上の大問題となった。こうして、地方自治体の生存保障を意味する国による地方の財源保障＝財政調整が少しずつ整えられていく。

これに戦時期に鋭くあらわれた生存の危機という問題が重なった。戦争の進展とともに、一九三九年には船員保険法や職員健康保険法が、さらに四一年に労働者年金保険法(四四年に厚生年金保険法へと改称)がそれぞれ制定された。地方の財政調整が本格化するのも戦時期である。人間を生存の危機に陥れながら、国家は生存の保障機能を強めていったわけである。歴史は矛盾に満ちている。

以上のあゆみ、すなわち国家財政が再分配を、地方財政が互酬をそれぞれ受けもつという傾向は、どの先進国でも観察された。ケインズ型福祉国家のもとでは、それぞれの憲法に生存権規定が盛り込まれ、国家財政による生存保障が定着していった。また、地方財政はコミュニティの動揺を食い止めるために、現物給付の提供をつうじた生活保障機能を強めていった。

両者は車の両輪となったが、税源の中心は国に置かれ、中央銀行との政治的バランスに苦慮しながら、国が経済政策を主導した。成長との共存の道を選んだケインズ型福祉国家にあって、現金給付による再分配が重要課題とみなされた。近代化とは「上方への統合」のプロセスにほかならなかった。だが、M・ウェーバーが鋭く指摘したように、近代化のプロセスとは、社会全体が官僚制的に再編成されていくプロセスでもあった。社会が複雑化、多様化していけば、この非弾力的なシステムへの反発は強まる。また、社会の細分化がすすめば、人びとが広範囲にわたって定期的に交わり、共感を形成しあう領域も縮小していく。とりわけ、近代化の過程では経済合理性が重んじられ、中央集権によってものごとの決定が人びとから遠ざかってしまった。共感の喪失は静かに進行していった。

共感なき人間の集まりを「社会」とは呼ばない。社会とは価値を共有する人間の集合だからである。近代化の抱えこんだ「社会の非社会化」という矛盾、これこそが互酬と再分配からなる財政の起動力だった。だが、その原理が大恐慌から総力戦へという文脈のもと、集権化に重きを置きながら形成されざるをえなかったことにケインズ型福祉国家の限界があった。

この限界に折り重なるように、歴史的な社会変動が生じた。少子高齢化が不可逆的にすすみ、女性の就労も活発化したことで、人びとの財政ニーズが質的に変化したのである。

すでに指摘したように、男性が主な稼ぎ主であれば、彼らの所得が社会の最大の関心事となる。年金や失業給付、疾病給付といった、賃金代替のための「現金給付」が社会保障の中核に位置づけられた。現金の給付であれば国が直接支払うことが合理的である。ケインズ型福祉国家が集権的で、再分配に重きを置いた前提には、このような社会経済的な条件があった。

だが、少子高齢化によって、高齢者向けの医療や少子化対策が必要となり、女性の社会進出も専業主婦が担ってきた育児・保育、養老・介護といったサービスの代替を加速させた。もはや国が直接現金を給付するだけでは立ちゆかなくなったことは明らかであった。

共感の喪失と財政ニーズからの乖離――このような近代の袋小路にあって、時計の振り子は大きく反対の方向へと振れていった。それが地方分権の動きである。共感の領域を再強化し、現物給付の提供を充実させて生活を安定させるため、地方財政の役割がいっそう重要なものと考えられていったのである。

抗いがたい分権への流れは、国際政治をも動かした。一九八〇年代に欧州地方自治憲章が創設され、九〇年代に世界地方自治憲章が構想された。市場原理主義の忠実な僕《しもべ》であるＩＭＦや世界銀行までもが、頻発する危機からの脱出のための処方箋として地方分権を推奨した。

このような大きな潮流のなかで、日本でも一九九〇年代以降、財源や権限の地方への委譲が急速に進んでいった。財政は公共部門の経済であり、貨幣による統合を本質としている。そもそも国がその主語となる必然性はなかった。こうして「近代の下降」ともいうべき歴史の大変動がはじまったのである。

「事後的再分配」の担い手としての地方財政

社会統合という財政の本来の役割を果たすべく、国と地方の関係を再編する時代が動きだした。だが、国家財政の縮小は、再分配機能の弱体化という危険性をはらんでいる。したがって、国だけではなく、地方自治体の果たす所得再分配の役割を問い直しながら、人間と人間の対立軸を解消する普遍主義化への移行可能性を考えること、これが脱土建国家の基本戦略となる。

まず、最初に問うておきたいのは、日本ではなぜ現物給付の普遍主義化が難しいのか、という問題である。この問題を考えるうえでカギとなる対立軸が「世代間対立」である。

第三章で論じたように、日本では、現物給付に対して、現金給付の占める割合が非常に大きい。年金が主な理由である。また、現物給付のなかでも介護や医療など、高齢者の受益となるものが大きい。世代間の対立を解消するという観点からは、育児や保育、あるいは教育も含めた現役世代の受け取る現物給付を充実させることがひとつの論点となってくる。

しかしこれが難しい。年金、介護、医療は、いずれも人間が歳をとれば必要となるサービスだから、現役世代と高齢者世代が互いに合意することは可能だった。だからこそ整備も順調に進んできた。ところが、高齢者にとって、育児や保育、教育等のサービスはすでに「過去の必要」であり、しかも自分たちは十分なサービスの給付がないまま現役時代を過ごしてきた。ここにひとつの病巣がある。

この病巣を取りのぞくためには何をすべきか。対立軸を解消するヒントは、民主党政権下の社会保障・税一体改革に示されている。つまり、サービス拡充に際して、現役世代と高齢者世代のバランスをとる方法、政策をパッケージ化しながら拡充する方法である。もし、負担と同時に受益を明らかにしなかったならば、日本の財政史上に残る大増税は実現不可能だったことだろう。

ただし、一体改革では、社会保障四経費のうちの三経費は高齢者向け支出であった。高齢世代の利益が現役世代の将来の利益となることを確認しつつも、二つの世代の間のバランスについて、より慎重な議論を行いながら、世代間の合意形成を図っていくことが必要となる。

この負担と受益のパッケージ化は、地方財政の領域にも適用可能である。その際、個別の自治体でこれをおこなうだけではなく、全国の自治体が統一的にひとつの施策を実施することもできる。

地方自治体の多くは、同じようなサービスをそれぞれが地方の単独事業として提供している。後述の乳幼児医療費助成をはじめ、保育園費の軽減、障がい者福祉など、その範囲は多岐にわたるが、これには現役世代のニーズの多くが含まれている。これらを地方単独事業から「地方の共通事業」と位置づけなおし、自らの財源面での責任を明確にしつつ、全国のサービスの底上げを図るという方法が考えられる。この手法をつうじて、国レベルの高齢者対策とバランスをとることも一考に値する。

受益と負担のバランスに注意し、世代間の対立軸を解消する努力の次に、財政の普遍主義化に向けた具体的な手続きについて考えてみよう。これにはふたつの論点がある。

第一の論点は、サービスの給付方法を普遍主義化できるか、という問題である。

近年の地方財政のなかでニーズの大きいサービスに前述の乳幼児医療費助成がある。この助成を拡充する際に、たとえば群馬県が実施したように、所得制限なし、自己負担なしで実施するか、反対に所得制限や自己負担を設けるのかは、大きな分岐点となる。

乳幼児医療費に限ることではないが、サービスを普遍主義化し、無償化に近づけていこうとすると、「モラル・ハザードが生じて、サービスの過剰な利用が給付を増大させる」という批判が起きる。

だが、この主張は、問いの立て方を根本的に間違えている。

そもそもモラル・ハザードの起きない社会など、この地球上のどこにも存在しない。モラル・ハザードが起きるからダメだというのなら、あらゆるサービスをただちに廃止しなければならない。本当の問題はモラル・ハザードの有無ではなく、必ず起きるモラル・ハザードをどこまで許すかにある。

ごく一部の人間の過剰受給を理由に、制度の全体を所得制限でしばり、多くの人の利益を損なうならば、政治への不信感が強まる。その象徴が選別主義の典型である生活保護費の削減である。生活保護の不正受給は総額の〇・五％に過ぎない。だが、多くの人びとが反対の印象を抱き、支給総額の抑制に踏み切った。このような政策の判断は明らかに間違っている。

このような発想を作り出してきたのが財政「再建」の思想である。群馬県に対しては「そのような余裕があるのなら、国からの補助金を減額すべきだ」という恫喝まがいの議論まで起きた。人間が人間らしく生きる社会の形成とバランスのとれた財政、どちらが真に必要なのか、真剣に考えるべきときがきている。

財政「再建」を優先し、所得制限等により受益者を限定してしまえば、ある所得以上の階層は単なる負担者となってしまう。ここに対立軸が発生するモメントがある。負担者の不満は表面化せずにはおかないし、その過程では、どのようなムダ遣いが起きているかが取りざたされ、所得階層間の連帯

表終-1　普遍主義にもとづく事後的な再分配

	当初所得	税 20%	課税後所得	一律給付	最終所得
A	200	40	160	200	360
B	2000	400	1600	200	1800
	↓ 格差は 10 倍	↓ 比例税による公平な負担		↓ 税収の一部を借金返済に回し残りを等しく配分	↓ 最終格差は 5 倍に縮小

や共感は損なわれる。このような対立軸を解消することこそが「脱土建国家」の前提条件である。

第二の論点は、税も普遍主義的な方向で拡充できるか、という問題である。

人間の生活をゆたかにするための努力と同時に、財源問題から目をそむけてはいけない。自治体の指導者はこれらの意味での未来の財政責任を負うべきである[6]。

地方財政では、住民税や固定資産税、あるいは地方消費税も含めて、比例的な税率で課税されるものが多い。この方向性を押し進めつつ、負担の面でも痛みを分かち合い、誰もが普遍的に納税者となる方策を模索する必要がある。低所得層は利益だけを享受し、負担を回避しているという批判は根強い。あらゆる人びとが負担を分かち合うことで、所得階層間の対立軸をまたひとつ消そうという戦略である。

問題がひとつある。税を住民の全体にかけてしまえば、中高所得層と低所得層の間にさらなる格差が生じるかもしれない、という点だ。だがこれは杞憂に過ぎない。**表終-1**に示されるように、課税面で痛みを共有し、給付面で利益を分かち合えば、結果として所得格差は是正される。税による負担の増大を給付がカバーするからである。

ここに、普遍主義によって社会の対立軸を減らし、連帯を強化するなかで、再分配を強化していくという新しい戦略が浮びあがってくる。分権化時代の再分配機能の強化は、「特定の誰かの利益」から「人間の利益」へと価値の転換を図ることで実現可能となる。

ひとつ注意をうながしておこう。生存の保障、再分配はあくまでも国の責任である。地方財政の目的は、普遍主義を原動力として対立軸を減らし、増税への政治的合意を可能にすること、他者を疑うことの合理性を削ぎ落とすこと、すなわち社会の効率性を強化することにある。これらの努力が、結果的な、事後的な再分配を可能とするだけのことである。

社会的弱者にターゲットをしぼり、そこに重点的に「救済」を施す選別主義の再分配の場合、大多数の人びとが負担者となり、税への、制度への反発を強める。また、救済される者も、社会的な偏見に苦しむことが多い。そのような不幸な均衡に対するオルタナティヴが普遍主義なのである。

再分配と互酬のあたらしい同盟

都市部や地方中枢拠点都市はもちろん、一定の人口規模を備え、ある程度の雇用も確保される地域では、追加的な租税負担をつうじて、現物給付による生活の安定化を図ることができる。問題は課税にもはや耐えられないほどに衰退しつつある地域であろう。

ここでポイントとなるのが、共同体の内部における互酬的な関係の再構築である。

歴史的には、村落共同体の内側で互酬関係にもとづいて共同の作業がおこなわれ、これによって担われてきたサービスを地方財政が吸収してきたわけだから、これを普遍主義的な方向で再編成していくことがひとつの道筋である。だが、地域内の互酬関係が弱体化するなかで、多くの自治体では、住民どうしが主体的に共同の作業に取り組み、あたらしい互酬を生み出そうとする動きをみせはじめている。「近代の下降」は自治体から住民へという方向性でも起きつつある。

たとえば、高知県の大豊町《おおとよちょう》では水道施設の共同管理が、土佐町《とさちょう》の石原地区ではガソリンスタンドの共同経営が住民によっておこなわれている。宮崎県の五ヶ瀬町《ごかせちょう》では地域住民を巻き込んだ学校評価制度が教育の質を高め、鳥取県の智頭町《ちづちょう》では、獣害対策や森林の間伐にはじまり、予算の作成まで住民が主体的に関与している。このような事例は枚挙にいとまがない。

これらの地域では、コミュニティの決定的な破壊が進みつつあるが、それでもなお、村内の紛争処理、インフラの整備や共同買い付け、非常時の互助、水源地の管理や環境の維持、生活規律や伝統の保存等々、多くの社会的な資源が大切に維持されてきた。その社会資源を再利用するかたちで、貨幣による納税を基礎としない、新たな秩序を形成するうねりが起きはじめているのである。

これは衰退地域への「丸投げ」ではない。共同体秩序の再活用に対して「目的共同体」によるあらたな動きが重なってくる。それは、NPOの場合もあれば、行政による支援の場合もある。

たとえば、全国に広がりをみせている行政主導の地域おこし協力隊、徳島県神山町《かみやまちょう》のグリーンバレー、島根県海士町《あまちょう》の海士人、あるいは、地方都市でも、富山県富山市の社会福祉法人あしたねの森、広島県福山市の地域の絆など、これまた枚挙にいとまがない。無数の目的共同体がソーシャルアクションの一環として、コミュニティの内部で、あるいはコミュニティとコミュニティの間で互酬関係の再強化を進めつつある。

いま、伝統的な社会資源を基礎として、そこに行政や共同体の内外で生み出される目的共同体が交差して、「ひらかれた互酬関係」が構築されつつある。だが、これらの動きの価値は、過疎地域の生存に限られるものではない。そのような人間の相互作用こそが、共同体の内部、そして共同体とその外部とのあいだで、世代間・地域間の対立軸を緩和しながら社会の基礎となる「理解の共有」を育み、「人間の利益」を重視する普遍主義への合意を整えていくからである。

もちろん、こうした動きは時間的、肉体的な負担をともなう。そのときは、経済力によっては、公務員を増やすことさえ視野に入れながら、共同の作業を税によって代替することもありうる。あるいは、反対に、租税負担を減らすために、人びとがより多くの共同の作業を実践することもありうる。自治に完成形はない。それぞれの地域の状況に応じて、無数の自治のかたちがあってよい。

最後に注目しておきたいのは、再分配と互酬の動きは、それぞれの地域における交換の基礎をかたちづくるということである。成長をめざして農村からの撤退を謳うまえに、再分配と互酬の再結合をつうじて公共性を再建し、そのことが経済活動の土台を作っていくという現実にもっと目をひらいていくべきである。

経済の時代の終焉

概念的にも、実態的にも、近代をささえてきたのは経済であった。資本主義と社会主義というふたつの考えが対峙し、一方の極には、経済的な自由が実現する調和が、他方の極には、経済的な平等が実現する調和がそれぞれ据え置かれた。このような思想的な布置のもとでは、格差を許容するのか、反対に是正ないし解消するのか、これらが主な争点とされた。

　だが、経済か、社会かといった単純化された発想によって、複雑な社会の問題を解き明かすことができるはずもない。経済のゆたかさを「目的」から「結果」へと置き換える、そういう発想の転換が必要だ。経済は経済的な現象だけで成り立っているのではない。経済のゆたかさは、私たちが生きるに値する「善い社会」を構築する過程で派生してくる、ひとつの結果なのである。

　思い出してみよう。私たちはデフレ経済を諸悪の根源とみなし、そこからの脱却がより善い社会に続いているとずっと考えてきた。そのような処方箋は、格安の値段で商品を購入して喜んでいる私たちの実感とは遠くかけ離れていた。だが、そのようななかで、小泉政権の時代がそうであったように、政府を切り刻むこと、財政を節約することが、デフレ脱却の近道だと私たちは教え諭されてきた。

　現実はどうだったか。経済的合理主義がはびこり、生活不安に包まれた現代社会にあって、経済のデフレ化は、消費を控えるほどに萎縮し、格差に鈍感になるほど追いつめられた人間の生んだ悲しい結果ではなかったか。経済の復活を待ち望んだ時間、それは、社会の全体性、総合性を無視し、公共性や人間のつながりを犠牲としながら、経済の衰退をただ押し進めていった時間だった。

　私たちが生きているのは、経済が社会的な価値のかなりの部分を方向づける時代である。どのような青春時代を送り、どの大学で学び、どの会社に入り、結婚をするか、しないか、子どもを産むか、産まないか、親の面倒をみるか、みないか――人生のすべてを経済が決定づける一歩手前の場所だ。

　だが、そんな経済の時代を終焉させるということは、資本主義を社会主義やその他のなにか決まった社会に変えることではない。経済を制御可能な正しい場所へと誘い、互いに助け合う、ささえあうという人間の本来の性質に輝きを取り戻させることで、より人間の顔をした経済とよりよい生の条件を作る、そのような時代に変わるということである。この理念が共有されたとき、いかなる手段を用い、どのような社会をめざすのかは、人間の決断に任せればよい。

私の尊敬する社会学者Z・バウマンは、「根源的に思考し行為する可能性が高まるのは、新たに何かを生み出し、その成長の場を提供し、その成長を始めさせるといったことがもはや不可能なとき」だといった(バウマンほか 二〇一二:九二)。いま私たちが考えるべきなのは、どのように成長を実現するかではない。成長が不可能だと感じられる時代だからこそ、根源的にものごとを問い直し、発言し、未来を思い描くことが必要だ。

状況は矛盾で満ちている。私たちは、日本社会という家屋に住みながら、この家屋を解体し、再生しなければならない。いくら根源的に考えても実現は不可能のように思われる。

だが、多くの理念が示され、その選択をめぐって議論が積み重ねられれば、状況はわずかかもしれないが動くに違いない。角度がわずか一度変わるだけでもいい。数十年後の未来は、この一度の変化によって、途方もなく違った姿をあらわすことだろう。

私たちは歴史の結果を知っている。だから、現在からみれば、歴史はつねに必然である。だが、その必然へと向かうプロセスで、人間はつねに考え、悩み、行動してきた。私たちの未来に刻み込まれるのは、経済にひれ伏し、屈服する人類の姿だろうか。あるいは、つながりを求め、経済を飼いならそうとこれに立ち向かう姿だろうか。未来はいまこの瞬間の決断の積み重ねであり、結果である。

注

第一章

（1）　新自由主義と似た概念として新保守主義という考え方がある。だが、多くの論者が指摘するように、これらの用語の違いは「ニュアンスの差」であり、前者が経済的な価値観を、後者が文化的な価値観を表現する際に使い分けられるという傾向がある(例えばジョージ(二〇〇四：二四))。以下では、これらの指摘に従い、新自由主義で統一することとする。

（2）　山岡は、のちに述べるＮＨＫの取材を受けたのもこの駆け引きのなかの情報戦の一部であったこと、「メザシの土光さん」がいわば虚像であったことを指摘している(山岡 二〇一二)。

（3）　官僚にしてみれば、「もう、これ以上注文をつけてもらいたくない」というのが本音であり、野党も経済界が主導した提言である臨調答申、そして後継機関の設置に異を唱えていた(一九八三年三月二四日付朝日新聞)。こうした厳しい状況のなか、「税の犠牲者」である経済界からの要望が政府に受け入れられ、提言機能こそもたなかったものの、第二臨調の後継組織が設置された。

（4）　Pursing My American Dream, Typed Version of 04/20/2001 Copy(5), Sprinkel, Beryl W. Papers, 1981–2001, B0x8, Ronald Reagan Library, California, U.S.

（5）　スプリンケルは、円ドル委員会が規制緩和へと大蔵省を解き放ち、規制緩和と競争への永続的な傾向を刻印したとも述べている。

（6）　あくまでも経済学の整理であって、私の理解とは異なる点に注意を喚起しておきたい。政府は市場の補完物ではないという論点については、井手(二〇一三：第一章)を参照せよ。

(7) 他方で、政治にとって都合の悪い議論は、黙殺された。例えば、J・ベーカー国務長官に提出されたP・クルーグマンのペーパーでは、日本の経常収支の黒字はOPEC諸国に対する貿易赤字で相殺されているのであり、日本とアメリカの経常収支のインバランスを根拠に、自国の国際競争力の低下を議論する必要はないと論じていた。だが、こうした議論はアメリカ国内ではあまり注目されなかった。

(8) C0078(Japan), 184500–189999, WhoRm Subject File, Ronald Reagan Library, California, U.S.

(9) C0078(Japan), 390395, WhoRm Subject File, Ronald Reagan Library, California, U.S.

第二章

(1) 平均消費性向は国民経済計算で取ったマクロの動きと、家計調査で取った世帯当たりの動きではズレが見られる。これは前者には持ち家による帰属家賃をくわえていることによるものだが、いずれにせよ、九〇年代後半以降は、平均消費性向の増大が見て取れる。

(2) データの取り方には二種類があり、国民経済計算で見る場合は、雇用者報酬を国民所得で割ったもの、法人企業統計調査で見る場合は、人件費を付加価値で割ったものになる。

(3) むろん経営者と労働者の間でその利益に巨大な差異があったことは言うまでもない。

(4) 雇用保護規制が弱い国では、労働市場が柔軟であり、非正規雇用化を進めていく必要性が乏しくなる(内閣府 二〇〇九：第三章)。日本やドイツでは常用雇用者に対する保護規制が強く、これが非正規化を促すひとつの要因となった。こうした事実を過度に強調すると、常用雇用者への保護規制を緩和せよという議論につながってしまうが、これは誤りである。臨時雇用に対する保護規制の貧弱さが日本やドイツでは際立っていることにこそ、問題の本質はある。

(5) サッチャー政権、レーガン政権、中曽根政権ではそれぞれ「組合つぶし」が実行された。中曽根は次のように回顧している。「国鉄民営化は、国鉄労組を崩壊させました。国鉄労組の崩壊は総評の崩壊、つまり社会党崩壊につながります。だから、国鉄改革は、日本の基盤に大きな変革を与えたんですよ。もちろん私はそれを認識して実行に移しました」(『文藝春秋』二〇〇五年一二月号)。

(6) 一九九四年の金利自由化以降、日本銀行は国債買入による金融緩和策を実践してきた。その際、時系列にそくしてみると、資金運用部ショックの起きた時期、国債を買入れていた財政投融資の改革が進められた時期に、国債の買入が進められ、第二次安倍政権のもとでも大胆な財政出動と金融緩和は同じタイミングで行われている。日本銀行の政策スタンスは政府とじつに協調的であることは興味深い事実である。

第三章

(1) 第一章でもヴォルカー・シフトについて指摘したが、ヴォルカーは、インフレ抑制のために、過去に例を見ない高金利政策を実施した。市中金利は二〇%を超える高率となり、これと連動して、急膨張を遂げつつあったユーロ市場(通貨の発行国外での通貨の取引市場)の金利も上昇した。

(2) 同じ年にアメリカではブラック・マンデーが起きた。一九八七年一〇月一五日、アメリカ商務省の発表した経常収支の赤字が予想外に大きく市場は混乱に陥った。ベーカーは事態を打開すべく、一六日、マルクに対するドル安容認発言を行い、さらに翌々日、ドイツの財務大臣G・シュトルテンベルクに対して、財政出動によるドル安政策を迫った。この混乱のなかで、一〇月一九日、株価の大崩落が起きる。これがブラック・マンデーである。ただ、幸いなことに、先進各国が相次いで利下げに踏み切ったことで、株価の崩落は短期のうちに収束することができた。

(3) 医療に関しては、一九九二年、高齢者医療費に歯止めをかけつつ、高齢者ケアの質的な向上を図るため「エーデル改革」と呼ばれる医療改革が実施された。エーデル改革ではランスティング(日本の県にあたる)の行う医療のうち、訪問看護や長期療養ケアをコミューン(日本の市町村にあたる)に移管した。その際、医学的に病院から退院可能と判断された状態(いわゆる社会的入院)にある高齢者に対して、コミューンが適切なサービスを用意できないことが原因だと考えられた場合、医療費の一部をコミューンの負担とした。この結果、社会的入院の患者数や急性期病床における平均在院日数が大幅に減少した一方、コミューンでは施設建設が促されることとなった。

（4）たとえば、女性の労働力率は一九九〇年の五五・五%から二〇一〇年には七〇・八%へ、六五歳以上人口の一五―六四歳人口に対する割合も二一・九%から三一・八%へとそれぞれ上昇しており、これらは欧州の主要国のなかでも顕著な変化であった。

（5）税・社会保険料負担が増えていくことを考えれば、可処分所得の伸びは賃金の伸びを下回ることとなる。

（6）国税の所得税率はひとつだが、比例課税である地方税と合計すると二段階となる。国税所得税にくらべ、地方所得税は課税最低限が低いため、ある一定の所得以上の人びとが国と地方の二つの税を課せられることで、累進的となる仕組みである。さらに、基礎控除は所得によって算定式が違うため、ここでも累進性が生まれることとなる。だが、実際には、富裕層の負担軽減効果が大きかったことから、一九九五年に国税所得税の税率は二〇%と二五%の二本立てにされた(伊集 二〇〇四)。

第四章

（1）この章の第一節、第二節は、特に断りのない限り、私の共同研究者であるW. E. BrownleeとI. Martinとの議論、月刊『世界』に発表された両氏の論文を参考にしている。関心のある読者は、ブラウンリー(二〇一三)、マーティン(二〇一三)を参照されたい。

（2）本章では、日本とアメリカの行政単位の違いを念頭に、州憲法の定めにしたがって分割された行政区域を州と区別して地方政府と呼ぶ。具体的には、カウンティ、市町村、タウン/タウンシップ、学校区、特別区等をさす。後述のように、地方政府は画然と整理されておらず、地理的、政治的、経済的に重複している点で日本の地方自治体とは異なっている。

（3）租税抵抗については、財政社会学者の一連の研究を参考にされたい(Martin 2013, Park & Ide 2014, 佐藤ほか 二〇一四、井手 二〇一三、同 二〇一二)。

（4）実際には州法レベルで財政再建に乗り出す州もある。だが、これが実施されることは極めて少なく、また、破綻が確認された後に再建に乗り出すという点では連邦破産法第九章の適用と変わらない。

（5） 地方財政健全化法が全面施行されて五年が経過したが、一般会計から第三セクター等への年度をまたいだ貸付が健全化判断比率では捕捉できない、自治体に設置された基金から一般会計に会計年度を超えて予算の繰替がおこなわれている、といった問題も指摘されており、その見直しが検討されている。

（6） 二〇〇五年度までは、標準税率以下で課税を行う自治体は、建設地方債の起債ができなかったし、協議制への移行後も、こうした自治体の起債は許可の対象とされている。また、交付税では標準税率での課税を前提としているので、それ以下での課税による減収は、交付税では補塡されることがない（『地域の自主性・自立性を高める地方税制度研究会報告書』および深澤（二〇一二））。

（7） http://www.city.shizuoka.jp/000114094.pdf

終章

（1） シュンペーターによれば、どのくらいの税が集まり、どのくらい分配が可能かという財政の上限を範囲づけるのが、その国の経済力、すなわち交換領域の進展具合ということになる。だが、これは、経済だけが財政のあり様を決定づけるということを意味してはいない。「（財政的な給付能力の：筆者）限界は、一国の貧富、国民的および社会的構造の具体的な特殊性、その富の類型などによって、おのおの具体的なばあいにおうじて、著しく異なっている」（シュムペーター 一九八三：三六）からである。

（2） 政府の行った貯蓄促進策については、浅井（二〇一二：二七―二八）を参照せよ。

（3） 正確を期していえば、民主党政権のもとでは、医療・介護労働者を増大させることが企てられた。だが、これらは都市的なニーズの大きい雇用であるのと同時に、建設労働に従事してきた層を取り込むことはほとんど期待できなかった点に注意が必要である。

（4） 土建国家という言葉は一九八〇年代に登場した。この言葉はハコモノ乱立のイメージがあるが、この意味で頻繁に、かつ批判的なコンテクストで使われるようになるのは、財政事情が厳しくなる一九九〇年代後半のことである。

(5) 普遍主義が社会的信頼を醸成する基礎であるという論点は、ソーシャル・キャピタル理論のなかで数多く議論されてきた。そのサーヴェイについては井手(二〇一一)を参照せよ。

(6) 予算責任という観点から公共性の問題を論じたものとして大島(二〇一三)がある。

参考文献

浅井良夫（二〇一二）「二〇世紀のなかの日本」安田常雄編集『シリーズ戦後日本社会の歴史 第一巻 変わる社会、変わる人びと』岩波書店。

五十嵐則夫（二〇〇九）『国際会計基準が変える企業経営』日本経済新聞出版社。

伊集守直（二〇〇四）「スウェーデンにおける一九九一年の税制改革」横浜国立大学『エコノミア』第五五巻第一号。

伊集守直・古市将人（二〇一三）「スウェーデンの財政再建と予算制度改革――九六年予算法制定を中心に」井手英策編『危機と再建の比較財政史』ミネルヴァ書房。

磯山友幸（二〇〇二）『国際会計基準戦争』日経ＢＰ社。

井手英策（二〇一一）「調和のとれた社会と財政――ソーシャル・キャピタル理論の財政分析への応用」井手英策・菊地登志子・半田正樹編『交響する社会――「自律と調和」の政治経済学』ナカニシヤ出版。

――（二〇一二）『財政赤字の淵源――寛容な社会の条件を考える』有斐閣。

――（二〇一三）『日本財政 転換の指針』岩波新書。

――（二〇一四）「経済――「土建国家」型利益分配メカニズムの形成、定着、そして解体」小熊英二編『平成史〔増補新版〕』河出ブックス。

井手英策編（二〇一四）『日本財政の現代史Ⅰ 土建国家の時代 一九六〇～八五年』有斐閣。

井上博（一九九〇）「ベーカー構想とブレイディ提案――途上国累積債務問題に対する多国籍銀行の対応とアメリカの政策（二）」京都大学『経済論叢』第一四五巻第三号。

祝迫得夫(二〇一〇)「サブプライム危機の深層と米国金融システムが抱える諸問題」植田和男編『世界金融・経済危機の全貌――原因・波及・政策対応』慶應義塾大学出版会。

岩間大和子(二〇〇四)「諸外国の二階建て年金制度の構造と改革の動向――スウェーデン、イギリスの改革を中心に」国立国会図書館調査及び立法考査局『レファレンス』一月号。

ウィルキンソン、リチャードほか(二〇一〇)『平等社会――経済成長に代わる、次の目標』酒井泰介訳、東洋経済新報社。

植田和男(二〇一〇)「世界金融・経済危機オーバービュー――危機の原因、波及、政策対応」植田和男編『世界金融・経済危機の全貌――原因・波及・政策対応』慶應義塾大学出版会。

ヴェブレン、ソースティン(一九九八)『有閑階級の理論』高哲男訳、ちくま学芸文庫。

魚住明代(二〇〇七)「ドイツの新しい家族政策」国立社会保障・人口問題研究所『海外社会保障研究』一六〇号。

内田公三(一九九六)『経団連と日本経済の五〇年――もうひとつの産業政策史』日本経済新聞社。

梅原英治(二〇一〇)「北海道夕張市の財政破綻と財政再建計画の検討Ⅳ」『大阪経大論集』第六一巻第一号。

大石嘉一郎・西田美昭編(一九九一)『近代日本の行政村――長野県埴科郡五加村の研究』日本経済評論社。

大島通義(二〇一三)『予算国家の〈危機〉――財政社会学から日本を考える』岩波書店。

大嶽秀夫(一九九四)『自由主義的改革の時代――一九八〇年代前期の日本政治』中公叢書。

大寺廣幸(二〇〇一)「カリフォルニア州オレンジ郡の破産――米国の地方自治体の倒産と再建の教訓」『郵政研究所月報』三月号。

大原社会問題研究所(一九八一)『日本労働年鑑』第五二集。

――(一九八二)『日本労働年鑑』第五三集。

――(一九八四)『日本労働年鑑』第五五集。

――(一九八七)『日本労働年鑑』第五七集。

岡村美保子(二〇〇九)「労働者派遣法改正問題」国立国会図書館調査及び立法考査局『レファレンス』一〇月号。

岡本英男(二〇〇七)『福祉国家の可能性』東京大学出版会。

小倉一哉(二〇〇二)「非典型雇用の国際比較——日本・アメリカ・欧州諸国の概念と現状」労働政策研究・研修機構『日本労働研究雑誌』五〇五号。

オコンナー、ジェイムズ・R(一九八一)『現代国家の財政危機』池上惇・横尾邦夫監訳、御茶の水書房。

小椰治宣(二〇〇六)「ドイツ年金制度の変容」日本大学『経済科学研究所紀要』第三六号。

小野隆弘(一九九六)「ドイツ社会保険国家における公的年金改革」『長崎大学教育学部紀要人文科学篇』第三六巻第二号。

籠谷和弘(一九九八)「無党派層、あるいは新たなる政治的マジョリティ」今田高俊編『社会階層の新次元を求めて』一九九五年SSM調査研究会。

片岡尹(二〇〇一)『ドル本位制の通貨危機——国際資金ポンプとしての米国』勁草書房。

金子勝(一九九七)『市場と制度の政治経済学』東京大学出版会。

金子勝・高端正幸編(二〇〇八)『地域切り捨て——生きていけない現実』岩波書店。

鎌倉治子(二〇〇八)「諸外国の付加価値税(二〇〇八年版)」国立国会図書館調査及び立法考査局『基本情報シリーズ1』。

ガルブレイス、J・K(二〇〇六)『ゆたかな社会(決定版)』鈴木哲太郎訳、岩波現代文庫。

菊池信輝(二〇〇五)『財界とは何か』平凡社。

ギデンズ、アンソニー(一九九三)『近代とはいかなる時代か?——モダニティの帰結』松尾精文・小幡正敏訳、而立書房。

貴戸理恵(二〇一四)「教育——子ども・若者と「社会」とのつながりの変容」小熊英二編『平成史(増補新版)』河出ブックス。

キンドルバーガー、チャールズ・P(二〇〇四)『熱狂、恐慌、崩壊——金融恐慌の歴史』吉野俊彦・八木甫訳、日本経済新聞社。

久保田正志(二〇〇九)「規制改革の経緯と今後の展望」参議院『立法と調査』第二九九号。

倉田聡(二〇〇九)『社会保険の構造分析――社会保障における「連帯」のかたち』北海道大学出版会。

グリン、アンドルー(二〇〇七)『狂奔する資本主義――格差社会から新たな福祉社会へ』横川信治・伊藤誠訳、ダイヤモンド社。

クルーグマン、ポール(二〇〇八)『格差はつくられた――保守派がアメリカを支配し続けるための呆れた戦略』三上義一訳、早川書房。

経済企画庁(一九八二)『昭和五七年度 年次経済報告――経済効率性を活かす道』。

――(一九八四)『昭和五九年度 年次経済報告――新たな国際化に対応する日本経済』。

――(一九九七)『平成九年度 年次経済報告――改革へ本格起動する日本経済』。

経済産業省(二〇〇九)『通商白書二〇〇九』。

経済団体連合会編(一九九九)『経済団体連合会五十年史』。

ゴイス、レイモンド(二〇〇四)『公と私の系譜学』山岡龍一訳、岩波書店。

小泉和重(二〇一二)「カリフォルニア州の政治経済と財政構造(二)――「納税者の反乱」の研究に関する予備的な考察として」熊本県立大学『アドミニストレーション』第一九巻第一号。

髙坂健次(二〇〇〇)「現代日本における「中」意識の意味――中間層論争と政治のタイプ」関西学院大学『社会学部紀要』第八六号。

厚生労働省(二〇〇二)「諸外国における年金改革の要点」『社会保障審議会年金部会(第三回)配付資料』。

――(二〇一〇)『平成二二年度 労働組合活動実態調査』。

――(二〇一二)『平成二四年度版 労働経済の分析――分厚い中間層の復活に向けた課題』。

小西砂千夫(二〇一二)『政権交代と地方財政――改革のあり方と制度理解の視座』ミネルヴァ書房。

小林庸至(二〇一三)「デトロイトの財政破綻から何を学ぶか」『NRIパブリックマネジメントレビュー』第一二二号。

ゴフ、イアン(一九九二)『福祉国家の経済学』小谷義次ほか訳、大月書店。

小峰隆夫編(二〇一一)『日本経済の記録――第二次石油危機への対応からバブル崩壊まで』佐伯印刷。

財務省財務総合政策研究所財政史室編(二〇一三)『平成財政史 平成元~一二年度 第二巻 予算』大蔵財務協会。

佐藤滋・古市将人(二〇一四)『租税抵抗の財政学――信頼と合意に基づく社会へ』岩波書店。

柴田護(一九七五)『自治の流れの中で――戦後地方税財政外史』ぎょうせい。

嶋田崇治・茂住政一郎(二〇一四)「土建国家と国際政治」井手英策編『日本財政の現代史I 土建国家の時代 一九六〇~八五年』有斐閣。

ジャット、トニー(二〇一〇)『荒廃する世界のなかで――これからの「社会民主主義」を語ろう』森本醇訳、みすず書房。

シュムペーター、ヨーゼフ(一九八三)『租税国家の危機』木村元一・小谷義次訳、岩波文庫。

シュメルダース、ギュンター(一九五七)『財政政策 第一版』山口忠夫訳、東洋経済新報社。

ジョージ、スーザン(二〇〇四)『オルター・グローバリゼーション宣言――もうひとつの世界は可能だ! もし……』杉村昌昭・真田満訳、作品社。

新川敏光(二〇一二)「労働運動の歴史的意義と展望――格差世界からの脱出」国際経済労働研究所『世界の労働運動』(http://www.iewri.or.jp/cms/archives/2012/09/-13.html)。

神野直彦(二〇一〇)『「分かち合い」の経済学』岩波新書。

須賀晃一(二〇一〇)「市場が生み出す公共性――フェアな競争の場としての市場」齋藤純一編『公共性の政治理論』ナカニシヤ出版。

スティグリッツ、ジョセフ・E(二〇〇二)『世界を不幸にしたグローバリズムの正体』鈴木主税訳、徳間書店。

スミス、アダム(二〇〇一)『国富論 第三巻』水田洋監訳、岩波文庫。

――(二〇〇三)『道徳感情論 上巻』水田洋訳、岩波文庫。

関野満夫(二〇一四)『現代ドイツ税制改革論』税務経理協会。

セネット、リチャード(一九九一)『公共性の喪失』北山克彦・高階悟訳、晶文社。

高端正幸(二〇一四)「地方財源統制システムの強化と変容」井手英策編『日本財政の現代史I 土建国家の時代 一九六〇〜八五年』有斐閣。

辻道雅宣(二〇一〇)「夕張市の財政破綻の軌跡と再建の課題」『自治総研』第三八四号。

土田武史(二〇一一)「ドイツの医療保険における「連帯と自己責任」の変容」『早稲田商学』第四二八号。

テイラー、チャールズ(二〇一一)『近代――想像された社会の系譜』上野成利訳、岩波書店。

富永健一(一九九六)『近代化の理論――近代化における西洋と東洋』講談社学術文庫。

内閣府(二〇〇二)『世界経済の潮流 二〇〇二年 秋――中国高成長の要因と今後の展望 欧州にみる主要な年金改革(ドイツ、スウェーデン)』。

――(二〇〇七)『平成一九年度 年次経済財政報告――生産性上昇に向けた挑戦』。

――(二〇〇九)『平成二一年度 年次経済財政報告――危機の克服と持続的回復への展望』。

――(二〇一一A)『地域の経済二〇一一――震災からの復興、地域の再生』。

――(二〇一一B)『世界経済の潮流 二〇一一年 II――減速する世界経済、狭まる政策余地』。

――(二〇一四)『平成二五年度 企業行動に関するアンケート調査』。

中北徹・佐藤真良(一九九九)『グローバル・スタンダードと国際会計基準――変容を迫られる日本型経営』経済法令研究会。

中曽根康弘(一九九二)『政治と人生 中曽根康弘回顧録』講談社。

――(二〇〇四)『自省録――歴史法廷の被告として』新潮社。

新村聡(二〇一一)「アダム・スミスにおける貧困と福祉の思想――高賃金の経済と国家の政策責任」小峯敦編『経済思想のなかの貧困・福祉――近現代の日英における「経世済民」論』ミネルヴァ書房。

ハーヴェイ、デヴィッド(二〇〇七)『新自由主義――その歴史的展開と現在』渡辺治監訳、作品社。

バウマン、ジグムントほか(二〇一二)『《非常事態》を生きる――金融危機後の社会学』高橋良輔・高澤洋志・

山田陽訳、作品社。

花崎正晴・Tran Thi Thu Thuy(二〇〇二)「規模別および年代別の設備投資行動」財務省財務総合政策研究所『フィナンシャル・レビュー』六月号。

樋口均(一九九一)「昭和五二〜五三年の財政政策――「機関車」論国際調整の一環としての考察」『信州大学教養部紀要』第二五号。

ヒックス、U・K(一九六一)『イギリス財政史』遠藤湘吉ほか訳、東洋経済新報社。

尾藤廣喜(二〇一三)「社会保障解体を導く生活保護基準「引き下げ」」『世界』三月号。

氷見野良三(二〇〇五)『検証　ＢＩＳ規制と日本　第二版』きんざい。

深澤映司(二〇一二)「地方税の標準税率と地方自治体の課税自主権」国立国会図書館調査及び立法考査局『レファレンス』四月号。

福田直人(二〇一三)「ドイツにおける社会保障制度の変容と財政問題――ハルツⅣ改革と社会保障財政再編」井手英策編『危機と再建の比較財政史』ミネルヴァ書房。

ブラウンリー、エリオット(二〇一三)「デトロイトの破綻――社会秩序を照らし出すもの」井手英策訳『世界』一一月号。

古市峰子(二〇〇八)「会計制度改革の成果と課題――この一〇年を振り返って」日本銀行金融研究所『金融研究』第二七巻第三号。

ベル、ダニエル(一九七六)『資本主義の文化的矛盾　上巻』林雄二郎訳、講談社学術文庫。

――(一九七七)『資本主義の文化的矛盾　下巻』林雄二郎訳、講談社学術文庫。

細川護熙(二〇一〇)『内訟録　細川護熙総理大臣日記』日本経済新聞出版社。

ポラニー、カール(一九七五)『大転換――市場社会の形成と崩壊』吉沢英成・野口建彦・長尾史郎・杉村芳美訳、東洋経済新報社。

ポランニー、カール(二〇〇三)『経済の文明史』玉野井芳郎・平野健一郎ほか訳、ちくま学芸文庫。

――（二〇〇五）『人間の経済Ⅰ――市場社会の虚構性』玉野井芳郎・栗本慎一郎訳、岩波書店。

ボワイエ、ロベール（二〇一一）『金融資本主義の崩壊――市場絶対主義を超えて』山田鋭夫ほか監訳、藤原書店。

マーティン、アイザック（二〇一三）「租税抵抗が生み出した都市の危機」井手英策訳『世界』一一月号。

前田俊之（二〇一三）「海外年金基金レポート　第一回――カリフォルニア州職員退職年金基金（ＣａｌＰＥＲＳ）」ニッセイ基礎研究所『保険・年金フォーカス』一〇月二八日。

増田寛也編（二〇一四）『地方消滅――東京一極集中が招く人口急減』中公新書。

松田有加（二〇〇八）「スウェーデンにおける一九九一年改革と再分配機能」『九州国際大学経営経済論集』第一四巻第二・三合併号。

真渕勝（一九九四）『大蔵省統制の政治経済学』中公叢書。

水野勝（二〇〇六）『税制改正五十年――回顧と展望』大蔵財務協会。

棟近みどり（一九九〇）「ユーロ市場における途上国の資金調達とセキュリタイゼーション」堀内昭義編『国際経済環境と経済調整』(http://www.ide.go.jp/Japanese/Publish/Books/Sousho/395.html)。

村上泰亮（一九八四）『新中間大衆の時代――戦後日本の解剖学』中央公論社。

毛利良一（一九九四）「国際金融に置ける日本の位置と役割――日本の資本供給国化を中心に」林直道編『現代資本主義論集』青木書店。

――（二〇〇一）『グローバリゼーションとＩＭＦ・世界銀行』大月書店。

山岡淳一郎（二〇一二）「土光敏夫――「改革と共生」の精神を歩く」ウェブ平凡(http://webheibon.jp/dokotoshio/)。

山岸俊男（二〇〇八）『日本の「安心」はなぜ、消えたのか――社会心理学から見た現代日本の問題点』集英社インターナショナル。

読売新聞東京本社北海道支社夕張支局（二〇〇八）『限界自治　夕張検証――女性記者が追った六〇〇日』梧桐

書院。
ルービニ、ヌリエルほか（二〇一〇）『大いなる不安定——金融危機は偶然ではない、必然である』山岡洋一・北川知子訳、ダイヤモンド社。
ルソー、ジャン・ジャック（一九五四）『社会契約論』桑原武夫・前川貞次郎訳、岩波文庫。
労働政策研究・研修機構（二〇一二）『海外労働情報　アメリカ合衆国』二月（http://www.jil.go.jp/foreign/jihou/2012_2/america_01.htm）。
———（二〇一三）『海外労働情報　アメリカ合衆国』八月（http://www.jil.go.jp/foreign/jihou/2013_8/usa_01.htm）。
ACIR(1995), *Tax and Expenditure Limits on Local Governments*, An Information Report M-194.
Biven, W.C.(2002), *Jimmy Carter's Economy: Policy in Age of Limits*, The University of North Carolina Press.
Epstein, G.A.(2005), "Introduction: Financialization and the World Economy," Epstein, G.A., ed., *Financialization and the World Economy*, Edward Elgar Publishing.
European Commission(2009), *Economic Crisis in Europe: Causes Consequences and responses.*
Hart, M.(1995), "The Emergence and Consolidation of the 'Tax State' II. The Seventeenth Century," Bonney, R., ed., *Economic Systems and State Finance*, Oxford University Press.
Helleiner, E.(1994), *States and the Reemergence of Global Finance: From Bretton Woods to the 1990s*, Cornell University Press.
ILO(2013), *Global Wage Report 2012–2013.*
Lawson, N.(1992), *The View From No.11, Memories if a Tory Radical*, Bantam Press.
Lazonic, W. and O'Sulliban, M.(2002), *Corporate Governance and Sustainable Prosperity*, Palgrave.
Martin, I.W.(2013), *Rich People's Movements: Grassroots Campaigns to Untax the One Percent*, Oxford

University Press.

Naim, M.(2000), "Fads and Fashion in Economic Reforms: Washington Consensus or Washington Confusion?" *Third World Quarterly*, Vol.21, No.3.

OECD(2008), *Growing Unequal? Income distribution and Poverty in OECD Countries.*

———(2012), *Labor Losing to Capital: What Explains the Declining Labor Share?*

Palme, J.(2006), "Income Distribution in Sweden," *The Japanese Journal of Social Security Policy*, Vol.5, No.1.

Park, G. and Ide, E.(2014), *Tax-welfare Mix: Explaining Japan's Weak Extractive Capacity, The Pacific Review*, Published online: 21 Aug., 2014.

Rappaport, A.(1990), "The Staying power of the Public Corporation," *Harvard Business Review*, 68.

Stock, J.H. and Watson, M.W.(2003), "Has the Business Cycle Changed and Why?" Gertler, M. and Rogoff, K., eds., *NBER Macroeconomics Annual 2002*, Volume 17, U.S.: MIT Press.

Summers, P.M.(2005), "What Caused the Great Moderation? Some Cross-Country Evidence," *Economic Review, Third Quarter*, Federal Reserve Bank Of Kansas City.

Thorn, R.S.(1987), *The Rising Yen: The Impact Of Japanese Financial Liberalization on World Capital Markets*, Institute of Southeast Asian Studies.

Tilly, C.(1985), "War Making and State Making as Organized Crisis," Evans, P., Rueschemeyer, D. and Skocpol, T., eds., *Bringing the State Back In*, Cambridge University Press.

Vogel, S.(2006), *Japan Re-modeled: How Government and Industry are Reforming Japanese Capitalism*, Cornell University Press.

Williamson, J.(1994), *The Political Economy of Policy Reform*, Institute for International Economics.

あとがき

オイルショックの起きる前年である一九七二年、まさに高度経済成長期のしっぽの年、僕はこの世に生を受けた。のちに「団塊ジュニア」と呼ばれる多くのライバルとともに受験戦争に放り出され、一欠片の疑念もなく、全力で青い時代を駆け抜けた。

だが、僕の東京行きを待ちきれなかったように、バブルがはじけた。忍び寄る衰退の足音とともに大学生活が始まり、就活期になるととうとう「氷河期」が騒がれだした。大学院への進学後、日本経済を襲ったのは、アジア通貨危機だ。社会経済的な秩序も、学問知のあり方も、大きな軌道修正を余儀なくされるようになっていった。

僕が生きてきたのは、何かを手にしたら何かを諦めなければならない、そんなプラスマイナスゼロの時代だった。とはいえ、心のなかでは誰もがどこかで日本経済の復活を信じていた。経済の盛衰が、社会の盛衰と直結するとみんな信じていた。いま思えば愚かな見通しだった。でもそんなものなのだろう。僕らは時代の「雰囲気」のなかを生きている。

そして、失われた二〇年を経たいま、僕はこの「雰囲気」への堪え難い違和感を覚えはじめている。

僕たちは少しずつ歳を取っていく。そうすると、社会は、自分が生きる「場」であるだけでなく、次の世代へと残していく「置き土産」へと変わっていく。この転換点に僕はいま立っているのだ。この社会が次の世代に残すに足る社会なのか自信を持てない。きっとこの想いが苛立ちの理由なんだと思う。

見え方の転機、それは日米教育委員会の助けを得て、カリフォルニア大学サンタバーバラ校で、一年間研究するチャンスを与えられたことだった。美しく穏やかなあのサンタバーバラで、僕たちを温かく迎えてくれたのは、二人の偉大な歴史家とそのパートナーだった。

共同研究者のW. Elliot Brownleeさん、お連れ合いのMaryさんとは、毎週のように食事をともにし、時には夜遅くまで語りあい、そしてしばしば旅に出かけた。子どもたちは自然と二人を「アメリカのおじいちゃん、おばあちゃん」と呼ぶようになった。そして、涙でゆがんだ飛行場の風景、それが僕と連れ合いのサンタバーバラ最後の記憶となった。

Luke Robertsさんとお連れ合いの八千代さんは思いやりに満ち溢れた人たちだった。日本語がとても上手なLukeさんは、彼の授業へと僕をいざない、歴史を学ぶことの愉快さを教えてくれた。お二人は何度も僕らを自宅に招待してくれ、生活に必要な品々もすべて与えてくれた。互いに慈しみ合うご夫妻の姿に、あこがれとまばゆさを感じた日々だった。

異国の地での生活は心細い。だからこそ、僕たちは人間を大事にすることの価値を、その尊さを学んだ。そして気づかされた。まったく同じような温もりに包まれながら、これまで僕は、恩師や先輩、仲間たちからさまざまな教えを受けて生きてきた、こんな当たり前のことに。

僕はうかつにも生命を落としかけたことがある。そのとき、神野直彦先生、金子勝先生、大島通義先生、半田正樹先生、菊地登志子先生、Gene Parkさんは、僕や家族を励まし、支えてくださった。

そのようなかかわり合いのなかで培われた僕の学問が、若き友人たち、佐藤滋君、古市将人君、小西杏奈君、嶋田崇治君、村松怜君、茂住政一郎君らにつながっていく。こんなに嬉しいことはない。

人生の節目に出会ったのは岩波書店の小田野耕明さんだ。小田野さんは、ありがちな謝辞はあとがきにいらない、いっそのこと謝辞は全部なくすのが井手さんらしいよ、こういってくれた。悩んだけれど、僕は小田野さんに逆らうことにした。故金澤史男先生の愛した店で、杯を交わしながら脱稿の喜びを分かちあったあの横浜の夜を、僕は一生忘れずに生きていくだろう。

最後に。母佐和子、叔母典子、そして亡き叔父醇は、激動の日本社会に人生を丸ごと翻弄されて生きてきた人たちであった。短気な僕をつねに労ってくれる智絵は、この社会を次の世代へと一緒につなげようと懸命に日々格闘する大切な連れ合いだ。そして貫太郎と愉咲。君たちは今日よりもちょっといい社会を生き、今日よりもずっと素晴らしい明日を作っていくことだろう。

命のつながりのなかで、お金では決して買うことのできないゆたかさを抱きしめながら、僕たちはいまを生きる――こんな照れ臭い言葉をみんなが自然と語り合える時代の訪れを願いながら。

二〇一四年一一月

井手英策

井手英策

1972年生まれ．東京大学経済学部卒業．東京大学大学院経済学研究科博士課程単位取得退学．東北学院大学助手，横浜国立大学助教授を経て，現在，慶應義塾大学経済学部教授．専門は財政社会学．著書に『高橋財政の研究――昭和恐慌からの脱出と財政再建への苦闘』『財政赤字の淵源――寛容な社会の条件を考える』(以上，有斐閣)『日本財政　転換の指針』『幸福の増税論――財政はだれのために』(以上，岩波新書)，『財政から読みとく日本社会――君たちの未来のために』(岩波ジュニア新書)，共編著に *The Political Economy of Transnational Tax Reform: The Shoup Mission to Japan in Historical Context* (Cambridge University Press)など．

シリーズ 現代経済の展望
経済の時代の終焉

2015年1月29日　第1刷発行
2021年7月5日　第6刷発行

著　者　井手英策《いでえいさく》

発行者　坂本政謙

発行所　株式会社 岩波書店
〒101-8002 東京都千代田区一ツ橋2-5-5
電話案内 03-5210-4000
https://www.iwanami.co.jp/

印刷・理想社　カバー・半七印刷　製本・牧製本

ISBN978-4-00-028731-9　Printed in Japan

シリーズ 現代経済の展望（全13冊）

四六判・上製・224~272頁

★経済の時代の終焉	井手英策	定価2860円
★資本主義の新しい形	諸富 徹	定価2860円
市場経済を再考する	若森みどり	
★日本経済の構造変化 ——長期停滞からなぜ抜け出せないのか	須藤時仁 野村容康	定価2750円
★経済の大転換と日本銀行	翁 邦雄	定価2530円
★租税抵抗の財政学 ——信頼と合意に基づく社会へ	佐藤 滋 古市将人	定価2530円
貧困・格差に対抗する社会 ——試される日本の社会保障	阿部 彩	
労働市場の制度と格差	四方理人	
地域経済システムの再編成	佐無田光	
★新興アジア経済論 ——キャッチアップを超えて	末廣 昭	定価2750円
変わる製造業 ——国境を越えるものづくりネットワーク	新宅純二郎	
★米中経済と世界変動	大森拓磨	定価2750円
グローバル時代の農業・食料 ——国際政治経済学から考える	久野秀二	

★は既刊

岩波書店刊

定価は消費税10%込です
2021年7月現在